後三國時代 弓裔政權 硏究

後三國時代 弓裔政權 硏究

李 在 範

혜안

머 리 말

궁예정권에 대하여 관심을 갖게 된 지가 20년 정도 되었다. 민병하 선생님의 정년기념논총에 궁예정권의 정치적 성격과 관련된 글을 수록한 것이 처음이었다. 뒤이어 궁예정권을 주제로 하여 박사학위를 받았고, 그 뒤로 몇 편의 궁예 관련 글들을 내놓았다. 별로 축적된 성과도 없으면서 연구서를 내려고 하니 두려움이 앞선다. 연구서를 발간하는 것이 과연 합당한가 하는 걱정을 하게도 된다.

궁예정권에 관심을 갖게 된 것은 우연이라고 하는 표현이 적당할 것이다. 고려 무신정권시대의 노비신분으로 석사학위를 받은 뒤 상당한 기간 공백이 있었다. 박사학위 과정에 진학은 하였지만, 마땅한 공부를 하지 못하였다. 그러던 중 우연히 광화문의 한 찻집에서 궁예에 대하여 관심을 갖고 있었던 유재성 선배와의 이야기 끝에 『삼국사기』 궁예전을 다시 읽어보게 된 것이 계기가 되었다.

당시 이 시기에 관한 연구성향은 호족에 초점이 맞추어져 있었다. 궁예에 관한 선행 연구가 전혀 없었던 것은 아니었지만, 학계의 전반적인 분위기는 나말여초의 사회적 변동의 주체는 호족이라고 하여 그에 관한 연구가 주를 이루고 있었다. 나말여초의 호족의 역사적 의의에 대해서는 전적으로 동의하는 바이지만, 한편으로는 당시의 국가권력의 존재도 간과해서는 안 된다는 생각이 들었다. 실제로 궁예정권은 강한 국가권력을 행사한 주체였음에도 불구하고 상당한 부분에서 역사성을 인정받지 못하고 있던 상황이었다.

　그에 비하여 호족의 존재와 그 호족들을 연합하여 후삼국을 통일한 왕건과 고려는 한국사에서 가장 의미있는 시대로 인정받기에 이르렀다. 그리하여 우리나라 북한에서 함께 고려의 통일을 민족사에서 가장 의미있는 사건으로 받아들여 상대적으로 궁예정권의 의미는 축소되었다.

　그러나 사료상으로나, 다른 요소로 볼 때 궁예정권은 그렇게 무시당하거나 왕건을 만들기 위한 전사로 취급되고 넘어갈 수밖에 없는 단순한 일과적 사건만으로 치부하기는 어려운 역사적 실체였다. 궁예정권은 실제로 고려의 모태로서 신라의 많은 모순을 극복하고 새로운 질서를 수립하였던 국가체였다. 그리하여 나의 크고 작은 관심들은 궁예정권에 많이 기울어졌다. 그러다보니 내세울 만한 업적이 없음에도 불구하고, 그런대로 양이 채워져 한 권의 연구서를 펴내기로 마음 먹게 되었다.

　처음 발간 의도는 기왕의 논문을 모은 것이 아니라 전반적으로 개작을 하려고 하였다. 그러나 그동안 다른 연구자들에 의해 발표된 성과들이 치밀하게 축적됨에 따라 새롭게 구성한다는 것이 결국 그동안의 연구성과를 옮겨 놓는 것 이상이 될 수 없다는 결론에 이르게 되었다. 따라서 전반적인 내용이나 체제를 보완하지 못하고, 그동안 축적된 학계의 연구성과를 그나마 일부밖에 반영하지 못하는 수준에서 그치고 말았다. 더구나 많지 않은 자료를 바탕으로 많은 글을 만들다 보니 어쩔 수 없이 중복되는 내용이 많아졌다.

　그럼에도 불구하고 굳이 단행본으로 발간하고자 하는 의도는 아직까지도 궁예정권의 역사가 한 국가의 역사로서 인식되지 못하고 있다는 안타까움 때문이다. 궁예와 동시대에 대립했던 후백제의 역사는 일정한 평가가 이루어지고 있지만, 궁예정권의 역사는 주체적으로 정리되지 못하고 있는 실정이다. 그리하여 일단 궁예정권의 전체적 윤곽을 조명해보고자 하는 욕심에서 이러한 작업을 고집하게 되었다. 여러 전문가의 분야별 연구성과를 집대성하는 것도 훌륭한 방법일 것이다. 그러나 한편으로는 궁예를 한 국가의 출현과 소멸을 일정한 시각에서 체계적으로 조명하는 것도 무의미하지는 않다고 여겨졌다. 이를 만용의 변으로 삼고자 한다.

부족한 결과물이긴 하지만, 너무나 많은 분들의 도움을 받아 그나마도 본서가 발간될 수 있게 된 것 같다. 무엇보다도 먼저 민병하, 이공범 선생님의 자상한 지도가 없었으면 나는 감히 이 분야에 종사하는 것조차 생각해 볼 수 없었을 것이다. 김동순, 김정화 두 분의 은혜를 잊어 본 적이 없다. 박옥걸, 나각순 학형들의 충고는 나를 항상 깨워주었다. 강문석, 김경표, 문수진은 본서의 발간을 끝까지 도와주었다. 많은 분들의 도움을 입어서 일일이 거명하기에는 너무도 많은 지면이 필요할 것 같다.

그동안 아내 김은정과 세 딸 시은, 승은, 필은이가 건강했던 것이 무엇보다도 큰 행운이었다. 부모님과 형 재회가 좀 더 오래 계셨더라면 얼마나 좋았을까 하는 아쉬움이 남는다.

끝으로 도서출판 혜안의 편집진에게 고마움을 전하며, '본 연구는 2005학년도 경기대학교 학술연구비(학술도서연구과제) 지원에 의하여 수행되었음'을 밝혀둔다.

2007년 2월 23일
이 재 범

목 차

머리말 5

I. 서 론 13
   1. 연구의 목적 13
   2. 연구사의 검토 19

II. 궁예의 출신성분과 사회적 진출 27
   1. 출신성분 27
   2. 성장과 사원과의 관계 32
   3. 궁예의 사회적 지위 37

III. 궁예의 세력 확대와 영역 변화 51
   1. 세력 형성기의 사회적 배경 52
   2. 궁예의 세력 확장 56
      1) 양길과의 협력과 이탈 56
      2) 명주지역과 패강지역으로의 진출 59
      3) 나주지역으로의 진출 71
      4) 정벌양상 73
   3. 摩震國 시기의 영토확장 76
   4. 泰封國 시기의 영역 79

Ⅳ. 궁예정권의 성립　87
　　1. 국호 제정과 그 의미　88
　　2. 遷都와 국호·연호 변경의 동기　91

Ⅴ. 궁예정권의 철원 定都와 전제적 국가경영　107
　　1. 궁예정권의 도읍선정 및 移都에 관한 사료 검토　108
　　2. 905년 철원 정도와 전제적 국가경영　121

Ⅵ. 국가통치체제의 정비　135
　　1. 중앙통치조직과 그 변화　135
　　2. 지방통치조직　147
　　3. 官階　149

Ⅶ. 궁예정권의 시책　157
　　1. 불교와의 관계　157
　　2. 경제정책　165
　　3. 대외관계　169
　　　　1) 신라　170
　　　　2) 후백제　175
　　　　3) 중국·거란　176

Ⅷ. 궁예의 몰락과 그 후예　185

Ⅸ. 결론 : 궁예정권의 성격　193
　　1. 궁예에 대한 인식의 변화　195
　　2. 궁예정권의 시기구분　197
　　3. 궁예정권의 성격　201
　　　　1) 민중적 성격　201
　　　　2) 개혁적 성격　203
　　　　3) 불교적 성격　205

　　　　4) 개방적 성격　208
　　　　5) 자주적 성격　209
　　　　6) 지역통합의 성격　212
　　4. 궁예정권의 한계　213

弓裔年譜　217
참고문헌　221
찾아보기　229

표 목차

〈표 1〉 賊의 用例 41
〈표 2〉 征伐地域에 대한 表現例 74
〈표 3〉 신라와 궁예정권(904년)의 관제 비교표 137
〈표 4〉 왕건 즉위 직후(6일 후) 인사조치 142
〈표 5〉 궁예정권의 관제 비교 143
〈표 6〉 太祖 5年 西京 官制 145
〈표 7〉 궁예정권의 官階表 150
〈표 8〉 왕건 즉위후의 관계표(新羅之制에 의거) 154

I. 서 론

1. 연구의 목적

　弓裔와 弓裔政權[1]에 관한 연구는 1980년대 이후 지속적으로 이루어져 왔다. 최근에는 이에 관한 연구자는 물론 지방자치단체에서도 관심을 가져 꾸준히 학술대회를 개최해 오고 있는 실정이다.[2] 궁예와 관련된 연구는 박사학위논문과 석사학위논문의 주제로도 부각되고 있다. 이 밖에 궁예정권의 성격이나 속성에 관해서도 많은 연구성과가 축적되어 가고 있다. 이 시기에 관련된 연구는 나말여초의 호족[3]에 관한 것이 주된 주제였으나, 최근에는 후삼국에 관한 관심

---

[1] 弓裔는 國號를 901년에 高麗(『三國遺事』1 王曆 後高麗條), 904년에 摩震(『三國史記』卷50, 弓裔傳), 911년에 泰封(同上)으로 바꾸고 있다. 연구자에 따라 이 가운데 하나를 택하여 弓裔政權의 일반 칭으로 사용하는 경우가 많다. 그러나 본서에서는 궁예정권의 성격이 국호의 변경에 따라 바뀐다는 점을 염두에 두고 특수한 경우를 제외하고는 이를 궁예정권으로 부르기로 한다.
[2] 철원군에서는 제1회부터 제4회까지 태봉학술제를 개최하였다. 2005년에는 국제학술대회도 개최하여 궁예정권에 대한 지속적인 관심을 표명하고 있다. 2006년에는 종합보고서에 해당되는 『태봉국역사문화유적』(한림대학교 산학협력단)의 지원사업을 하였다.
[3] 신호철, 『후삼국시대 호족연구』, 개신, 2002 참조.

도 높아져 가고 있다.

　종래 弓裔에 관한 연구는 그다지 활발하지 못하였다. 그 까닭은 궁예라는 인물에 대한 기존 사서의 지나치게 부정적인 서술태도에서 연유한 것이다. 궁예는 한국사상 가장 인격적으로 파탄에 이른 인물로 평가되어 왔다. 자신의 부인과 아들을 죽이고, 이유 없이 많은 백성들을 학대하고 죽인 인물로 그려져 왔다. 따라서 이러한 선입관은 궁예가 한 시대를 이끌어간 지도자로서 인식하는 데 부정적인 작용을 하였다.

　따라서 한동안 궁예에 대한 연구 경향은 궁예에 관한 것이 아니라 궁예를 몰락시키고 고려를 창업한 왕건을 미화하는 것에 불과했다. 바꾸어 말하면 궁예를 연구한다라기보다는 신라말에서 고려초로 이어지는 시기에 어쩔 수 없이 궁예를 살펴보아야 한다는 것이다. 따라서 궁예는 이 시기를 이끌어 간 인물로 인식되기보다는 高麗라는 통일왕조가 등장하기 이전의 역사의 장에서 활동했던 부수적인 인물로 평가되고 있었다. 실제로 연구의 동향도 궁예를 나쁘게 평가할수록 왕건의 위대함을 확인할 수 있다는 정도에 머물렀다.

　그리하여 궁예에 관한 연구는 그의 활동이나 역사적 평가보다는 개인의 인격에 관하여 많은 연구가 행해졌다. 궁예는 분명히 한 국가를 창업한 탁월한 군주였으며, 새로운 이상을 나타냈고, 제도를 정비하여 18년간이나 자신이 창업한 국가를 통치하였던 인물이다. 그렇다면 그가 건설한 국가의 성격이나, 제도, 정책 등에 걸친 다양한 연구가 이루어졌어야 한다. 그러나 궁예에 관한 연구는 개인의 인격과 관련된 부분만이 강조되고 있다.

　비록 현전하는 사료가 궁예 개인에 관한 부정적 서술로 일관하고 있지만, 이를 그대로 답습한다면 역사 찾기는 미흡하다고 할 것이다.

『삼국사기』나 『고려사』는 당시의 승자들의 입장을 변명하기 위하여 궁예를 윤리나 도덕적으로 폄하하였다고 보인다. 역사는 어쩔 수 없이 승자에 의하여 쓰여진다. 그러므로 패자인 궁예는 승자에 의하여 정통성을 잃은 모습으로 그려질 수밖에 없었다. 그러나 이러한 승자의 관점에만 비중을 둔다면 올바른 역사상이 왜곡될 우려가 있다. 더욱이 현재의 처지에서 과거를 돌이켜 볼 때 승자와 패자를 다 고려하여야 할 것이다.

궁예에 대한 기존의 평가는 광신자, 폭군 등 인격이 파괴된 인물이란 것이었다. 궁예와 함께 후백제의 견훤도 왕건을 만들기 위한 조연으로 등장하였기 때문에 상대적으로 王建은 포용력이 있고 도량이 넓은 英雄으로 그려질 수밖에 없었다. 그러나 이러한 시각은 역사인식에 있어서 올바른 시각이라고 할 수 없다. 역사의 변화, 발전은 개인의 영향도 있지만, 그와 관련된 집단의 영향도 있기 때문이다.

궁예에 대한 연구에서는 연구자들의 선입견(편견)이 사료의 해석 내지 고증에 큰 장애가 되고 있는 점도 지적되어야 할 것이다. 궁예를 사회적 존재로 인식하기보다는 혈통상, 관념상의 존재로 인식하는 경향이 강하다. 궁예가 왕실의 후예라든지, 世達寺의 승려라고 하는 선입견은 사회적 존재로서의 궁예를 파악하는데 어려움을 주고 있다. 그 결과 궁예의 행위를 신라왕실과 연결시켜 이해하게 되고, 사원의 高級僧侶, 豪族 등으로 간주하여 실제 궁예가 처했던 사회적 존재로서의 활동은 무시되어 버렸던 것이다. 이러한 선입견 때문에 궁예는 그의 행위에 대한 공정한 역사적 평가를 받지 못하고 있다.

사료의 영성함은 고·중세사 연구의 일반적 한계이기도 하지만 특히 궁예연구에서는 두드러지게 나타난다. 그리하여 많은 방증사료로 보충하였음에도 사료의 평가와 분석이 애매해진다는 점도 지적하고 넘어가야 할 부분이다. 따라서 본서에서는 다음과 같은 몇 가지 점에 유념하면서 궁예와 궁예정권에 대해 고찰하도록 하겠다.

첫째, 궁예를 사회적 존재로 파악하여 그의 성장과정을 살펴 보도록 한다. 종래 궁예는 신라왕실의 후예, 혹은 고구려의 후예 등으로 이해되어 왔다. 그러나 이러한 귀족 내지 왕실과의 연결은 궁예의 실체를 너무 신분적으로 제한하여 파악하는 데 어려움이 있다. 궁예는 왕실과 단절된 상태에서 어린 시절을 보냈기 때문이다.

둘째, 궁예정권의 세력 형성과정을 일정한 발전단계를 설정하여 파악해 보려고 한다. 궁예의 통치기간은 18년으로 짧지 않은 기간이었다. 비록 왕조의 존속이 당대에 그쳤다고는 하나, 일정한 시기구분을 통하여 궁예정권의 변모해 가는 양상을 단계별로 파악할 수 있을 것이다.

셋째, 궁예정권이 표방한 國號와 年號의 의미를 살펴보고 그 사회적 배경과의 관련성을 찾아보려고 한다. 국호·연호는 한 집단의 상징이며, 이상이 함축된 표현이라고 할 수 있다. 궁예는 자주 국호와 연호를 변경하였다. 이러한 조처는 궁예의 성격적, 인격적 결함과 관련이 있다고 여겨져 왔다. 그러나 국호나 연호와 같은 국가의 정체성과 연관되는 정책이 사회적 배경과 무관하게 개인의 독선으로 가능했을 것으로 여겨지지는 않는다. 국호, 연호 변경의 배경과 그 역사적 귀결은 무엇이었는지를 알아봄으로 해서 궁예정권이 지향하는 바를 확인할 수 있으리라고 본다.

넷째, 궁예정권의 통치조직의 구조를 살펴보고 변화과정을 알아보려고 한다. 종래 專制主義的인 성격으로만 이해되어 온 궁예정권의 통치기구를 제도사적인 측면에서 이해하고 그 의미를 부여하여 보려고 한다. 궁예의 통치조직은 명칭이 독특하고, 방대한 제도적 변화가 보인다는 점에서 신라나 고려관제와는 다른 점이 있다. 신라에서 고려로 넘어가는 시기 궁예 통치조직이 어떤 의미를 갖는지 살펴보고자 한다.

다섯째, 궁예정권의 제반 시책을 통하여 그 정권의 속성을 살펴보고자 한다. 궁예의 불교정책, 경제정책, 대외관계에 이르기까지 궁예정권의 폭넓은 정책들을 통하여 궁예가 지향하고자 했던 이상을 이해할 수 있을 것으로 생각된다.

여섯째, 궁예정권의 몰락의 원인과 과정을 알아보고자 한다. 지금까지의 연구는 궁예의 몰락원인을 그의 인격적인 결함에서 찾는 것이 일반적이었다. 그러나 한 국가를 일으키고 18년의 통치를 했던 궁예의 몰락을 개인의 성격적 결함으로만 돌린다는 것은 너무나 책임 없는 태도이다. 한 국가를 창업하였다는 것만으로도 궁예의 비범함은 인정할 수 있을 것이다. 따라서 궁예가 몰락해 가는 과정은 설득력 있는 근거와 자료에 의하여 구명되어야 할 것이다. 그렇게 하여야만 궁예를 선조로 하고 있는 씨족집단의 존재 해명이 가능하리라고 본다. 지금까지 전해 오고 있는 사서에는 궁예가 자신의 후손을 스스로 멸절시켰다고 서술되어 있다. 그럼에도 불구하고 궁예를 자신의 선조로 인정하는 집단이 있다는 것은 궁예가 미쳐서 스스로 몰락한 것이 아니라 궁예의 몰락에는 또 다른 충분히 납득할 만한 사유가 있었다고 여겨진다.

일곱째, 궁예 몰락 후 궁예정권의 영향 하에 있었던 지역들은 어떻게 변화했는가를 살펴 보고자 한다. 궁예 몰락 후 호족들과 민심의 향배는 궁예와 궁예정권에 대한 당시의 인식을 표명한다. 종래의 사서에는 '義旗'를 든 왕건에 의해 '貪虐'한 궁예의 몰락으로 서술하였다. 그러나 실제 상황은 달랐다. 궁예 몰락 후 세력변화는 궁예정권의 긍정적 측면과 왕건의 궁예축출의 의미에 대하여 재검토할 기회를 줄 것이다.

여덟째, 궁예정권이 신라와 고려 사이에서 어떤 역할을 하였는지를 살펴보고자 한다. 궁예정권은 신라말의 혼란 속에서 요행으로 도적들에 의하여 일시적으로 조성되었던 집단이 아니다. 궁예는 신라말의 시대적 모순을 누구보다 잘 알고 이를 극복하면서 나라를 세운 인물이다. 궁예정권의 역사는 신라의 모순을 해결하고 이를 고려에 전승한 역사로 이해되어야 할 것이다. 이러한 면에서 궁예정권과 왕건정권의 역사적 계승성에 관하여 살펴보고자 한다.

아홉째, 궁예에 관한 인식이다. 궁예를 축출한 왕건과 고려에서 궁예에 대한 인식은 부정 일변도였다. 마찬가지로 조선에서도 왕건의 혁명을 이성계의 혁명과 같은 성격으로 이해하여 전왕인 궁예를 더욱 폄하하였다. 그러나 과연 당대인들은 궁예를 어떻게 인식하였는가 하는 문제는 궁예의 본질에 더욱 가까이 접근하는 계기가 될 것이다. 당대인의 궁예인식을 살펴보기 위해서 현전하는 철원지역의 설화를 근거로 삼았다. 『삼국사기』나 『고려사』가 왕건의 본거지였던 송악을 중심으로 한 궁예정서라 한다면, 철원은 궁예가 도읍을 했던 곳이므로 궁예 중심의 정서가 반영되었을 것으로 생각한다.

그리고 마지막으로 위와 같은 여러 면에서의 연구결과를 토대로 궁예정권의 성격을 밝혀보고자 한다. 이 과정에서 궁예정권이 어떤 속성을 가졌던 정권이고 그 지향은 무엇이었는가 하는 것과 그 한계에 관해서도 알게 될 것이다.

앞에서와 같은 의문을 해결하는 데에는 무엇보다도 자료의 양과 신뢰성이 문제가 된다. 따라서 무리한 추정이나 인접국가의 상황에서 일반성을 취하기도 하였으나 가급적 사료에 충실하려고 노력하였다. 그러나 무엇보다도 이 연구에서는 기존의 연구성과를 충분히 반영하려고 노력하였다. 특히 이를 토대로 궁예와 궁예정권에 대한 인식을 동아시아의 변화라는 시대적 상황에서 재조명하려고 하였으며, 이 시기의 역사를 新羅와 高麗를 잇는 연속된 시대로 이해하려고 하였다.

2. 연구사의 검토

 궁예에 관한 연구가 본격적으로 이루어지게 된 시기는 1980년대 이후부터이다. 그러나 그보다 앞서 1960년대에 金哲埈은 후삼국시대에 관해 상당한 관심을 보였다.[4] 그는 후삼국시대의 지배세력의 성격을 고찰하면서 궁예와 그의 정권을 포괄적으로 다루었다. 김철준은 궁예의 세력을 群盜的 성격으로 규정지었다. 사회의 하층민들의 불만이 결집된 세력으로 간주하였던 것이다.
 궁예의 출신과 계통에 관심을 가진 연구자로는 朴漢卨[5]이 있다. 그는 궁예의 이름에 의미 부여를 하였다. '弓'은 활이며, '裔'는 후손을 의미한다고 하여, 궁예는 활의 후예이므로 주몽의 후손, 바로 고구려계일 것이라고 추정하였다.[6] 또한 그는 후삼국의 전체적인 시대

---

4) 김철준, 「後三國時代의 支配勢力의 性格」, 『李相佰博士回甲記念論叢』, 1964 ; 김철준, 『韓國古代社會硏究』, 知識産業社, 1975.
5) 朴漢卨, 「弓裔姓名考-高句麗繼承標榜과 관련하여-」, 『李瑄根博士古稀紀念韓國學論叢』, 1974 ; 「後三國의 成立」, 『한국사』 3, 국사편찬위원회, 1978.
6) 궁예의 이름에 대해서는 알려진 바가 없다. 궁예는 '큰 애'의 음사가 아닐

성격을 논하면서 궁예와 그의 정권을 언급하기도 하였다. 그러나 이 시기까지의 연구는 『三國史記』 등의 역사서술을 답습한 것이었다.

그러다가 1980년대부터는 사료의 해석이나 궁예에 대한 시각이 보다 심화된 연구가 행해졌다. 1980년대에 궁예에 관한 관심은 申虎澈[7]에 의해 처음 보인다. 그는 궁예와 사원세력과의 결합관계에 주목하였다. 그리하여 궁예를 사원세력이라고 규정지었다. 그 뒤로 여러 연구자들에 의해 궁예와 궁예정권이 다루어졌다. 궁예와 궁예정권을 직접 다룬 연구들만을 소개해 보도록 한다. 李貞信[8]은 궁예정권의 성립을 전반적으로 다루는 과정에서 궁예와 호족과의 대립이 몰락의 원인이라는 것을 시사하였다. 崔圭成[9]은 궁예정권의 국호의 변경이 그의 세력확대의 필연적 관계라고 하는 의미를 부여하였으며, 金到勇,[10] 吳永淑,[11] 鄭淸柱[12] 등은 궁예정권의 세력형성과 지배세력의 성격을 고찰하였다. 李在範[13]은 궁예정권과 新羅와의 관

까 한다. 千寬宇 선생은 근초고왕과 근구수왕의 '근'을 '큰'으로 해석한 바 있다(『인물로 본 한국 고대사』, 정음문화사, 1982, 121쪽).

7) 申虎澈, 「弓裔의 政治的 性格 – 특히 佛敎와의 關係를 中心으로 – 」, 『韓國學報』 27, 1982.
8) 李貞信, 「弓裔政權의 成立과 變遷」, 『藍史鄭在覺博士古稀紀念 東洋學論叢』, 고려원, 1984.
9) 崔圭成, 「弓裔政權의 支持勢力」, 『東國史學』 19·20合輯, 1986 ; 崔圭成, 「弓裔政權의 性格과 國號의 變更」, 『祥明女子大學校論文集 19』, 1987 ; 崔圭成, 『고려태조왕건연구』, 주류성, 2005.
10) 金到勇, 「弓裔勢力形成考」, 『東義史學』 2, 1985.
11) 吳永淑, 「泰封國形成과 弓裔의 支持基盤」, 淑明女子大學校 碩士學位論文, 1985.
12) 鄭淸柱, 「弓裔와 豪族勢力」, 『全北史學』 10, 1986 ; 鄭淸柱, 『신라말 고려초 호족연구』, 일조각, 1996.
13) 李在範, 「弓裔政權의 政治的 性格에 關한 考察 – 新羅와의 關係를 中心으로」, 『溪村閔丙河敎授停年紀念 史學論叢』, 1988.

계에 대하여 언급하였으며, 궁예정권의 성격을 제도사적인 측면과 사상사적인 측면에서 연구한 趙仁成14)에 이르러 궁예와 궁예정권에 관한 연구는 보다 큰 결실을 맺기에 이르렀다. 그 뒤로도 정선용,15) 강문석,16) 신성재17) 등에 의하여 계속 연구가 이루어졌다. 이외에도 부분적으로 궁예와 궁예정권을 다룬 연구는 여기서 모두 소개하기에는 어려운 형편이다. 따라서 기타의 연구에 대해서는 해당 부분에서 소개하도록 하겠다.

이와 같은 연구는 대체로 弓裔政權의 성격에 관심이 두어졌다고 보인다. 특히 궁예의 초기세력의 성격을 어떻게 보느냐에 따라 그 이후 전개된 궁예정권의 전체적인 성격을 이해하고 있다. 대표적인 설로는 弓裔眞骨說・弓裔豪族說・弓裔寺院勢力說・弓裔隨院僧徒說 등 다양한 견해가 제시되고 있다. 이러한 현상은 관계자료의 영성함에 가장 큰 원인이 있겠으나, 한편으로는 연구자들의 사료해석이 지나치게 자의적이라는 사실도 지적해야 될 것 같다. 자의적이라고 지적한 것은 사료의 취급에 보다 냉정하게 임해야 한다는 뜻이다.

궁예 연구에 대한 근래의 관심은 궁예와 彌勒信仰의 관계에 집중되고 있다. 梁敬淑,18) 趙仁成,19) 남동신, 김두진의 연구가 이에 해당

---

14) 趙仁成,「弓裔政權의 中央政治組織-이른바 廣評省體制에 대하여-」,『白山學報』33, 1986 ; 趙仁成,「弓裔의 出生과 成長」,『東亞研究』17-李光麟紀念, 韓國史特輯-, 1989 ; 趙仁成,『泰封의 弓裔政權研究』, 西江大學校 博士學位論文, 1990.
15) 정선용,「궁예의 세력형성과정과 도읍선정」,『한국사연구』97, 1997.
16) 강문석,「철원환도이전의 궁예정권의 성격」, 한양대학교 석사학위논문, 2004.
17) 신성재,『궁예정권의 군사정책과 후삼국전쟁의 전개』, 연세대학교 박사학위논문, 2006.

된다. 그리고 비단 궁예와 불교와의 관계에 대해서는 역사학계에서 뿐만 아니라 불교계나 불교사상사에서도 부분적으로 다루어진 것들까지를 망라한다면 그 양은 상당한 정도에 이르고 있다.20) 이외에도 民衆宗敎의 입장에서 궁예의 미륵신앙을 否定的인 佛敎로 표현하는 경우도 있다.21) 그러나 善惡의 기준에 따라 평가하는 것은 역사학의 입장에서는 구태여 시비를 가려야 할 문제로 보이지는 않는다.

한편 궁예와 궁예정권에 관한 연구 중 國外學者에 의해서 발표된 논문이 있어 주목된다. 카메룬(Cameroon)은 왕건, 견훤, 궁예를 비교하여 각각 좋은사람(The Good), 나쁜사람(The Bad), 추한사람(The Ugly)이라고 표현하여 전통적인 동양에서의 인물에 대한 평가를 비판하고 있다.22) 그리고 궁예의 미륵신앙을 논하면서 궁예의 불교를 언급한 연구도 있다.23)

이러한 일련의 연구의 진척과 함께 궁예에 관한 연구는 철원군의 지원과 기타 기관에서 휴전선 일대의 관방유적에 관심을 가지면서 더욱 박차를 가했다고 할 수 있다. 철원군에서는 4회에 걸친 국내학술회의와 1회의 국제학술회의를 거치면서 마침내 궁예정권에 관한

---

18) 양경숙, 「弓裔와 그의 彌勒佛思想」, 國民大學校 碩士學位論文, 1989.
19) 조인성은 미륵신앙을 궁예의 정치형태와 연결시켜 '神政的 專制主義'를 채택하였다고 한다.
20) 『태봉국역사문화유적』(한림대학교 산학협력단, 2006)의 참고문헌을 참고하기 바람.
21) 金鉉埈, 『寺刹, 그 속에 깃든 의미』, 敎保文庫, 1991.
22) Cameroon, 「The Good, The Bad and The Ugly ; Personalities in the Founding of Koryo Dynasty」, 『Korean Studies Forum』 No 7. Summer-fall, 1981 ; 李道學 譯, 「王建・弓裔・甄萱의 再評價」, 『우리 文化』 1989-3・4.
23) Richard McBride, 「Why did Kung-ye claim to be the Buddha Maitreya?」, 『태봉과 철원정도 1100주년의 역사적 의미와 재평가』, 제4회 태봉국제학술대회, 2005, 43~74쪽.

현재까지의 국내외 학문적 연구성과를 반영한 논문들과 자료들을 묶은 간행물을 발간하였다.

육군사관학교에서는 전국의 관방유적과 그 일대의 지표조사를 하는 가운데, 궁예와 궁예정권과 관련된 연구결과를 내놓았다.[24] 그리하여 철원 일대와 포천 일대의 상당수의 성들이 궁예와 관련 있음이 밝혀졌다.

한편 민속학과 국문학에서도 종래 부정되어 왔던 궁예관련 설화들을 대상으로 궁예에 대한 이면의 역사를 살펴보는 데 노력하여 왔다.[25] 그 결과 궁예의 주 활동무대였던 철원과 포천 일대에는 궁예와 관련된 설화와 지명이 적지 않음이 확인되었다. 그 가운데에는 궁예를 폭군이 아닌 성군으로 표현한 예도 있다.

이러한 다양한 측면에서의 궁예에 관한 연구는 거의 불모지로 여겨졌던 궁예정권의 문화적인 측면에도 관심을 갖게 되는 계기를 가져왔다. 나말여초 중부지역의 불교유물과 유적에 관한 연구는 궁예정권의 영역에 독특한 양식들이 존재하였음을 입증하고 있다.[26] 이들이 궁예정권이 존립하였던 시기에 제작되었는지에 대해서는 확언할 수 없으나, 궁예정권의 문화적 특징을 어느 정도 알게 하는데 도

---

24) 육군사관학교, 『江原道 鐵原郡 軍事遺蹟 地表調査 報告書 — 陸軍博物館 遺蹟調査報告』 第3輯, 1996.
25) 유인순, 「궁예왕 전설과 역사소설」, 『강원문화연구』 21, 2002 ; 유인순, 「철원지방 인물전설연구 — 궁예 김시습 林巨正 金膺河 洪·柳氏 高진해를 중심으로 —」, 『강원문화연구』 8, 강원대 강원문화연구소 1988 ; 조현설, 「궁예이야기의 전승양상과 의미」, 『구비문학연구』 2, 1995.
26) 최성은, 「나말여초 중부지역 철불의 양식 계보」, 『강좌미술사』 8, 1996 ; 최성은, 「나말려초 포천출토 철불좌상 연구」, 『미술자료』 61, 1998 ; 최성은, 「나말여초 중부지역 석불조각에 대한 고찰 — 궁예태봉(901~918)지역 미술에 대한 시고 —」, 『역사와 현실』 44, 2002.

움을 줄 것이다.

　궁예와 궁예정권의 불교에 대해서도 새로운 견해들이 나오고 있다.[27] 궁예의 불교관계는 이단적 불교로 알려져 왔다. 궁예는 미륵관심법으로 애매한 사람을 죽이는 광신적인 불교신자였다는 것이다. 그러나 근자에 이르러 이러한 인식에도 상당한 변화가 있었다. 궁예의 불교가 미륵을 숭상했다는 점에서 법상종과 유사한 것으로 보는 경우도 있고, 더 나아가 점찰법회의 한 유형으로 보기도 한다. 특히 궁예가 迥微와 釋聰을 죽인 이유도 그의 광신적인 불교사상 때문이 아니라 정치적 견해가 달랐기 때문으로 이해하는 경향도 보인다.

　궁예정권의 판도와 영역에 대해서도 종래와 달리 파악하려는 경향도 나타났다. 이전의 연구에서는 궁예의 휘하에 있었던 왕건의 점령지역을 왕건의 실질적인 점유지로 보았다. 그러나 왕건은 어디까지나 궁예의 휘하 장수라는 입장에서 왕건의 점령지역을 궁예정권의 판도로 설정하고 연구하는 경향이 짙어졌다. 그렇게 하여 실질적으로 궁예의 영토가 삼한의 절반, 혹은 3분의 2였다는 설들이 입증되기에 이르렀다.

　궁예와 궁예정권에 관한 연구는 1990년 이후부터 더욱 심화되었고, 한편으로는 대중화된 역사서로도 일반인과 가까워졌다.[28] 여기에는 매스컴의 영향이 적지 않았음을 부인할 수 없다. 그러나 한편으로는 역사읽기에 있어서 새로운 장을 열고 있는 포스트모더니즘 역사학의 공로도 무시할 수 없다.[29] 텍스트의 부재를 전제로 현재의

---

27) 김두진, 「궁예의 미륵세계」, 『한국사시민강좌』 10, 1992.
28) 2000년에 『태조왕건』(김갑동, 일빛), 『열정의 시대』(이도학, 김영사), 『슬픈 궁예』(이재범, 푸른역사)와 같은, 이 시기를 중심으로 한 역사 대중서가 출간되었다. 그 뒤 『궁예평전』(이광식, 도서출판 eastward, 2006)도 간행되었다.

처지에서 과거의 사실을 다시 읽어야 한다는 포스트모더니즘 역사학의 입장에서 이 시대에 부정적 평가를 받았던 인물들에 대한 재평가는 바람직하다고 본다. 이러한 시각에서 궁예뿐만 아니라 다른 인물이나 영역에서도 새로운 평가가 시도되고 있다.

 이와 같이 궁예와 궁예정권에 대한 연구는 여러 학문 분야에서 다양한 연구성과가 축적되었다. 그 범주도 실증사학에서만 머무르지 않고 고고학, 민속학, 국문학, 포스트모더니즘 역사학에 이르기까지 광범위한 분야에 걸쳐 진행되었다. 궁예와 궁예정권에 대한 연구는 문헌상으로나 현재 전하는 설화, 유물, 유적[30] 등에 이르기까지 언급되지 않은 내용이 없다. 물론 같은 자료라고 하더라도 해석상의 차이로 그 결과가 달라질 수는 있다. 그러나 현전하는 영성한 자료에서 더 이상의 연구 성과를 얻는다는 것은 크게 기대하기 어렵다. 앞으로의 기대는 비무장지대에 갇혀 있는 궁예도성을 남북한이 같이 발굴하여 얻어지는 유물·유적들을 통하여 더욱 연구가 진척될 수 있기를 희망한다.

---

29) 김기봉, 「포스트모더니즘과 메타역사-'후삼국' 역사를 중심으로-」, 『한국사학사학보』 4, 2001.
30) 이재, 「궁예와 철원일대의 성곽」, 『궁예와 태봉의 역사적 재조명』(제3회 태봉 학술제), 철원군·철원문화원, 2003.

Ⅱ. 궁예의 출신성분과 사회적 진출

1. 출신성분

　전통사회에서 개인의 출신성분은 그의 활동과 밀접한 관련을 갖는다. 궁예의 경우도 그의 출신성분은 후대에 그의 활동 및 그의 지향, 더 나아가 그가 성립한 정권과 깊은 관련이 있으리라고 여겨진다. 신분이 그 자신의 운명을 가름하기도 했던 고대사회에서 한 개인의 출신성분은 그의 이력을 살피는 데 큰 도움이 된다.
　궁예의 출신성분에 대해서는 여러 견해가 있다. 가장 먼저 이야기되는 것이 궁예가 왕실 소생이라는 것이다. 이 사실은 『삼국사기』에 다음과 같이 전하고 있다.

> A. 弓裔는 新羅人으로 姓은 金氏이다. 아버지는 제47대 憲安王 誼靖이고, 어머니는 憲安王의 嬪御이었는데 그 姓名이 전해지지 않았다. 혹자는 48대 景文王 膺廉의 아들이라고도 한다.[1]

　이에 따르면 궁예는 신라왕실 출신이다. 그러나 그의 아버지에 대해서는 헌안왕인지 경문왕인지 애매하게 되어 있다. 이러한 異說로

---
1) 『三國史記』卷50, 弓裔傳.

인하여 여러 연구자들이 궁예의 아버지를 밝히는 데 노력을 기울였다.

그 결과는 크게 憲安王說2)과 景文王說3)로 대별된다. 헌안왕이라고 주장하는 연구자들은 궁예가 신라왕실의 庶子라는 전제 아래 출발한다. 이 주장은 경문왕에게는 왕비인 寧花夫人과의 사이에 晸(靖康王)·晃(憲康王)이라는 두 왕자가 있었기 때문에 서자인 궁예는 왕위에 오를 가능성도 없었고, 따라서 왕위 쟁탈전이 치열하지도 않았을 것이므로, 그 희생물이 될 까닭도 없었다고 추정한다. 따라서 경문왕의 아들일 수는 없으므로 당연히 헌안왕의 아들이라고 주장한다. 그리고 궁예가 헌안왕의 아들이라는 근거로는 헌안왕에게 아들이 없고 딸만 둘이었으므로, 궁예가 비록 서자이기는 하지만 왕위에 오를 가능성이 있었기 때문에 왕위쟁탈전의 희생물이 되었을 가능성이 큰 것으로 보고 있다.4)

한편 경문왕설은 그 근거를 헌안왕에게는 아들이 없었고 두 딸만 있었으므로 임종시에 膺廉(景文王)과 그의 두 딸 가운데 하나를 혼인으로 맺어 후사를 정하려고 한 사실에 두고 있다. 헌안왕 때에는 왕위계승이 어느 정도 순조롭게 이루어지고 있었다고 한다. 이와 달리 경문왕 때에는 진골 사이의 왕위계승전이 치열하게 전개되어 왕

---

2) 鄭淸柱,「弓裔와 豪族勢力」,『全北史學』 10, 1986, 2~7쪽.
3) 申虎澈,「弓裔의 政治的性格 －특히 佛敎와의 關係를 中心으로－」,『韓國學報』 29, 1982, 33~36쪽 ; 李貞信,「弓裔政權의 成立과 變遷」,『藍史鄭在覺博士古稀紀念 東洋學論叢』, 고려원, 1984, 40~41쪽 ; 吳永淑,「泰封國形成과 弓裔의 支持基盤」, 淑明女子大學校 碩士學位論文, 1985, 4~14쪽 ; 文暻鉉,『高麗太祖의 後三國統一硏究』, 螢雪出版社, 1978, 17~19쪽 ; 梁敬淑,「弓裔와 그의 彌勒佛思想」, 國民大學校 碩士學位論文, 1988, 4~13쪽.
4) 鄭淸柱, 앞의 논문, 2~7쪽.

실의 많은 인물들이 정치에 의해 희생되고 있었다. 따라서 궁예도 이때 희생된 경문왕의 아들 가운데 하나일 것으로 보아야 한다는 것이다.5)

이와 같이 궁예가 누구의 소생인가 하는 문제는 『삼국사기』의 분명하지 않은 기록에서 뿐만 아니라 후대의 연구자들에 의해서도 논란이 많다. 또한 앞으로도 그가 누구의 아들인가 하는 점은 새로운 자료가 나타나기 이전까지는 밝힐 수 없는 일이다.

이러한 자료의 발굴과 관련하여 참고가 되는 것이 궁예와 관련이 있는 氏姓集團의 족보이다. 여기서는 光山李氏와 順天金氏의 족보만을 대상으로 하여 궁예의 가계에 대하여 검토해 보기로 한다.6) 두

---

5) 申虎澈, 앞의 논문, 33~36쪽.
6) 여기서 소개하는 族譜에 관해서는 본서 Ⅷ. 궁예의 몰락과 그 후예에서 다시 언급하게 되므로 참고하기 바람. 참고로 두 氏姓集團의 族譜에 기록된 弓裔와의 관계는 다음과 같다.

『光山李氏世譜』
二十二世 子憲安王 諱誼靖 在位午年 陵在孔雀址
二十三世 子泰封王 諱弓裔 唐昭宗天復元年 都送兵 國號後高句麗 從都 鐵圓 國號泰封 妃信州郡夫人康氏
二十四世 子弘 官角于
二十五世 子敏儉 官角于
二十六世 子敬蓑 高麗太祖二十三年庚子 以角于不服高麗 降于光山

『順天金氏世譜』
三十六世 神武王 諱伯徵 唐文宗開城四年己未 討閔哀王明而立 在位四朔薨 均貞之子 妃貞從王后朴氏
三十七世 文聖王 諱慶 唐大中十一年丁薨 陵慶州孔雀址 神武王之子 妃昭明王后魏氏 英元 神武王之第二子 興光 光山府院君 其後爲光州人 神武王之三子 益光 太子詹事 其後爲永同人 神武王之第三子 弓裔 神武王之子 其後一爲順天金氏 一爲光山李氏

씨성집단의 족보는 모두 궁예와의 관련을 밝히고 있다. 『光山李氏世譜』에서는 궁예를 23세로 확실히 밝히고 있으며, 『順天金氏世譜』는 '其後一爲順天金氏 一爲光山李氏'라 하여 다소 애매하게 갈래만을 밝혔다고 하는 차이점은 있으나 두 성씨가 모두 궁예와의 관련을 명백히 하고 있다. 물론 族譜에 수록된 기록의 사실성에 대하여는 완벽하게 신뢰할 수 있다고 볼 수는 없지만 대체로 두 씨족집단이 궁예와 관련이 있다는 사실은 믿어도 좋을 것 같다. 왜냐하면 궁예를 매개로 하여 신라왕실과의 연결을 꾀하려 한 노력이 엿보이기도 하지만 하필 왜 역사상 부정적인 측면에서 인식된 궁예를 선택했을까 하는 의문은 궁예가 이 氏族集團의 선조라고 하지 않으면 이해될 수 없기 때문이다. 따라서 궁예 이전의 기록이 다소 『삼국사기』나 기타 다른 자료와 맞지 않는 내용이 있다 하여도 그것은 후대에 族譜를 재정리할 때의 착오로 인한 것으로 보고 궁예와 이들과의 관련은 틀림없는 사실이라고 믿어진다. 뿐만 아니라 『증보문헌비고』에서도 이 성씨들이 궁예의 후손이라고 밝힌 것을 보면[7] 아마도 그때까지 인식이 그랬었던 것 같다.

이러한 인식 하에 위의 두 족보를 통하여 궁예의 가계를 살펴보면 『光山李氏世譜』에서는 헌안왕의 아들로 기록되어 있고 『順天金氏世譜』에는 神武王의 아들로 나타난다. 즉 『光山李氏世譜』는 『三國史記』에 나오는 一說과 일치하지만 『順天金氏世譜』는 신무왕의 아들이라고 하여 새로운 혼란을 더해주는 결과가 된다. 결국 궁예의 가계는 씨족집단의 족보를 통해서도 확인할 수 없게 된다.

弓裔와의 관련을 派譜에 따라 부인하는 경우도 있다. 본서에서는 弓裔와 氏姓集團과의 관계를 밝힐 필요는 없다고 본다. 단지 이 족보를 하나의 사료로 취급하여 거기에 기록된 내용과 상징성만을 취하려고 하였다.

[7] 『增補文獻備考』 卷47, 氏族條.

결국 궁예와 같은 설화적 요소가 가미된 인물의 가계를 확정 짓는
다는 것은 어려운 문제일 수밖에 없다.[8] 따라서 여기에서는 궁예의
아버지를 밝히는 작업이 과연 어떤 의미가 있는지에 관하여 짚고 넘
어가고자 한다. 전통사회에서 출신의 문제는 세습적인 특권과 관련
이 있으므로 인물을 연구할 때는 고찰의 중요한 대상이 된다. 그러
나 신분이 개인의 성장이나 그 이후의 활동과 무관하다면 이에 대한
연구도 그 방향을 바꾸거나 대체적인 윤곽이나 집단의 범주 등을 설
정하는 정도에서 그쳐도 무방하리라고 여겨진다. 특히 다음에서 보
다 구체적으로 살펴보겠지만, 궁예의 성장환경은 왕실과는 무관하였
다고 여겨진다. 일부 연구자들은 외가의 세력을 의식하여 호족적 기
반이라고 하지만,[9] 실제로 궁예는 훨씬 더 열악한 상황에서 성장하
였던 것으로 여겨진다. 이런 의미에서 궁예의 아버지가 신라왕 가운
데 누구인가라고 하는 점은 궁예와 그의 정권을 이해하는 데 어느
정도 도움을 줄 수 있을 것인지 다소 의문이 생긴다.[10]

---

[8] 이와 관련하여 궁예와 신라왕실과의 관계를 설화의 조작에 따른 결과라고
부정하는 경우도 있다. 예컨대 "弓裔도 자기의 出身을 고귀신성한 것으로
만들기 위한 수식이라고 생각되나, 그보다도 그의 反新羅叛亂의 당위성
을 부여하기 위하여 조작한 說話. 그의 狂的인 反新羅的 태도와 新羅王
朝에 대한 불타는 복수심을 小說的으로 표현하기 위한 하나의 伏線"(洪淳
昶, 「變革期의 政治와 宗敎-後三國時代를 中心으로-」, 『人文硏究』 2,
1982, 227~228쪽), "출생과정에 지나치게 劇的인 요소가 많은 것은 인위
적 조작에 의한 결과"(崔圭成, 「弓裔政權의 性格과 國號의 變更」, 『祥明
女子大學校文集』 19, 1987, 289~290쪽) 등이라고 한 견해는 弓裔의 家系
를 밝히는 작업에 근본적인 의문을 제기하는 셈이다. 崔根泳도 弓裔를 新
羅의 傳統 王族 出身이라고만 밝히고 있다(『統一新羅時代의 地方勢力硏
究』, 신서원, 1990, 149쪽).
[9] 신호철은 궁예의 외가가 청주라고 한다(『후삼국시대 호족연구』, 개신,
2002, 363쪽).

그것은 어떻든 궁예의 출신에 대해서는 『삼국사기』의 기록대로 지금까지의 통설은 궁예의 출신이 왕위계승전에서 희생된 왕자[11]라고 하는데 크게 무리가 있어 보이지는 않는다. 여기서 더 나아가 왕자라고 하기보다는 진골이라는 신분이 적합하다고 주장하는 연구도 있다. 왕자이거나, 진골이거나 당시 왕위계승전에 참여할 수 있는 신분이므로 넓은 의미에서 신라왕실의 기득세력 출신으로 보는 것은 크게 다르지 않다. 본서에서도 궁예가 신라왕실과 관련이 있는 집안에서 태어났다는 점은 크게 틀리지 않을 것으로 본다. 단지 이러한 그의 출신성분이 그의 성장과는 크게 관련이 없었다는 점은 미리 밝혀두고자 한다.

2. 성장과 사원과의 관계

궁예가 왕실의 후예라고 하는 사실은 당시의 상황에서는 신분적으로 특권이 주어진 존재라는 의미이다. 그러나 그가 특권적인 처지에서 성장할 수 있었고 또 그의 그러한 지위를 그의 배경으로 할 수 있었을 경우에 출신성분이 갖는 의미가 있을 것이다. 그러나 궁예에게 있어서는 그렇지 못했다. 그는 태어나자마자 그러한 출신으로부터 배척 당했기 때문이다. 따라서 궁예와 그의 정권에 관해서 알기 위해서는 그의 가계와 관련된 출신성분보다는 오히려 성장과정과

---

10) 趙仁成은 '弓裔가 과연 王子였을까 하는 의문이 든다'라 하여 弓裔를 王子라고 하는데는 일단 의문을 제기하였으나, 弓裔와 新羅王室과의 血統上의 연결은 인정하여 落鄕한 眞骨貴族으로 이해하고 있다(조인성, 『泰封의 弓裔政權硏究』, 西江大學校 博士學位論文, 1990, 8쪽).
11) 李基白, 『韓國史新論(新修版)』, 一潮閣, 1991, 142쪽.

Ⅱ. 궁예의 출신성분과 사회적 진출 33

환경이 더 중요한 의미가 있다고 보인다. 궁예의 성장과정에 대해서는 다음과 같은 내용이 전하고 있다.

> B-1. 5월 5일 外家에서 태어났는데, 그때 지붕에 긴 무지개와 같은 흰빛이 있어서 위로 하늘까지 닿았다. 日官이 아뢰기를 "이 아이는 重五日에 태어났고, 나면서 이(齒)가 있으며, 또 이상한 빛이 서렸으니 장래에 나라에 이롭지 못할까봐 두려우므로 마땅히 기르지 마십시오."라고 하였다.12)

> B-2. 王이 中使를 시켜 그 집에 가서 죽이라고 하였으므로 使者가 포대기 속에서 꺼내어 樓 아래로 던졌더니 乳婢가 아이를 몰래 받다가 잘못하여 손으로 찔러 한 눈이 멀었으나 아이를 안고 도망쳐 숨어서 어렵게 길렀다.13)

이 자료 B-1에 따르면 궁예는 5월 5일, 즉 重午日에 출생한 것으로 되어 있다.14) 또한 나면서부터 이가 있었고, 이상한 기운이 하늘에 비치는 등 상서롭지 않은 기운이 감돌아 이를 왕실에서 꺼려하여 제거하고자 하였다는 내용도 포함되어 있다. 이러한 서술 형태는 흔히 大逆罪를 범한 자들이거나 영웅들의 탄생설화에서 보이는 필법으로 다분히 설화적인 소지가 내포되어 있다. 더욱이 이 기록은 주인공인 궁예를 악의적으로 표현하기 위한 고의적인 부정적 서술임을 추측할 수 있다. 즉 중오일은 흉일이며, 갓난아기가 성인과 같은

---

12) 『三國史記』 卷50, 弓裔傳.
13) 『三國史記』 卷50, 弓裔傳.
14) 重午日生은 부모를 해치는 것으로 믿는 풍습이 中國에 있다고 하며, 이는 弓裔의 반역을 예언한 것이라 한다(趙仁成, 「弓裔의 出生과 成長」, 『동아연구』 17, 1989, 64~65쪽).

치아가 있다라고 하는 것은 반역과 연관되는 악의적인 서술이기 때문이다.15)

그러나 이러한 설화적인 소지에도 불구하고 이 내용이 전하는 역사적 사실은 당시의 신라왕실이 왕위쟁탈로 인하여 어지러워서 궁예의 출생 자체를 견제하고 있었다는 점을 시사하는 것임에는 틀림없다. 따라서 궁예의 출생시 어지러웠던 신라왕실은 궁예를 하나의 희생양으로 삼게 되었던 것이다. 다시 말하면 궁예는 신라왕실의 후예였으나 출생시부터 왕실후예에게 부여된 사회적인 특권은 박탈되었고, 오직 생명을 보존하는 것만이라도 다행으로 여겨야하는 처지에 있게 되는 것이다. B-2에 궁예를 죽이러 온 중사가 아이를 누에서 떨어뜨리자 이를 받으면서 눈을 찔러 애꾸가 되었다고 하는 것은 궁예 출생시의 긴박함을 그대로 묘사한 것이라고 이해해도 좋을 것이다. 따라서 그의 어린 시절이 숨어서 살아야만 하는 어려움이 함께 할 수밖에 없었던 것으로 보아야 할 것이다.

그리고 이러한 처지는 弓裔의 소년기에 해당되는 10대에도 변함없이 지속되었다. 이 시기에 해당되는 그에 관한 자료는 다음과 같다.

C. 나이 10여 세가 되어도 장난이 그치지 않으므로 그 乳婢가 말하기를 "네가 태어나자 나라에서 버렸는데 내가 차마 어쩔 수 없어 몰래 길러(竊養) 오늘에 이르렀는데, 네가 이렇게 장난이 심하니

---

15) 이러한 유형의 설화는 高句麗 太祖王의 탄생설화에서 찾아볼 수 있다. 즉 "位宮(太祖王)은 나면서부터 눈을 뜨고 사물을 식별할 줄 알았다."(『三國志』魏志 東夷傳 高句麗條)라고 기록하고 있다. 이러한 서술은 高句麗를 성장시켜 중국에 대항한 太祖王에 대한 악의적인 묘사로 弓裔의 탄생설화도 이와 같다고 여겨진다.

다른 사람들이 반드시 알게 될 것이고(必爲人所知) 그러면 나와 너는 함께 화를 면치 못할 것이니 이를 어찌하랴?"16)

궁예의 어릴 적 환경은 자료 C에서 보이는 바와 같이 교육을 제대로 받지 못한 형편이었다. 10여 세가 되도록 장난이 그치지 않았다는 표현은 당시의 귀족가문에서 9세가 되면 정식 교육에 임하는 것과 비교하여 교양이 없었다는 표현으로 이해된다. 한편으로는 弓裔는 10여 세가 되도록 여전히 남들에게 노출이 되는 것을 두려워하며 사회적인 냉대와 경제적인 궁핍 속에서 생활해 왔음을 알 수도 있다. 그가 후일 反新羅的인 경향을 띠게 되는 이유 가운데 하나가 왕실로부터의 버림도 있겠으나, 이러한 사회의 하층민으로서의 서러움과 불만이 더 크게 작용하였을 것으로 추정해 볼 수 있다.

궁예가 비로소 일정한 사회적 관습이나 규범에 접할 기회를 얻게 되는 때는 世達寺17)에 投託하면서부터라고 할 수 있다. 그의 투탁 동기는 분명하지 않다. 아마도 경제적 궁핍과 신분노출이 가장 큰 이유였던 것으로 여겨진다.18) 그가 투탁할 당시 婢에게 말한 다음과

---

16) 『三國史記』 卷50, 弓裔傳.
17) 世達寺의 위치는 지금의 江原道 寧越郡 大華山에 있는 興敎寺로 비정하는 견해(鄭永鎬, 「新羅獅子山 興寧寺硏究」, 『白山學報』 7, 1969, 27쪽 ; 장준식, 「세달사의 위치에 대한 고찰」, 『문화사학』 11·12·13합집, 1999 ; 김택균, 「궁예와 세달사」, 『사학연구』 75, 2004)에 따른다.
18) 世達寺로 出家한 동기에 대하여 洪淳昶은 은신처로 파악하고 있으며(앞의 논문, 228쪽), 趙仁成은 경제적으로 어려웠을 것이라는 점에는 동감하면서 근본적인 출가동기는 '자신의 사회적 지위의 향상을 도모하기 위한 방편'으로 이해하고 있다(趙仁成, 『弓裔의 泰封政權硏究』, 西江大學校 博士學位論文, 1990, 15쪽). 한편 鄭淸柱는 弓裔의 外家勢力과 世達寺가 어떤 연결이 있기 때문이라고 추측하고 있는데(앞의 논문, 8쪽), 외가세력이 세달사와 관련이 있다면 어느 정도 지방 근거지가 있다고 하는 점은 틀림

같은 기사로도 확인할 수 있다.

  D. 弓裔가 울면서 말하기를 "만약 그렇다면 내가 떠나가서 어머니
   의 근심이 되지 않겠습니다." 하고 곧 世達寺로 갔다. 世達寺는
   지금의 興敎寺이다.19)

 이 사료에 따르면 궁예가 세달사로 가게 된 데에는 다른 동기가 없다. 단지 앞서 婢가 말한 내용 가운데 '竊養'과 '必爲人所知'(C) 밖에는 궁예가 세달사에 투탁한 이유를 설명할 자료가 없다. 그리고 이 시기의 일반적 현상의 하나가 경제적으로 곤란에 빠진 하층민의 寺院投託이었다는 점으로 볼 때 궁예도 이 경우에 해당되는 것으로 보아 크게 무리일 것 같지는 않다.20)

 궁예가 하필 왜 世達寺를 택하였는가 하는 점에 대해서는 알려진 바가 없다. 다른 새로운 자료가 발견되지 않는 이상에는 단지 가까운 지역이었기 때문이라는 상식적인 판단을 내릴 수밖에 없다.21) 물론 궁예가 신분노출을 방지할 목적이었다면 다른 지역에서 세달사로 투탁할 수도 있다는 가정도 성립된다.

  이 없다고 하겠다. 그렇다면 弓裔가 궁핍하였다고 하는『三國史記』弓裔傳의 기록은 무시해도 좋은 것인지 얼른 납득이 가지 않는다. 만약 성장과 관련된 기록을 무시한다면 中使가 궁예를 죽이러 왔을 때 婢가 弓裔를 구출하였다고 하는 사료해석 또한 문제가 되는 것은 아닌지 염려된다.
19) 『三國史記』卷50, 弓裔傳.
20) 崔承老의 경우는 그 가문이 상당히 높은 위치에 있었음에도 불구하고 사원에 맡겨진 적이 있다(『三國遺事』3, 三所觀音 衆生寺條). 비록 이때의 상황이 甄萱을 피해 피신을 한 경우이며 기간도 불과 반달 정도이긴 하지만 이렇게 사원에 투탁하는 경우는 당시로서는 일반적인 사실이었다.
21) "世達寺의 인근지역에서 성장하여 世達寺에 대한 초보적인 지견을 가지고 있었기 때문이라고 생각된다"(鄭淸柱, 앞의 논문, 8쪽).

한편 세달사의 위치에 대해서는 논란이 있어 왔으나 지금은 대체로 강원도 일대로 인정하고 있다. 세달사의 위치에 대해서는 그동안 부석사설,[22] 경기도 개풍설 등이 주장되었으나 근래 발굴결과에 의하여 강원도로 인정되고 있다. 궁예의 초기 활동지역이 주로 강원도 일대인 점으로 보아 그는 거주지에서 가까운 어느 한 사원에 의지하였다고 하는 것이 자연스러울 것이라고 보여진다.

3. 궁예의 사회적 지위

앞에서 궁예가 신라왕실의 후예인 것은 틀림없으나 그의 성장과정은 왕실의 특권과는 무관하였음을 살펴보았다. 오히려 사원에서의 성장과정이 그에게 미치는 영향이 더욱 컸음을 알 수 있다. 그러면 구체적으로 궁예의 사회적 지위는 어떻게 규정지을 수 있을까? 이에 대한 기왕의 연구결과를 검토하면서 살펴보기로 한다.

지금까지의 연구결과에 따르면 크게 세 가지 유형으로 구분해 볼 수 있다. 첫째, 궁예의 사회적 위치는 진성여왕 이후부터 신라의 각처에서 빈발하던 群盜의 한 부류로서 도적의 성격을 벗어나지 못하고 있다는 설이다. 따라서 이러한 도적의 성격은 그를 賊帥의 위치에 머물게는 하였으나 새로운 역사단계의 전망을 제시하게 하지는 못했다고 한다.[23] 이 주장은 『삼국사기』와 『고려사』의 궁예의 인격적 측면을 부정적으로 보는 견해와 함께 오랫동안 궁예의 한계로 지

---

22) 李承休, 『帝王韻紀』.
23) 金哲埈, 「後三國時代의 支配勢力의 性格」, 『李相佰博士回甲紀念論叢』, 1964 ; 金哲埈, 『韓國古代社會研究』, 知識産業社, 1975 ; 朴漢卨, 「後三國의 成立」, 『한국사』 3, 국사편찬위원회, 1978.

적되어 온 내용이다. 둘째, 그가 승려로서 사원세력을 이용하여 세력 기반을 공고히 하였다는 설이다.24) 셋째는 궁예의 외가를 영월지역의 豪族勢力으로 보고 이를 기반으로 호족과의 연합을 꾀하여 성장하였다는 설도 제기되고 있다.25) 그리고 궁예의 사회적 지위가 사원에 투탁하여 노동을 제공하고 생활하였던 수원승도라는 주장26)도 있다. 이상의 여러 설 가운데 앞의 첫 번째와 두 번째 설은 자료의 한 부분만을 확대 해석하여 부각시킴으로써 궁예세력의 사회적 성격을 전체적으로 설명해 주지 못한 감이 있으며, 세 번째 설은 자료의 자의적 해석이 지나쳐 실제 현상과 오히려 거리가 멀어지는 결과를 초래한 것은 아닌가 생각된다. 첫 번째 설은 궁예의 사회적 지위를 군도의 무리인 도둑의 성격으로 보아도 무리가 없을까 하는 점이다. 사료상으로 궁예를 직접 盜라고 표현한 경우는 보이지 않는다. 그럼에도 불구하고 궁예가 도둑의 성격으로 대표적인 존재가 되어 있는 것은 新羅下代에 자주 보이는 賊이라는 용어를 盜賊으로 일반화하여 의미부여한 데서 기인한 것으로 보인다. 그렇다면 과연 이 賊이라는 용어를 단순히 盜라는 의미로 사용할 수 있는지를 확인하기 위하여 편의상 궁예가 생존했던 시기에 해당되는 기간에 나타난 賊27)의 용례를 검토해 보기로 한다.

E-1. 眞聖王卽位五年 大順二年辛亥 投竹州賊魁箕萱28)

---

24) 申虎澈, 「弓裔政權의 政治的 性格」, 『한국학보』 29, 1982.
25) 鄭淸柱, 앞의 논문.
26) 이재범, 앞의 논문.
27) 黃巢를 賊으로 표현한 경우가 있으나 이는 中國의 사정이므로 본서에서는 대상에서 제외하였다.
28) 『三國史記』 卷50, 弓裔傳.

II. 궁예의 출신성분과 사회적 진출 39

E-2. 眞聖王五年冬十月 北原賊帥梁吉 遣其佐弓裔29)
E-3. 眞聖王六年 完山賊甄萱據州自稱後百濟 武州東南郡縣降屬30)
E-4. 眞聖王十年 賊起國西南 赤其袴以自異 人謂之赤袴賊屠害州縣 至京西部牟梁里 劫掠人家而去31)
E-5. 眞聖王十一年夏六月 王謂左右曰 近年以來百姓困窮盜賊蜂起 此孤之不德也32)
E-6. 國原菁州槐壤賊帥淸吉莘萱等擧城投於弓裔33)
E-7. 景福元年壬子 投北原賊梁吉(中略) 浿西賊寇來降者衆多34)

위의 내용은 주로 『삼국사기』 신라본기에 나오는 것으로 보아 왕조의 입장에서 서술되었으므로, 신라에 반대하는 모든 세력을 賊으로 보았던 것 같다. 이들의 사회적 성격을 보다 구체적으로 확인해 보도록 하자.

자료 E-1에 보이는 竹州賊魁箕萱은 竹州 일대의 세력을 장악하고 있던 중부지역의 호족세력이었다. 비록 箕萱은 弓裔와 반목하여 갈라서긴 하였지만 한때는 궁예가 그에게 투탁할 정도로 탄탄한 기반을 유지한 적이 있었다. 안성 일대의 설화에는 기훤이 칠장사 등 이 일대의 사찰을 장악하는 등 상당한 실력을 보유하고 있었던 것으로 알려져 있다.

사료 E-2와 E-7의 北原賊帥로 표현되고 있는 梁吉 또한 지금의 강원도 원주와 충청북도 충주 일대를 본거지로 하여 거대한 세력을 구

---

29) 『三國史記』卷11, 新羅本紀 眞聖王 5年條.
30) 『三國史記』卷11, 新羅本紀 眞聖王 6年條.
31) 『三國史記』卷11, 新羅本紀 眞聖王 10年條.
32) 『三國史記』卷11, 新羅本紀 眞聖王 11年條.
33) 『三國史記』卷12, 新羅本紀 孝恭王4年 冬10月條.
34) 『三國史記』卷50, 弓裔傳.

축한 大豪族세력이었다. 한때는 궁예를 자신의 휘하에 두기도 하였으며, 궁예에게 패하여 세력을 잃을 때까지도 30여 城 이상을 장악했던 북원지역의 군웅이었다.

자료 E-3에 完山賊으로 표현된 甄萱은 後百濟를 건국한 인물이다. 그의 신분은 신라의 裨將으로부터 출세한 군인이라는 설35)과 武州(광주)지역의 호족출신이라는 설36)이 제기되고 있는데, 이 두 가지 설 역시 단순한 도적이 아니었다는 사실을 시사해주고 있다.

사료 E-4에 보이는 赤袴賊은 이 기사만으로 볼 때는 진성여왕의 난정과 흉년 등으로 생활에 지친 농민들의 농민반란집단으로 추정해 볼 수 있다. 이에 주목되는 점은 이들이 모두 같은 색깔의 복장을 하였다는 사실에서 단순한 도적집단이 아니라 정해진 목적을 위하여 결집된 체계적인 대규모 집단이었을 가능성이 크다는 점이다. 이들을 赤이라는 색깔로 표현하여 다른 무리들과 구분하였다는 사실로 보아 紅巾賊과 같이 오행사상의 영향을 받은 빈곤한 농민들의 자활의 무리였을 것으로도 보인다. 이 같은 추리를 가능케 하는 근거는 사료 E-5의 경우에서 곤궁한 백성을 도적으로 지칭하였고, 그들이 봉기했다는 사실이 그것이다. 끝으로 앞의 경우에서 보면, 甄萱이나 弓裔는 진성여왕 때의 정치, 사회적 혼란을 틈타 각지에서 야기된 도둑의 무리, 농민반란군, 유망민 등을 규합하여 反신라적 기치를 내걸고 각기 後百濟, 後高麗를 건국한 것이다. 요컨대 甄萱과 弓裔세력의 주체는 적으로 칭한 농민반란군을 끌어들여 세력을 확장한 것으로 볼 수 있다. 특히 사료 E-6의 경우에서 보면 후삼국이 성립될 무렵 이들 집단은 이미 일정한 城을 근거지로 군사권과 행정권

---

35) 朴漢卨, 앞의 논문,
36) 朴敬子, 「甄萱의 勢力과 對王建關係」, 『淑大史論』 11·12 合輯, 1982.

을 갖는 반신라적 독립적 세력으로 군림했음을 알 수 있다. 지금까지 살펴본 9세기 말 10세기 초에 보이는 賊의 용례를 간단히 정리해 보면 <표 1>과 같다.

<표 1> 賊의 用例

	『三國史記』用例	性格
E-1	竹州賊魁箕萱	豪族
E-2	北原賊帥 梁吉	豪族
E-3	完山賊 甄萱	豪族 軍人
E-4·7	赤袴賊·西賊	流亡民
E-5	盜賊	一般稱
E-6	國原·菁州·槐壤賊帥 清吉·莘萱	豪族

<표 1>을 보면 '賊'이라는 용어는 그 의미가 다양하게 사용되었다. 즉 賊이라는 용어는 일반적으로 도적을 의미하기도 하나 이 시기의 자료에서 지칭하는 賊은 생활에 지친 도적 또는 농민 반란군 및 호족까지를 포함하여 신라왕실에 대하여 적대적 관계에 있었던 모든 무리를 포괄한 것으로 보여진다. 즉 신라에 대해 반신라적 반란과 반역행위를 한 적대적인 입장을 취하는 집단에 대한 호칭으로 사용되었던 것이다. 신라와 후백제가 호혜적인 관계에 있을 때에는 '完山主'[37]라고 호칭한 경우도 있는 것을 보면 賊이라는 용어만으로 그 집단의 성격을 도적으로 일반화시키는 것은 무리가 있는 해석이라 할 것이다.

다음은 궁예의 기반을 사원으로 보고 그의 사회적 위치를 승려로 파악한 경우에 대하여 언급하고자 한다. 궁예를 사원세력으로 이해하는 논자들의 근거는 궁예와 세달사의 관계에 너무 집착한 데서 비

---

37) 『三國史記』 卷50, 弓裔傳.

롯된 것으로 여겨진다. 그러나 이미 전장에서 밝혔듯이 궁예가 세달사에 간 동기는 승려가 되기 위한 것이 아니라 빈한한 생활을 면해 보고자 하는 경제적 이유 혹은 은신의 뜻에서였다. 그리고 세달사는 莊舍를 溟州에까지 두고 있었던 대규모 사찰이었다.38) 당시의 사원 내부의 계층은 크게 세 부류로 구성되어 있었다. 즉 高級僧侶, 中間僧이라고 할 수 있는 隨院僧徒, 그리고 奴婢들이었다.39) 이 가운데서 학식을 갖춘 고급승려는 신분상으로나 경제적으로 다른 계층과는 큰 차이가 있었다.40) 실질적으로 사원을 이끌어 가던 지배세력이라고 한다면 당시 궁예의 처지나 신분으로 보아 그는 승려로서의 고급승려 계층을 의미하는 것인데 경제적 원인으로 사원에 투탁한 궁예에게 이러한 지위가 쉽게 보장되어 사원세력으로 성장될 수는 없었을 것이다.

여기서 잠시 '寺院勢力'의 개념을 명확히 해두어야 할 필요가 있다. 일반적으로 특정 세력집단이라고 한다면 그 세력의 속성은 구성 분자의 속성에 따라 결정된다. 따라서 '사원세력'이라고 한다면 사원을 기반으로 그 곳에서 영향력을 행사할 수 있는 지도자 및 지배계층의 일원이어야 한다는 점을 분명히 해두어야 할 것 같다. 따라서 '사원세력'이라고 한다면 고급승려이거나 사원과 밀접한 관계를 갖는 경우로만 국한시켜야 할 것으로 본다. 때로 사원을 이용하여 사회적 활동을 하는 경우를 볼 수 있는데 이러한 현상은 사원과 분리시켜 인식되어야 할 것이다.41) 궁예의 세달사 내에서의 행동을 보면

---

38) 『三國遺事』 3, 塔像 洛山二大聖 觀音·正越·調信條 참조.
39) 秋萬鎬, 「高麗僧軍考」, 『藍史鄭在覺博士古稀紀念 東洋學論叢』, 고려원, 1984, 106쪽.
40) 許興植, 「高麗時代의 僧科制度와 機能」, 『歷史敎育』 19, 1976, 129쪽.
41) 寺院勢力의 개념에 대하여 申虎澈은 "新羅下代에 이르러 각 지방의 寺院

궁예는 세달사의 고급승려라고 하기보다는 반사원적 인물로 판단된다. 또한 그가 독자적으로 활동을 시작한 것도 세달사와는 결별을 하고 竹州의 箕萱이라는[42] 호족세력의 비호 아래에서였던 점을 상기하면 궁예를 사원세력으로만 보는 데는 무리가 있어 보인다. 후일 궁예가 양길의 휘하에서 일시 石南寺를 거점으로 활약하기는 하지만 이를 世達寺를 배경으로 한 궁예의 고급승려로서의 활동의 연장으로 보기는 어렵다.

마지막으로 궁예가 그의 외가를 배경으로 호족세력으로 성장하였다고 하는 설이다. 이 설은 궁예의 외가가 중앙에서도 어느 정도의 세력을 가지고 있었고 지방에서도 상당한 세력기반을 형성하고 있었다는 추측에서 출발하고 있다.[43] 이 설이 주장하는 근거 사료는 다음과 같다.

F. (前略) 王勅 中使 抵其家殺之 使者取於襁褓中 投之樓下 乳婢竊捧之 誤以……[44]

들은 대개 獨立的인 성향을 강하게 가지고, 상당한 경제적 군사적 힘을 보유하고 있었다. 이를 '寺院勢力'이라 부를 수 있을 것으로 생각한다.(「弓裔의 政治的 性格」, 37쪽의 주15) 참조)"라고 정의하였다. 기본적으로 이러한 개념은 옳다고 본다. 그러나 그의 개념은 집단 개념으로서 상대집단과 비교할 때는 가능하지만 내부에서의 권력관계를 표현할 때는 적합치 않다고 본다. 예컨대 世達寺의 奴婢는 세달사 세력의 요소이긴 하지만, 세달사를 대표하는 세력으로 볼 수는 없다. 따라서 본서에서는 개념을 달리한다.
42) "弓裔投竹州賊魁箕萱"(『三國史記』卷50, 弓裔傳).
43) 鄭淸柱, 앞의 논문, 8쪽.
44) 『三國史記』卷50, 弓裔傳.

위의 사료는 궁예의 출생시 왕이 보낸 사신이 궁예를 처단하려 했지만, 궁예가 극적으로 구출된 사실을 알려주고 있다. 궁예 호족세력설의 주장자는 中使가 궁예를 누하로 떨어뜨렸고 누하에서 乳婢가 이를 받아서 양육하였다는 내용을 비상식적으로 이해하고 오히려 中使와 乳婢가 궁예를 의도적으로 구출한 사실을 전하는 사료라고 분석하고 있다.[45] 그러나 이 사료는 왕이 중사를 보냈고 이 사자는 궁예를 강보에서 꺼내어 던졌고 유비는 이를 받았는데 그 과정에서 한쪽 눈이 멀게 되었다는 사실을 분명히 밝히고 있다. 물론 이러한 극적 상황을 사실 그대로 인정할 수는 없다고 본다. 그러나 이 기록의 설화성 내지 작위적 요소를 고려한다고 하여도 이 사료는 궁예에 대한 적대적 분위기가 그를 둘러싸고 있었다고 하는 당시의 상황을 전한다고 보아서 무리가 없을 것이다. 따라서 궁예의 외가와 왕실과는 어느 정도 소원한 관계였으며 중사 또한 왕의 명으로 궁예를 죽이러 간 인물로 궁예와는 적대적인 관계임을 살필 수 있다. 그리고 이와 비슷한 유형의 설화는 그 상징성에 역사적 의의를 두어야 할 것이며, 그 내용 자체를 모두 역사적 사실로 인정하여 무리한 추측을 한다면 오히려 혼란을 초래할 수도 있을 것으로 여겨진다. 또한 궁예의 성장과정이 '劬勞養育', '竊養以至今日'[46] 등으로 표현되고 있는 것을 보면, 궁예가 어느 정도의 지역적 기반을 가진 호족적 기반에서 성장하였다고 보기에는 무리가 있다고 여겨진다.

그렇다면 구체적으로 궁예의 사회적 지위는 어떠하였는가에 대하여 구명해 보고자 한다. 이미 앞에서 살펴보았듯이 궁예 연구에 있어서는 그가 처한 사회적 지위가 무엇보다도 중요하다고 믿어지기

---

45) 鄭淸柱, 앞의 논문, 7쪽.
46) 『三國史記』 卷50, 弓裔傳.

Ⅱ. 궁예의 출신성분과 사회적 진출 45

때문이다. 이에 관한 참고자료는 다음과 같다.

G-1. 머리를 깎고 僧이 되어 善宗이라고 자칭하였다. 장성하게 되어서는 僧律에 구애를 받지 않고 건들건들하여 담기가 있었다. 일찍이 齋를 올리러 가는데 까마귀가 무엇을 물고 와서 바리대에 떨어뜨렸는데, 이를 보니 牙籤에 王자가 쓰여 있었다. 비밀에 부쳐 말을 내지 않고 자부심을 가졌다.47)

G-2. 大順 2년 시내에 竹州의 賊魁 箕萱에 投託하였으나 箕萱이 오만하고 예를 갖추지 않으므로 善宗이 우울하고 편안하지 못하다가 箕萱의 부하인 元會·申煊 등과 몰래 결탁하여 '友'의 관계를 맺었다.48)

위의 자료 G-1은 궁예가 世達寺에 投託한 이후의 사정을 알려주며, 자료 G-2는 세달사에서 나와 죽주의 기훤에게 투탁하였을 때의 상황을 전해준다. G-1에 따르면 궁예는 10여 세에 출가한 것으로 되어 있는데, 이러한 사정은 다른 선승들이 출가한 시기와 크게 다르지 않다.49) 궁예는 머리를 깎고 僧이 되었으며 스스로 善宗이라고 법호를 붙였다고 한다. 이러한 내용으로 보면 궁예는 수련을 거치고 具足戒를 받은 고급승려로 여겨지지는 않는다.50) 따라서 여기서는 僧은 고급승려를 가르키는 것이 아니라 사원 내에 기거하거나 이와

---

47) 『三國史記』 卷50, 弓裔傳.
48) 『三國史記』 卷50, 弓裔傳.
49) 김용선, 『고려금석문연구』, 일조각, 2004, 325쪽 참조.
50) 고급승려(전문승, 수도승과 같은 의미로 사용함)가 되기 위해서는 일정한 절차가 필요하였다(許興植, 「高麗時代의 僧科制度와 그 機能」, 『歷史敎育』 19, 1976, 126쪽).

관련된 모든 사람들에 대한 범칭으로 이해되어야 하리라 본다.51) 그러므로 이 사료만으로 궁예를 修道나 학업만을 일삼는 전문승려로 보기는 어렵지 않을까 한다. 오히려 궁예는 당시 사원에서 전문승려와 구별되어 각종 노동에 종사하던 隨院僧徒52)와 같은 계층에 속하였던 것으로 여겨진다. 궁예가 세달사에서 보인 행동의 특징, 즉 壯年이 되자 律에 구속을 받지 않았고 氣가 있었다고 하는 표현 등이

---

51) 僧의 語義는 반드시 修道를 일삼는 專門僧侶를 일컫지 만은 않았다. 僧에 관한 다양한 표현에 대해서는 여기서 일일이 용례를 밝히지는 않겠다. 비록 高麗後期의 자료지만 法制上으로 사용되었던 용례만을 밝히고 넘어간다. "鄕・驛使 및 公私奴隸들이 賦役을 窺避하기 위하여 마음대로 僧이 되어 戶口가 날로 줄어드니 이제부터 度을 받지 않은 자는 마음대로 剃하지 못한다"(『高麗史』 卷85, 刑法2 禁令條). 이 사료에 따르면 僧이 고급승려만을 가르키는 것은 아니라는 사실을 알게 된다.

52) 隨院僧徒에 대한 개념규정은 "獨立的 生計를 영위하면서 私田을 경작하고 기타의 勞役에 종사하였으며 이들의 사회경제적 지위는 農奴的存在"(白南雲, 『朝鮮封建社會經濟史』(上), 改造社, 1937, 838쪽), "一般下層階層이 逃役入山하여 형성된 僧侶層으로 이들은 奴婢와 거의 다름이 없었으며 寺院田의 耕作勞動에 종사하였다"(閔丙河, 「高麗時代佛敎界의 地位와 그 經濟」, 『成大史林』 1, 1965), "寺院에 달려있는 僧徒라는 뜻으로 僧侶와는 구별되어야 할 것이다. 『高麗史』 용례를 보면 僧徒는 대개 寺院에서 각종 勞動에 종사하는 자들을 가리키고 있다. 이들은 國家의 役을 기피하여 사원에 逃避한 자들일 것이다"(李基白, 『高麗史 兵志 譯註』, 1969), "寺院의 모든 勞役에 복무하는 일종의 僧侶이기는 하였으나 修道하는 僧侶가 아니라 寺院의 土地를 耕作하는 農民으로 이들은 대개 寺院 주변에 살면서 寺院田을 耕作하는 佃戶의 存在였다"(姜晋哲, 『高麗土地制度硏究』, 155쪽) 등이라고 하여 修道僧과는 구분되는 존재로 파악하고 있다. 주로 勞動에 종사하는 부류들로 그 신분도 낮다. 隨院僧徒에 관한 본격적인 논문은 李相瑄, 「高麗時代의 隨院僧徒에 關한 考察」, 『崇實史學』 2, 1984 참조. 隨院僧徒가 사원의 중간적 존재로 僧軍의 주축이었다고 고찰한 논문도 있다(秋萬鎬, 앞의 논문).

이를 의미한다고 여겨진다. 여기서의 률은 승률이며, 기가 있었다고 하는 것은 반항적인 성격을 뜻한다고 보아도 무리일 것 같지 않다.

이와 관련하여 徐兢의 『高麗圖經』에 나오는 재가화상의 형태가 궁예와 같은 부류가 아니었는지 궁금하다. 이들도 광범위한 隨院僧徒의 한 부류인데, 궁예와 그의 친구로 여겨지는 은부와 같은 인물이 在家和尙의 일반적 형태와 흡사하기 때문이다.53) 이와 관련된 자료를 보면 다음과 같다.

H-1. 재가화상은 가사를 입지 않고 계율을 지키지 않으며, 흰모시의 좁은 옷에 검정색 깁으로 허리를 묶고 맨발로 다니는데, 간혹 신발을 신은 자도 있다. 거처할 집을 자신이 만들며 아내를 얻고 자식을 기른다. 그들은 관청에서 기물을 져 나르고 도로를 쓸고 도랑을 내고 성과 집을 수축하는 일 등에 다 종사한다. 변경에 경보가 있으면 단결해서 나가는데, 비록 달리는 데 익숙하지 않기는 하나 자못 씩씩하고 용감하다. 군대에 가게 되면 각자가 양식을 마련해 가기 때문에 나라의 경비를 소모하지 않고서 전쟁할 수 있게 된다. 듣기로는 중간에 글안이 고려에 패전한 것도 바로 이 무리들의 힘이었다고 한다. 그들은 사실 형벌을 받은 복역자인데, 夷族의 사람들은 그들의 수염과 머리를 깎아 버린 것을 가지고 화상이라고 이름한 것이다.54)

H-2. 蘇判 宗侃은 어려서 중이 되어 간사한 짓을 행하였고, 內軍將軍 狄鈇는 어려서 머리를 깎이고(幼爲髡鉗) 목에 칼을 쓰고 있던 죄인이었는데 말을 잘하여 등용되어 모두 궁예의 신임을 얻

---

53) 在家和尙과 隨院僧徒를 같다고 하는 견해는 李相瑄(앞의 논문, 24~25쪽)과 秋萬鎬(앞의 논문, 502쪽)가 모두 입장을 같이 한다.
54) 『高麗圖經』卷18, 釋氏 在家和尙條.

게 되자 참소하기를 즐겨하고 착하고 어진 사람들을 자주 모함하므로 이들을 주살했다.55)

H-3. 사미비구는 어려서부터 출가하여 受具를 거치지 않은 자들이다. 괴색의 포의로 역시 첩상이 없다. 계율이 높아져야 비로소 자복으로 바꾸고 차례에 따라 옮겨지고, 올라가고 난 뒤에야 납의를 갖게 된다.56)

위의 H-1의 내용을 보면 在家和尙에 대한 특징적인 점을 발견할 수 있다. 물론 徐兢의 주관적인 견해가 어느 정도 더해졌는지는 모르겠으나, 재가화상에 대한 당시57)의 일반적인 형태를 살펴보는 데는 무리가 없다고 보인다. 이 내용에 따라 재가화상과 일반 승려와의 차이점을 살펴보면, 몇 가지로 요약될 수 있다. 첫째, 계율을 지키지 않으며, 둘째 일반 노동에 종사하며, 셋째 씩씩하고 용감하며, 넷째 전투력과 이를 수행할 경제력을 갖추고 있다고 한다. 이들이 머리를 깎았다고 하는 외형적인 모습도 특징의 하나가 된다. 서긍의 눈에 비친 재가화상의 형태는 앞서 살펴 본 궁예의 모습과 흡사하다. 다시 말하면 머리를 스스로 깎았다고 한 점을 포함하여 궁예의 세달사에서의 행동양태는 『高麗圖經』에 기록된 재가화상의 일반적인 모습과 거의 일치하고 있다고 볼 수 있다.

궁예가 隨院僧徒와 같은 계층에 속해 있었을 것이라는 근거는 그와 밀접한 관계가 있었던 인물들을 통해서도 살펴볼 수 있다. 자료 H-2의 내용은 궁예의 꾐을 받아 나쁜 짓을 자주 행하여 王建 즉위

---

55) 『高麗史』卷1, 太祖元年 6月 壬戌條.
56) 『高麗圖經』卷18, 釋氏 沙彌比丘條.
57) 여기서는 당시의 徐兢이 高麗에 왔을 때인 仁宗 1년(1123, 宋 宣和5)이다.

후 7일만에 처형당한 宗侃과 狄鉽에 관한 것이다. 이들이 7일만에 처단된 것으로 보면 궁예와의 관계가 아주 긴밀했음을 알 수 있다. 그런데 종간은 어려서 중이 되었고, 은부는 '幼爲髡鉗'이라고 한 내용으로 보면 이들이 모두 궁예와 비슷한 처지, 즉 재가화상과 같은 모습을 하고 있는 것을 알 수 있다. 은부가 幼爲髡鉗된 이유는 알 수 없으나 형벌로 보충된 在家和尙이었음을 알게 되고, 종간은 어려서 출가한 沙彌比丘로 볼 수 있게 된다. 당시 사미비구에 관해서는 자료 H-3의 내용이 참고가 된다. 종간은 위의 내용과 같이 어려서 출가하여 具足戒를 받지 않은 자로 보인다. 구족계를 받지 않았다는 점에서 專門僧이 될 수는 없었을 것이다. 따라서 종간이나 은부 등은 사원내의 위치가 궁예와 비슷하였으며, 이들이 궁예정권이 몰락할 때까지 권력의 핵심에 머무를 수 있었던 까닭도 바로 사회적 지위의 동질성에서 기인한 때문이라고 여겨진다.58) 명확하게 재가화상이라고 할 수는 없지만, 이와 비슷한 처지의 사회적 지위에 있었던 것으로 간주할 수 있다.

이러한 궁예의 사회적 지위에 따른 속성은 사원세력이라기보다는 오히려 民衆的 性格59)에 가까운 것으로 보아야 할 것이다. 자료 H-2에서와 같이 그가 사원의 지배적인 위치에 있었던 승려였다면 구태

---

58) 이들의 관계가 언제부터 형성되었는지 설명해 줄 자료는 없다. 그러나 사회적 지위의 동질성으로 볼 때 世達寺에서부터의 결합이라고 보아도 무리가 없을 것 같다.
59) 여기서 民衆이라는 용어에 대한 필자의 뚜렷한 개념 정립은 미숙한 상태임을 밝힌다. 그러나 이 시기의 農民들을 지칭하는 달리 마땅한 용어가 없으므로 비슷한 의미에서 사용되었다고 여겨지는 河炫鋼,「新羅末期의 民衆意識」,『韓國史의 再照明』, 讀書新聞社編, 1975에서 빌어 온 것이다. 이와 비슷한 의미로 洪承基(「後三國의 分裂과 王建에 의한 統一」,『韓國史市民講座』제5집, 1989, 70쪽)에 의해서도 사용된 예가 보인다.

여 새로운 지배세력가인 기훤에게 의지하였을 타당한 이유가 없기 때문이다.60)

따서 자료 G-2에서 주목해야 할 점은 궁예가 箕萱이 소홀하게 대하자 그의 휘하에 있던 元會, 申煊 등과 '友'로 관계를 맺었다는 사실이다. 궁예가 사원의 고급승려였다면, 호족에게 투탁하였을 리도 없고 만약 투탁하였다고 하더라도 賊으로 표현된 기훤의 휘하 인물들과 '友'의 관계를 맺을 필요가 없었을 것이기 때문이다. 이때의 궁예와 원회, 신훤과의 결합은 사원 내에서의 궁예의 위치, 호족휘하에서의 원회, 신훤 등의 위치가 갖는 동질성에서 찾아야 할 것이다. 이들이 자신들이 속했던 집단의 지도층이었던 것 같지는 않다. 여기서 元會, 申煊 등은 新羅下代 이후 증가하기 시작한 불만농민들로 보아도 무리일 것 같지는 않다. 이들이 기훤에게 갔다가, 궁예와 결합하였다고 하는 사실은 사원과 호족이라는 당시의 지배집단에 대한 저항감에서 비롯된 것으로 민중적 속성에 의하여 자연스럽게 이루어졌을 것으로 보아도 좋을 것 같다. 그리고 그 이후 궁예의 反社會的인 행태도 바로 이러한 사회적 지위에서 비롯되었다고 보아야 할 것 같다.

---

60) 高麗의 佛道를 닦는 僧侶는 奴婢를 所有한 權力層의 一員이었다(『溪山松廣寺史庫』, 圓吾國師奴婢宣給官文, 454~455쪽). 秋萬鎬, 앞의 논문, 103쪽의 주 21)에서 재인용.

Ⅲ. 궁예의 세력 확대와 영역 변화

　후삼국시대 궁예정권은 가장 넓은 영토를 보유하였다. 지금까지 구체적으로 영토와 영역에 대하여 연구된 바는 없지만, 나말여초시기를 연구하는 가운데 부분적으로 다루어진 예가 많다. 궁예정권의 영역에 대해서는 이미 당대인들에 의해서도 '삼한의 3분의 2' 또는 '삼한의 절반 이상'으로 일컬어졌다. 궁예정권은 실질적으로 후삼국의 패권을 장악하였던 국가였던 것이다.
　사료상이나 연구성과에 의하면 궁예정권의 영토는 원주・영월・인제・화천・철원・양구 등지의, 지금의 강원도 일대를 포함한다. 그리고 양평・광주・양주 등의 경기도 일대와 홍성・공주 일대의 충청남도 일대, 그리고 청주・괴산・충주 등지의 충청북도 일대도 궁예정권의 영역이었다. 아울러 궁예의 세력은 진도・영암・영광 등의 전라남도 일대와 섬진강 일대까지도 미쳤던 것으로 알려져 있다. 궁예정권의 북방으로의 진출은 평양과 안변 일대 및 그 이북지역까지 였던 것으로 추정되고 있다.
　그럼에도 불구하고 궁예정권의 영토는 궁예의 활약에 의하여 얻어진 것으로 인정하지 않으려는 경향이 강하다. 궁예정권이 강성해진 이유를 궁예 휘하에서 활약하였던 왕건의 공로로 하려고 하기 때문이다. 현전 사료는 궁예가 삼한에서 가장 크고 강성한 국가가 되었던 것은 궁예보다 그의 장수였던 왕건에 의해서라고 강조하고 있다. 따라서 많은 연구자들은 궁예정권이 확보했던 영역을 궁예의 활약 때문이라고 인정하기를 주저하는 경향이 있다.

그러나 궁예정권 아래서의 왕건의 활약은 분명히 궁예의 휘하 장군의 한사람으로서 수행한 결과였다. 왕건의 인물됨이 출중하였다고 하더라도 궁예라는 왕과 그가 건국한 마진이나 태봉의 국호를 가진 국가가 없었다면 왕건의 전쟁수행은 상당히 어려웠을 것이다. 궁예가 왕건에게 쫓겨난 뒤 궁예를 추종하던 여러 세력들이 왕건에게 반란을 일으키거나 등지게 되는데 이러한 사실은 궁예정권의 실력이 왕건 개인에 의하여 이루어진 것이 아니라는 점을 분명하게 한다.

이러한 점을 염두에 두고 본 장에서는 왕건에 의하여 이루어진 영토확장을 궁예정권 아래에서 왕건이 당연히 해야 할 임무로서 간주하였다. 따라서 궁예정권의 영역 변화를 살펴보는데 있어서 왕건의 치적이랄지 그의 공헌에 의한 것이었다라고 하는 등의 부연 표현은 생략하고자 한다. 한편 자료의 이용에 있어서도 기존의 정사류에만 의존하지 않고 후대의 구비전승이나 향토지에 수록된 내용과 지역들도 포함하였다. 본 장에서는 궁예정권의 영역 변천과정을 시기적으로 살펴 보았다는 점에서 나름대로의 의미를 찾고 싶다.

1. 세력 형성기의 사회적 배경

궁예가 주로 활동하였던 9세기 후반에서 10세기 초에 이르는 시기는 신라 사회의 내재적 모순이 노출되면서 한편으로는 唐의 붕괴로 인하여 동아시아의 세계질서가 재편되어 가던 시기였다.[1] 따라서 이 절에서는 弓裔政權이 배태될 수 있었던 사회적 배경을 기존 연구성과를 바탕으로 개략적으로 살펴보려고 한다.

　신라말의 사회적 현상으로 주목되는 것은 상층부의 치열한 왕위쟁탈전이었다. 이른바 '96角干의 亂'이라고 일컬어지는 眞骨貴族 사이의 치열한 대립은 骨品制의 변질과 모순이 그 원인이었다.[2] 진골귀족들은 서로의 대립뿐만 아니라 사치와 방탕한 생활을 영위함으로써 스스로의 몰락을 더욱 재촉해 갔다. 田莊이라는 大土地所有가 형성되어 점차 상층부의 일반적인 토지소유형태로 진행되어 나갔으며[3] 또한 귀족들에 의해 직접 경영되거나 寄進등에 의해 세력을 확장해 나가고 있던 사원들에 의한 대토지소유도 자행되고 있었던 것이다.[4]

　이러한 상층부의 골육상쟁과 토지로 상징되는 부의 편중화는 점차 진골보다 아래에 있던 신분, 특히 六頭品의 비판의 대상이 되었다. 그리고 한편으로는 토지를 이탈하는 유망민을 촉발시키는 계기가 되었던 것이다. 즉 6두품 귀족들은 당시의 사회상황에 대해 혁신책을 건의하는 소극적인 방법[5]은 물론 후백제의 甄萱에게 종사하거나 고려의 건국에 참여하는 등 反新羅的 경향을 강하게 띠게 되었다.[6] 또한 귀족들의 대토지소유로 인하여 토지로부터 배척당한 농민

---

1) 金哲埈,「後三國時代의 支配勢力의 性格」,『李相佰博士回甲紀念論叢』, 1964 ; 金哲埈,『韓國古代社會研究』, 知識産業社, 1975.
2) 朴龍雲,『高麗時代史』(上), 一志社, 1985, 23~24쪽.
3) 姜晋哲,「新羅의 祿邑에 대하여」,『李弘稙博士回甲紀念 韓國史學論叢』, 新丘文化社, 1969.
4) 崔炳憲,「羅末麗初의 禪宗의 社會的 性格」,『史學研究』25, 1975.
5) 崔致遠의 '時務10餘條'가 이에 해당된다(『三國史記』卷11, 新羅本紀 眞聖王 8年 2月條).
6) 崔承祐는 甄萱에게, 崔彦撝는 王建에게 협조하여 高麗 建國에 지대한 功을 세웠다.

들은 일정한 거처없이 유망생활을 하는 존재로 전락하게 되었다. 이러한 왕위쟁탈전과 귀족층 및 사원의 부의 집중화와 생산계층인 농민들의 유망 및 천재지변은 신라왕실의 재정에 막대한 타격을 주었다.7) 그럼에도 불구하고 왕실에서의 치열한 권력쟁탈은 계속되고 있었고, 토지의 겸병도 점점 극성을 떨쳤으며 사원도 이에 가세하여 신라왕실은 점차 쇠망의 길을 향하고 있었다.

상층부의 이러한 현상이 계속될수록 농민들은 토지로부터의 이탈이 더욱 가속화되었고 더 나아가 이들은 무리를 지은 群盜의 형태로 약탈을 하면서 신라국가의 존립 기반에까지 영향을 주게 되었다. 대표적인 예로 尙州의 元宗·哀奴의 亂등을 들 수 있는데, 이러한 亂에 대하여 신라왕실은 뚜렷한 대응책을 제시하지 못하고 있었다.8) 뿐만 아니라 유망민들은 사원을 습격하여 불을 지른 후 약탈을 자행한 경우도 있었다. 예컨대 興寧寺의 경우가 여기에 해당된다.9) 이러한 혼란 속에서 지방의 세력가들은 자신들의 지역과 지역내의 주민을 보호하기 위하여 무장하고 제도적 장치를 하는 등 점차 중앙정부의 권력으로부터 이탈하여 독립적인 존재로 성장하여 간다. 이른바 '豪族'10)이라고 하는 존재들이 그들이다. 호족은 자신들의 지역이나 출신성분에 따라 크게 세 가지 유형으로 분류해 볼 수 있다. 주로 村主層에서 성장하여 城主, 將軍을 일컬은 경우와 海上勢力을 이용하

---

7) 崔根泳, 『統一新羅時代의 地方勢力研究』, 신서원, 1990, 83~86쪽.
8) 『三國史記』 卷11, 新羅本紀 眞聖王 3年條.
9) "大順二年 避地於尙州之南 暫栖鳥嶺 當此之時 本山果遭兵火盡熱寶坊 大師預卜吉凶 以免俱焚之難"(崔彦撝撰, 「興寧寺澄曉大師寶印塔碑」, 944년, 『朝鮮金石總攬』上, 159쪽).
10) 豪族에 관해서는 金甲童, 『羅末麗初의 豪族과 社會變動研究』, 高麗大學校民族文化研究所, 1990 참고.

여 상업으로 경제적 부를 획득한 경우 및 軍鎭勢力 등이다. 이들은 점차 주변의 세력들을 흡수하여 성장하였는데, 그 결과 대호족은 小豪族을 여럿 거느리는 큰 세력이 된 경우도 있었다. 특히 이들 호족들은 탈신라적 경향뿐만 아니라 지역과 주민의 성분에 따라 百濟, 高句麗를 부흥하고자 하는 國系意識을 노골적으로 표현하기도 하였다.11)

예컨대 平山 朴氏의 경우는 스스로를 '大毛達'이라고 자칭하여 脫新羅와 高句麗 國系意識을 일찍부터 표방하고 있었던 것이다.12) 그리고 이러한 국계의식의 발로는 다른 지역으로도 확산되어 가고 있었으며, 시기가 점차 내려갈수록 그 깊이도 더욱 심화되어 가는 경향을 띠고 있었다.

한편 당시의 禪宗寺院들도 지방의 호족세력들과 연결되어 세력을 확장하고 있었다. 선종사원은 호족들로부터 경제적인 뒷받침과 여러 가지 편의를 제공받았다. 이에 선종사원은 호족들의 세력확장에 정신적인 지원과 정치적인 면으로 중요한 역할을 담당하고 있었다. 이렇게 선종사원과 호족들의 결합은 당시로서는 일반적인 현상의 하나로, 보령지방에 장원을 가지고 있었던 金昕과 聖住寺, 강릉지방의 堀山寺와 金周元系의 결합 등이 그 대표적인 경우에 해당된다. 이 무렵의 구산선문은 대표적인 선종사찰이다.

---

11) 崔根泳, 앞의 책, 3장 '地方勢力形成의 實際와 그 性格'을 참조하기 바람.
12) "朴氏之先 鷄林人也 盖新羅始祖赫居世之裔也 新羅之季 其孫察山侯積古之子 直胤大毛達 徙居平州管八心戶爲邑長 故自直胤而下爲平州人"(「朴景山墓誌銘」, 1158년, 『韓國金石文追補』, 143쪽).

2. 궁예의 세력 확장

1) 양길과의 협력과 이탈

弓裔가 정치적인 야심을 보인 것은 世達寺의 승도로 있을 때부터이다. 다분히 설화적인 내용이긴 하지만 재를 올리러 가는 길에 까마귀가 그가 가진 바리때에 牙籤을 떨어뜨렸는데 거기에 '王'자가 새겨진 것을 보고 자부심을 가졌다는 사실에서 확인할 수 있다.[13] 당시에는 각 지역에서 도적의 무리가 들끓었다. 이러한 분위기를 이용하여 궁예는 세달사를 중심으로 반신라세력 규합에 뜻을 두었던 것으로 여겨진다. 그러나 당시 그의 세력은 사원내에서 지배계층인 승려들에 대한 불만 세력들이 자연발생적으로 결합한 것으로 이해함이 옳을 듯하다. 따라서 이때 궁예의 세력으로 간주되는 무리들은 세달사에서 함께 생활하였던 僧徒들이 주축으로 되었던 것으로 생각된다. 궁예와 이들과의 관계는 수직적 결합이라기보다는 수평적인 관계였던 것으로 판단된다. 기훤의 휘하에 있던 元會, 申煊과의 관계가 '友'로 표현된 것을 볼 때 그러하다. 이 시기 궁예의 세력은 어떤 확실한 기반을 유지하고 있었던 것 같지는 않다.[14] 그가 891년 처음 竹州의 賊魁인 箕萱에게 귀의했으나 그로부터 예우를 받지 못하자 다시 梁吉에게 투신하였던 점을 볼 때 그러하다.[15]

---

13) "嘗赴齋行次有烏鳥銜物 落所特鉢中 視之牙籤書王字 則秘而不言頗自負"(『三國史記』 卷50, 弓裔傳).

14) 趙仁成, 『泰封의 弓裔政權研究』, 西江大學校 博士學位論文, 10~11쪽, 주10) 참조.

15) 具山祐는 기훤의 부장으로 성장하여 일정한 세력을 형성한 궁예가 여러 대호족들 가운데 가장 좋은 정치·군사적 조건을 내세운 양길에게 투탁한 것이라고 한다. 그리고 이러한 '관행'은 이미 당시로서는 성립되어 있었던

Ⅲ. 궁예의 세력 확대와 영역 변화 57

　궁예의 세력이 어느 정도 체계적으로 조직된 활동을 전개하게 되는 때는 양길의 휘하에 投託한 이후부터이다. 양길의 휘하에서 궁예의 개인적인 명성과 활약이 뚜렷해지기 시작한다. 궁예의 존재가 뚜렷이 부각되기 시작된 시기는 북원의 양길 휘하에서부터라는 사실에는 연구자들의 견해가 대체로 같다. 891년 궁예는 양길에게 환대를 받고 그의 휘하 장수가 된다.16) 양길은 궁예에게 군사를 나누어 준다. 이 군사의 성격이 양길의 지휘를 받았던 병사였는지, 아니면 새롭게 신라로부터 이탈한 유민들을 결집한 것인지는 명확하지 않다. 이에 관한 사료를 검토해 보도록 한다.

　A-1. 眞聖王 5년 10월에 北原(원주) 적괴 梁吉이 그 部將 弓裔를 보내어 100여 명의 騎兵을 거느리고 북원 동쪽의 부락과 溟州 관할내인 酒泉 등 10여 군현을 습격케 하였다.17)

　A-2. 景福元年(892) 壬子 北原의 賊인 梁吉에게 投託하니 梁吉은 잘 대우하고 일을 맡겼다가 드디어 병사를 나누어주어 동쪽으로 보내어 地域을 경략하게 하니, 이때 雉岳山 石南寺를 출발하여 酒泉·奈城·鬱烏·御珍 등의 縣에 가서 습격하여 항복시켰다.18)

　　것이라고 한다(具山祐, 『고려전기향촌지배체제연구』, 혜안, 2003, 103~105쪽). 궁예가 기훤과 양길을 선택한 이유를 좋은 '조건'에서 찾고 있다.
16) 궁예와 양길과의 관계에 대해서는 李仁在(「羅末麗初 北原京의 政治勢力 再編과 佛敎界의 動向」, 『韓國古代史研究』 31, 2003)의 견해를 참조할 것.
17) 『三國史記』 卷11, 新羅本紀11 眞聖王 5年條.
18) 『三國史記』 卷50, 弓裔傳.

위의 내용을 보면 양길이 궁예에게 준 군사의 성격을 알 수 있다. 양길이 궁예에게 배속시킨 군사는 기병으로 그 규모는 100여 명 정도였다. 기병은 보병보다는 훈련기간이 더 길고, 말을 구한다거나 이에 필요한 장비를 준비할 수 있어야 하는 능력이 요구되었다. 따라서 기병은 보병보다는 정예병이었다. 그렇다면 양길이 궁예에게 지원한 병력은 양길의 군사 중에서도 상당히 핵심적 위치에 있는 군사라고 하여야 할 것이다.

그리고 100여 명이라는 규모도 이들이 전문적으로 훈련된 부대였을 것이라는 추정을 가능하게 한다. 신라말기의 촌락 인구 규모는 100여 명 정도였다. 그 인구는 남녀노소를 포함하였음으로 100여 명의 장정은 4~5개의 촌락에서 동원되어야 했을 것이다. 아울러 말의 숫자도 그러하다. 100여 기병에게 말을 주기 위해서는 5개 촌락 이상에서 말을 징발하여야 했을 것이다. 이러한 규모의 정예병을 양길이 궁예에게 주었다는 것은 그에 대한 신뢰나 이용가치가 상당히 컸던 것으로 여겨진다. 궁예의 확실한 군사활동은 양길의 휘하에서부터라고 하여야 할 것이다. 뒤에서 언급하겠지만, 궁예의 직함이 부장이라고 한 것도 그의 본격적 군사활동이 양길 휘하에서 였을 것이라는 점과 무관하지 않을 것이다.

궁예는 양길이 지원한 100여 기병을 거느리고 치악산 석남사[19]를 거점으로 인근 지역을 점령해 나갔다. 이때의 범위는 주천·영월을 중심으로 한 치악산 주변지역이었다. 그리고 더 나아가 그의 세력은 지금의 강원도 남부와 경상북도 북부 일대까지 미쳤던 것 같다.[20]

---

19) 신종원, 「치악산 석남사지의 추정과 현존민속」, 『정신문화연구』 154, 1994-3.
20) 『三國史記』 궁예전의 울오, 어진의 위치에 대해서는 평창 등지로 비정하는 견해가 있다(정청주, 「궁예와 호족세력」, 『전북사학』 10, 1986).

그는 부석사를 포함한 이 일대를 공격하면서 '反新羅'라는 민심을 이용하였던 것으로 여겨진다.[21]

2) 명주지역과 패강지역으로의 진출

궁예의 세력이 비약적으로 커지기 시작한 시기는 명주 입성이후 부터이다. 이에 관한 자료는 다음과 같다.

> B-1. 眞聖王 8년(894) 겨울 10월 弓裔가 北原京에서 何瑟羅로 들어 갔는데(入) 무리가 600여 인에 달하였고 將軍을 자칭하였다.[22]

> B-2. 乾寧元年(894) 溟州에 들어가서(入) 무리 3,500인을 14隊로 나 누어 金大·黔毛·昕長·貴平·張一 등으로 舍上을 삼고 (舍上 은 部長이다) 군사들과 더불어 고생과 즐거움을 함께 하고 심지 어 빼앗은 것도 공정하게 하며 사사로움이 없었으므로 많은 사 람들이 마음으로 경외하며 좋아하여 將軍으로 추대하였다. 이때 猪足·狌川·芙若·金城·鐵原 등의 城을 격파하여 군사의 사 기가 매우 높았으며 溟西의 적 가운데 항복해 오는 자가 매우 많았다.[23]

궁예의 세력이 급성장하게 된 시기는 894년 명주 일대를 점령한

---

21) 『삼국사기』 궁예전에는 궁예가 부석사에서 신라왕의 화상을 칼로 쳤다는 사실을 전한다. 이 사실은 궁예가 반신라라는 당시 민중의 정서를 이용하 였던 것으로 이해되고 있다. 그 시기가 언제인가에 대해서는 이견이 있다. '嘗'이라는 글자를 근거로 궁예의 초창기로 해석하는가 하면, '巡'이라는 글자를 근거로 궁예가 국가를 경영한 이후의 시기로 보기도 한다.
22) 『三國史記』卷11, 新羅本紀 眞聖王 8年 冬10月條.
23) 『三國史記』卷11, 新羅本紀 眞聖王 8年 冬10月條.

이후부터이다. 이 해 10월 궁예는 B-1에서와 같이 600여 명의 군사로 명주를 점령하였다.24) 그리고 이곳에서 그의 군대는 B-2에서 보는 바와 같이 3,500명으로 비약적으로 확대된다. 이때 궁예는 명주에 그다지 저항을 받지 않고 입성했다.25) 궁예의 점령지역에 대해서 사료에서는 점령의 방법에 따라 '襲' '擊' '歸附' 등으로 구분하여 표기하고 있다. 그런데 오직 '入溟州'라고 하여 명주만이 '入'(B-2)으로 표현되고 있다. 이것은 명주에서 궁예가 큰 접전을 하지 않았다고 보아도 무방하다는 근거가 될 수 있다. 궁예의 명주 점령과정에 대해서는 堀山寺의 梵日계와의 관련성을 유추하는 견해도 있다. 그들의 협조로 무혈입성이 가능했을 것이라는 추정이다.

민중적 성격의 궁예세력은 溟州 점령시에도 그대로 이어지고 있는 것 같다. 궁예는 명주를 공격할 때 불과 600명이었으나 점령 후에 3,500명으로 늘어 이를 14隊로 나누었다고 한다.26) 다시 말하면 3,000에 가까운 병력이 명주 점령 후에 증가된 것이다. 이러한 사실은 몇 가지 의문을 갖게 한다. 첫째, 600명의 병력으로 어떻게 3,000명에 가까운 병력의 명주를 공격하여 점령할 수 있었느냐 하는 점과 둘째, 명주와 궁예는 어떤 관계에 있었느냐 하는 점이다.

첫 번째 의문의 실마리는 당시의 사회상황과의 관련에서 풀어지리라고 본다. 다음의 자료가 참고된다.

---

24) "궁예가 北原에서 '入何瑟羅'하였다. 무리가 6百餘 人에 이르렀다"(『三國史記』卷11, 眞聖王 8).
25) 조인성, 『태봉의 궁예정권연구』, 서강대 박사학위논문, 1991.
26) 朴漢卨, 「後三國의 成立」, 『한국사』3, 국사편찬위원회, 1978, 622쪽의 주 17). 한편 金哲埈은 北原에서 출발하던 당시에 600인이었던 것이 溟州에 이르는 동안에 徒衆이 불어나서 3,500인이 된 것으로 추정하기도 하였다 (金哲埈, 「後三國 時代의 支配勢力의 性格」, 『李相佰回甲紀念論』, 1964).

C-1. 나라 안의 여러 州·郡에서 貢賦를 나르지 않으니 府庫가 비어버리고 나라의 쓰임이 궁핍해졌다. 왕이 사신을 보내 독촉하였지만 이로 말미암아 곳곳에서 도적이 벌떼같이 일어났다. 이에 元宗·哀奴 등이 沙伐州(尙州)에 의거하여 반란을 일으키니 왕이 奈麻 令奇에게 명하여 잡게 하였다. 令奇가 적진을 쳐다보고는 두려워하여 나아가지 못하였다.27)

C-2. 弓裔가 군사를 움직여 우리의 변방 고을들을 침탈하여 竹嶺 동북지방까지 이르렀다. 王은 강역이 날로 줄어든다는 말을 듣고 매우 근심하였으나 힘으로는 막을 수 없었으므로, 모든 城主에게 나가서 싸우지 말고 城壁을 단단히 하여 굳게 지키라고 명령하였다.28)

위의 자료 C-1은 소위 元宗·哀奴의 亂이며, 자료 C-2는 신라의 국력이 약해져 민란에 대하여 소극적으로 임했다는 것이다. 즉 민중들의 봉기에 대하여 이를 군사력으로 격퇴하기보다는 성안에서 지구전으로 방어에만 급급했던 사실을 알 수 있게 된다. 이러한 상황에서 궁예가 600의 병력으로 3,000 병력의 溟州를 전투력으로 점령했다고는 여겨지지는 않는다. 다시 말하면 궁예의 열세한 병력으로 그 4배가 넘는 명주를 점령하기 위해서는 전투가 아닌 다른 방법에 의존하지 않고서는 어려웠을 것이라는 것이다.29) 이러한 측면에서 궁예의 명주 점령은 이미 명주 내부에서 일어난 민중적 봉기에 의하

---

27) 『三國史記』 卷11, 新羅本紀 眞聖王 3年條.
28) 『三國史記』 卷12, 新羅本紀 孝恭王 9年 8月條.
29) 攻者는 防者의 3배 이상의 전투력을 필요로 한다는 것은 상식이다. 이에 따르면 弓裔가 3,000의 溟州를 공격하기 위해서는 10,000에 가까운 병력을 보유하여야 했을 것이다.

여 명주가 점유된 상태에서 그 곳의 우두머리와 연합하였다고 보아야 옳을 것이다. 궁예가 명주를 점령할 때를 '入溟州'라고 표현한 것을 보면 앞의 추정이 가능해지리라고 본다.30) 즉 실질적으로는 溟州 내부에서 궁예와 비슷한 사회적 지위에 있었던 자들에 의해 명주가 붕괴된 뒤 궁예는 영입되었다고 보아야 옳다고 여겨진다.

  이러한 성장의 배경에는 여러 요인이 있었겠으나, 궁예의 탁월한 지도력도 한 요인이 되었다. 그리하여 궁예는 장군이 되었다.31) 이 시기의 장군은 반독립적인 세력을 가진 계층을 의미한다. 따라서 궁예는 명주 점령 이후부터는 양길의 영향권에서 완전히 벗어난 상태는 아니었지만, 일정하게 양길과 거리를 유지한 채 독자적인 정복활동을 하였다고 할 수 있다.

  895년에 궁예는 인제·화천·김화·철원·금성 등지를 점령하게 된다.32) 그리고 이 무렵에 패서지역의 호족들까지도 궁예의 휘하로 편입되었다. 이에 자부심을 갖게 된 궁예는 '開國稱君'할 만하다 하여 여기에 맞는 내외 관직을 설치하였다.33) 국가로서의 행정조직을

---

30) "弓裔가 군사력을 동원하지 않고도 溟州에 '들어갈(入)' 수 있었던 것……"(趙仁成, 앞의 논문, 37쪽)이라고 한 사실로 미루어 볼 때 弓裔는 溟州를 공격하여 점령하였기보다는 溟州의 民衆들로부터 환영을 받아 '入城'한 것으로 추정된다.
31) 『삼국사기』 본기에는 자칭 장군, 열전에는 장군으로 추대되었다고 기록하고 있다.
32) 8월에 궁예가 猪足·狌川의 2군을 공취하고 또 漢州 관내의 夫若·鐵圓 등 10여 군현을 공파하였다(『三國史記』卷11, 新羅本紀11 眞聖王 9年 8月條).
33) "이에 (선종은)……군사의 聲勢가 매우 떨치니, 浿西의 賊寇로서 와서 항복하는 자가 많았다. 선종이 스스로 생각하기를, 무리가 많으므로 開國할 수 있다고 하여 임금을 自稱하고 내외의 관직을 설치하였다"(『三國史記』卷50, 弓裔傳).

미숙하나마 설치하였던 것으로 볼 수 있다.

 명주에서 궁예의 세력은 크게 확대된다. 우선 인원도 3,500여 명으로 늘었을 뿐만 아니라 이를 14대로 나누어 체계적인 조직을 갖추게 되었던 것이다. 보다 주목되는 것은 궁예가 장군이 되었다는 사실이다.『三國史記』列傳에는 將軍에 추대되었다고 하고 本紀에는 스스로 장군을 칭했다고 하여 장군이 된 과정에는 엇갈린 서술이 보이고 있으나 보다 중요한 것은 장군이 되었다는 것 그 자체이다.

 궁예가 장군이 되었다고 하는 사실은 그가 독립적인 세력을 형성했다는 직접적 표현이기도 하다. 나말여초에는 신라의 통제력이 해이해진 틈을 타서 城主, 將軍 등을 칭하면서 독립적인 세력을 형성한 경우가 자주 나타난다.34) 장군은 본래 신라 관제상 무관직에 속

---

34) 이러한 계기를 제공하는 이유로 新羅下代 地方勢力의 成長, 中央의 地方統制 소홀, 특히 眞聖女王 3년 이후 각지에서 일어나는 農民蜂起의 결과로 본다(尹熙勉,「新羅下代의 城主, 將軍」,『韓國史硏究』39, 58쪽). 新羅下代에 城主, 將軍을 칭한 사례는 아래의 <표>와 같다.

<표> 城主, 將軍을 칭한 사례

年代	城主, 將軍
眞聖王 8 (894)	弓裔……自稱將軍
孝恭王 3 (899)	國原等十餘城主謀攻之
孝恭王 9 (903)	命諸城主愼勿出戰
景明王 6 (922)	下旨城將軍 元逢・溟州將軍 順式・眞寶城將軍 洪術
景明王 7 (923)	命旨城將軍 成達・京山府將軍 良文
景哀王 2 (925)	高鬱府將軍 能文
敬順王 2 (928)	康州將軍 有文
敬順王 3 (929)	義城府將軍 洪術・順州將軍 元逢
敬順王 4 (930)	載巖城將軍 宣弼

典據 : 尹熙勉, 앞의 논문, 58쪽.
 * 이 밖에 公州將軍 弘奇・平壤城主將軍 黔用의 예가 추가됨(『三國史記』卷50, 弓裔傳).

하였으나[35] 나말여초에는 중앙통제로부터 벗어난 獨立勢力들이 장군을 칭하면서 그 성격이 바뀌게 되는 것이다.

그런데 여기서 주목되는 것은 이러한 성격의 將軍으로서 문헌상 최초로 나타난 인물이 바로 궁예라는 점이다. 다시 말하면 신라로부터 이탈한 독립세력의 효시가 궁예라는 사실이다. 그렇다면 이때의 독립세력들이 하필 장군을 칭하게 되었을까 하는 의문이 남는다.

將軍에 대해서는 이를 幕府制와 연관시켜 연구를 시도한 金翰奎의 견해가 주목을 끈다. 그는 중국의 장군과 막부제를 검토하고 이를 東아시아의 세계질서를 형성한 주된 원리의 하나로 보면서 한국 고대사회에서의 幕府制의 존재를 조심스럽게 확인하고 있다.[36] 그에 따르면 幕府는 군막 즉 사령부가 설치된 특수한 막사에서 연원된

---

[35] 新羅의 직제상 將軍은 幢・停의 최고지휘관이었다.
[36] 그가 지적한 초기의 幕府와 將軍과의 關係를 살펴보면 다음과 같다. 幕府란 野戰司令官 즉 將軍의 군사적 업무를 보좌하는 특정한 장소 혹은 將軍에 부속된 기관이나 府署를 의미한다. 즉 幕府의 본래적 기능은 軍法의 운용, 재정수입의 관리 및 인사 업무 등 將軍의 군사적 업무를 행정적으로 보조하는 것이다. 따라서 초기의 幕府는 非戰鬪的 實務的인 文法吏들로 구성되는 것이 상례인데, 이들을 가리켜 흔히 幕府라 부른다. 幕府는 將軍만이 開設할 수 있으며 다른 어떤 직위의 관리도 幕府를 보유할 수 없다. 이는 곧 幕府의 설치가 將軍의 고유한 권한임을 의미한다. 幕府의 구체적 기능들은 모두 將軍이 향유하는 自律性의 전통에 기인한 것이며 동시에 그 自律性을 수호하기 위한 것이다. 軍法運用, 財務管理, 人事實務 등은 모두 將軍이 君主勢力의 간섭을 배제하여 독자적 효율적으로 군사를 수행하기 위해서는 필요불가결한 업무였으므로 幕府는 곧 將軍의 自律性을 실현하는 수단이었다고 할 수 있다. 따라서 幕府는 그 역사적 출발과정에서부터 國家權力(혹은 君主勸力)에 직속되는 기관이기보다는 國家權力으로부터 독립된 별개의 勸力에 예속된 기관으로서의 본질적 성격을 갖는다(金翰奎,「南北朝時代의 中國의 世界秩序와 古代 韓國의 幕府制」,『韓國古代의 國家와 社會』, 歷史學會編, 一潮閣, 1985, 127쪽).

것임은 의심할 바 없다고 하면서 그 설치는 將軍만의 고유한 권한임을 밝히고 있다.

이와 아울러 장군과 막부와의 결합관계는 辟召에 의하여 발생하며, 심적 계기로 主客이 대등한 입장에서 비강제적으로 심적·인격적으로 결합하는 양식인 辟召에 의하여 幕府가 구성된다고 하였다.37) 또한 한국사에서의 막부제의 존재를 확인하기 위해 장군제의 변화과정을 고찰하고 있다. 그 결과 幕府制가 본연의 기능을 수행할 수 있었던 상황적 조건은 新羅下代에 이루어졌으며, 신라하대는 南北朝의 시대상황과 비슷하다고 지적하고 있다.38)

이러한 신라말의 사회상에 대한 인식과 將軍과의 관계 설정은 궁예가 장군이 되고 자신의 부대를 14隊로 나누어 체계적으로 조직을 갖추었다는 사실과 대조해 볼 때 시사하는 바가 크다. 즉 궁예가 장군이 되었다고 하는 사실은 신라왕실로부터 독립된 권력을 획득하였다는 뜻이 된다. 그가 그의 심복들로 舍上을 삼았다고 하는 것은 곧 幕府를 두었다는 뜻이 되기 때문이다. 더욱이 舍上에 관해서는 사상은 곧 舍知를 의미하는데, 舍知는 '舍人'의 신라식 표기로 家人의 뜻을 갖고 있다.『三國史記』에는 舍知나 舍人들이 왕의 측근 혹은 심복으로 표현되고 있는데, 그 까닭은 舍人이 家人에 기원하였기 때문이다. 중국의 경우 舍人은 戰國時代에 任俠集團의 중요한 성분의 하나로 출현한 이후 漢代에는 太子의 屬官으로 편입되었다가 晉代부터는 將軍幕府에 참여하여 주요한 기능을 담당하였다. 舍人이 막부의 성분이 된 까닭은 말할 필요도 없이 舍人의 본래적 성격, 즉 主人과 舍人의 개인적·인격적 결합관계에 기인하였기 때문이다.39)

---

37) 金翰奎, 위의 논문, 129쪽.
38) 金翰奎, 위의 논문, 164쪽.

이 점으로 보아 궁예와 그의 舍上들과의 결합도 이와 마찬가지였을 것으로 본다. 이러한 관계는 '궁예가 탈취한 물건을 공평히 나누었다.'⁴⁰⁾라는 기사를 통하여 더욱 확실히 심적·인격적 관계임을 확인할 수 있다.

또한 주목해야 할 내용이 舍上이 곧 部長이었다는 점이다. 여기서 部長은 군사를 거느리는 우두머리의 뜻으로 해석되는데 이는 궁예가 그의 家人들을 군대의 지휘관으로 삼았다고 하는 의미로 이해된다. 다시 말하면 그의 측근들 즉 幕僚들로 하여금 일정한 지역과 군인에 대한 독자적인 지휘권을 인정해 주었다는 뜻으로 여겨진다.

이와 같이 궁예는 溟州 점령 이후 독자적인 세력을 영위하기 위하여 脫新羅를 꾀했고 그 결과 將軍이 되었으며 그의 조직은 幕府體制와 유사한 형태로 나타나게 되었다. 그리고 이것은 이후 신라의 지역세력들이 스스로를 將軍, 城主 등으로 칭하면서 독립적인 세력으로 분화하는 계기를 제공하였던 것으로 보인다.⁴¹⁾

溟州 점령 이후 궁예의 판도는 급속도로 확대된다. 猪足·狌川·芙若·金城·鐵圓 등을 점령하게 되었고 西賊이 내항하기에 이르렀다. 궁예가 개국을 염두에 두고 내외관직을 설치한 것도 이때인 것이다.⁴²⁾ 그러나 궁예에게 보다 고무적인 사건은 송악의 호족세력인 王氏의 來投였다.⁴³⁾ 王建 및 浿江勢力과 弓裔政權의 관계는 896

---

39) 金翰奎, 위의 논문, 165~166쪽.
40) "與士卒同甘苦勞逸至於予奪公而不私"(『三國史記』卷50, 弓裔傳).
41) 이 시기의 성주와 장군에 대한 정리는 강은경, 『고려시대 호장층연구』, 혜안, 2002, 27~41쪽을 참조하기 바람.
42) "乾寧元年 入溟州……始設內外官職"(『三國史記』卷50, 弓裔傳).
43) 弓裔와 王建의 關係는 封建的 支配에 기초하였다고 한다(李基東, 「新羅下代의 浿江鎭」, 『韓國學報』 4, 1980, 18쪽).

년 王建家가 자진하여 歸服함으로써 이루어지게 된다.44) 송악을 중심으로 한 상업세력으로 성장하여 경제력은 확보하였으나 군사력이 약했던 왕건가는 당시의 정황을 예리하게 판단하여 弓裔政權의 권력구조에 편입하였던 것이다.45) 한편 궁예도 이 지역에 토착적 기반이 미약했으므로 王建家와 제휴하여 근거지를 확보하고 浿江勢力과 연합하기 위한 교두보를 마련하려 했다. 이러한 궁예와 왕건가의 연합으로 궁예정권은 세력을 확장하였다. 왕건은 궁예의 휘하에서 外征에 참여하여 실력을 쌓게 되며 궁예 또한 그의 세력을 더욱 확장시킬 수 있는 계기가 되었다.

896년에 왕건의 아버지 王隆이 궁예에게 귀부하고, 왕건은 철원태수에 임명된다.46) 그리고 이 해에 궁예는 연천·장단 등의 지역을 장악하게 된다. 이듬해인 897년에 풍덕이 항복해 오자47) 궁예는 이 일대에서 패자로서의 자부심을 갖고 송악을 도읍으로 정하였다. 그리고 다시 서쪽으로 진출하여 서해안을 통하여 중국과 직접 교역이나 외교활동을 할 수 있는 배경을 확보하게 된다.

---

44) 패서지역의 대호족이었던 평산 박씨가 궁예에게 귀부한 시기도 이 무렵이 었을 것으로 추정하고 있다. 정청주는 895년, 조인성은 895년이거나 896년 경이라고 한다.
45) 崔根泳, 앞의 책, 152쪽.
46) 世祖는 그때에 송악군 沙粲으로 있었는데 896년에 자기 고을을 바치고 궁예의 부하로 되니 궁예가 크게 기뻐하여 그를 金城太守로 삼았다. 세조가 궁예를 달래어 말하기를 대왕이 만일 조선·숙신·변한 지역에서 왕노릇을 하려면 먼저 송악에 성을 쌓고 나의 맏아들을 그 성주로 삼는 것이 가장 좋다고 하였다. 궁예가 그 말을 좇아서 태조를 시켜 勃禦塹城을 쌓게 하고 이어 그를 성주로 삼았으니 그때에 태조의 나이 20이었다(『高麗史』卷1, 世家1 太祖1).
47) 丙辰(896) 僧嶺·臨江 두 현을 공취하였다(『三國史記』卷50, 弓裔傳).

D-1. 乾寧 4年 정사(897) 仁物(풍덕)이 항복하였다.······孔巖·黔浦·穴口 등의 城을 격파하였다. 이때 梁吉은 여전히 北原에 있으면서 國原 등 30여 城을 보유하고 있었는데, 善宗이 땅이 넓고 백성이 많다는 것을 듣고 30여 城의 강한 병사로 공격하려고 하였다. 그러나 善宗이 이를 알고 먼저 공격하여 크게 쳐부쉈다.48)

그리고 이 무렵부터 양길과의 갈등이 심해지게 된다. 당시 양길은 궁예의 세력이 강성해졌다는 소문을 듣고 30여 성에서 강병을 차출하여 공격하려고 하였다. 그러나 이 사실을 미리 알게 된 궁예의 선공을 받고 상당한 타격을 입었다. 이 전투의 승리로 궁예는 확실하게 독자적 위치를 유지한 존재로 부각되었다. 그리고 이 전투 후 궁예는 팔관회를 개최하여 군사들을 위무하고 있다.

D-2. 光化 元年 무오(898) 겨울 11월 八關會를 시작하였다.49)

팔관회는 불교행사로 알려져 있지만, 실제로는 호국행사였다. 八關會는 토속신앙적인 모임50)인 동시에 전몰장병의 위령제의 의미 또한 중대하다. 궁예가 이 해에 팔관회를 베풀었다는 사실은 신앙적인 측면보다 위령제의 성격이 훨씬 강하다고 여겨지기 때문이다. 양길과의 전투 후에 팔관회를 시작하였다는 사실은 그만큼 양길과의

---

48) 『三國史記』 卷50, 弓裔傳.
49) 『三國史記』 卷50, 弓裔傳.
50) '팔관회 개최의 목적을 재지관행을 국가적 차원에서 수렴하려는 의도가 작용한 것'으로 추정하기도 한다(蔡雄錫, 『高麗時代의 國家와 地方社會』, 서울대학교 출판부, 2000, 191~195쪽).

전투가 치열했음을 의미하는 것이다.

> D-3. 光化 元年 무오(898) 봄 2月 松岳城을 수축하고 太祖를 精騎大監으로 삼고, 楊州, 見州를 征伐하였다.51)

> D-4. 孝恭王 2年(898) 가을 7월 弓裔가 浿西道 및 漢山州 관내 30여 城을 얻었다.52)

양길과의 전투에서 승리한 이후로 여러 지역들이 궁예정권에 귀부해 오기 시작했다. 특히 한강을 중심으로 세력을 형성하였던 호족들의 귀부가 많아졌다. 궁예를 실질적인 실력자로 인정하기 시작했던 것이다. 그리고 2년 뒤의 비뇌성 전투에서 다시 양길에게 승리함으로써 점차 한반도 최강자의 위치를 확보해 가고 있었다.53)

> D-5. 孝恭王 3年(899) 가을 7월 北原의 賊師 梁吉이 弓裔가 다른 마음이 있는 것을 싫어하여 國原 등 30여 城主와 공격할 것을 모의하고 非惱城 아래로 군사를 진군시켰으나 梁吉의 병사가 궤멸되어 달아났다.54)

---

51) 『三國史記』 卷50, 弓裔傳.
52) 『三國史記』 卷12, 新羅本紀 孝恭王 2年條.
53) 비뇌성의 위치에 대해서는 『고려사』에 현종이 거란 침입시 남천을 하다 머물렀던 비뢰역과 같은 지역이라고 하여 양성면 부근에 비정한 견해(안영근, 「나말여초 청주세력의 동향」, 『박영석화갑기념한국사논총』(상), 1992)를 따르는 경향이다. 그리하여 죽주관내의 비뢰역으로 통칭하기도 한다(신호철, 『후삼국시대 호족연구』, 개신, 2002). 그러나 필자는 '非惱'라는 뜻을 정확히 유추할 수는 없지만, '比列' 등과 같이 고유한 토착언어의 '音寫'로 생각되어 여러 지역이 대상이 될 수 있을 것으로 생각한다.
54) 『三國史記』 卷12, 新羅本紀 孝恭王 3年條.

위와 같이 양길과의 두 번째 전투인 비뇌성 전투에서 궁예가 승리하면서 궁예는 확실한 중부의 패자가 되었다. 한편 궁예는 귀부하지 않은 세력들에 대해서는 단호히 군사적 행동을 취하였다. 그리하여 많은 성들이 투항하였다.

> D-6. 孝恭王 4년(900) 겨울 10월 國原·菁州·槐壤의 賊帥인 淸吉·莘萱 등이 城을 들어 弓裔에게 투항하였다.[55]

> D-7. 光化 3年 경신(900) 또 太祖에게 명하여 廣州·忠州·唐城·靑州(혹 靑川이라고도 한다)·槐壤 등을 쳐서 모두 평정하게 하고 그 공으로 阿粲의 職을 주었다.[56]

위와 같이 궁예는 901년에 이르기까지 浿西道와 한산주 관내의 30여 성을 모두 자신의 판도에 들어오게 하였다. 한산주 관내의 30여 성은『三國史記』지리지에 의하면 한강하류의 대부분의 지역이 포함된다.[57]

다시 강조하여 말하자면 궁예가 중부지역을 장악하는 결정적인 전쟁은 梁吉과 두 번째 격전을 치렀던 非惱城 戰鬪(899)이다. 이 전투는 사실상 중부지역에서 궁예가 정벌을 끝내는 마지막 사건이다. 비뇌성 전투 이후로는 國原, 淸州, 槐壤 등의 성이 모두 궁예에게 투항해 오고 있으며,[58] 901년에 왕이 된 궁예의 정벌전쟁은 903년부터 후백제의 배후인 나주지역으로 전선이 이동하고 있다. 따라서 非

---

55)『三國史記』卷12, 新羅本紀 孝恭王 4年條.
56)『三國史記』卷50, 弓裔傳.
57)『三國史記』地理志.
58)『三國史記』卷12, 新羅本紀 孝恭王 4年 冬10月條.

惱城 戰鬪는 그 중요성이나 의의가 매우 크다.59)

한편 비뇌성의 위치는 鼻惱驛과 같다고 여겨지는데, 비뢰역은 廣州에서 대체로 1일 거리에 해당되며, 여기에 부합되는 장소로는 양평의 양근이 가장 적합한 장소로 여겨진다.60) 양근은 한강을 통해 충주, 원주와 직접 연결되는 지역이다. 그러므로 이 지역의 확보는 곧 양길의 점령 지역에 직접적으로 접근하는 관문을 장악하는 셈이 된다. 따라서 이 지역은 궁예나 양길 모두에게 중요한 거점이 되는 곳이었다.

3) 나주지역으로의 진출

901년에 궁예는 왕이 되고, 국호를 제정하여 高麗라고 하였다. 이 시기를 전후하여 정복의 성격은 매우 달라진다. 이전까지의 정벌이 지역적으로는 육로를 통한 南下政策이었다면,61) 이때부터는 後百濟의 배후인 나주에서 주로 전투가 행해지며, 전쟁의 명분도 三韓統一을 내세우게 된다. 궁예의 전쟁명분이 통일전쟁으로 전환되었다고 하는 사실은 다음의 사료에서 확인된다.

E. 善宗이 강성함을 믿고 新羅를 병탄할 뜻을 가지고 나라사람들에게 新羅를 멸도라고 부르게 하였으며 무릇 新羅로부터 오는 사

---

59) 이 시기에 漢江流域 전투의 중요성에 주목한 연구는 姜喜雄의 「高麗惠宗朝 王位繼承亂의 新解釋」(『韓國學報』 7, 1977)이다. 그러나 이 연구에서도 非惱城의 위치에 대해서는 고증하고 있지 않다.
60) 非惱城을 楊根으로 추정하는 근거는 楊根의 古地名이 濱楊이라고 하는 데서 비롯된다. 非惱와 濱楊을 同音異寫 현상으로 추정하기 때문이다.
61) 수로도 이용되었다고 한다. 예컨대 梁吉과의 전투는 漢江이라는 水路도 전투지역으로 크게 활용되었을 것이다(姜喜雄, 앞의 논문).

람들을 모두 죽여버렸다.62)

　위의 자료에서 확인할 수 있는 바와 같이 궁예는 삼한을 병합할 목적으로 신라에 대한 적개심을 더욱 노골화하고 있었다.
　한편 후백제와의 전투는 903년부터 본격적으로 진행된다. 903년에 궁예의 선공으로 羅州 부근의 10여 군현을 甄萱으로부터 빼앗는데,63) 911년에는 역습을 받아 철수하게 되며,64) 914년에는 왕건을 보내어 다시 탈취하여65) 영토의 일부로 흡수하게 된다.66) 해상경략은 왕건에 의해 활발하게 이루어지게 된다. 이 시기부터 궁예정권의 영역 확대를 사료에서는 왕건의 공으로 돌리고 있지만, 왕건은 궁예의 부하 장수였으므로 해상경략은 궁예정권의 세력확대와 관련하여 이해하여야 할 것이다.
　한편 新羅의 도읍인 경주로 가는 요로인 尙州의 沙火鎭에서도 後百濟와의 전투가 전개된다.67) 이 시기에 정벌된 지역 중 가장 큰 의미가 있는 것은 왕건의 전공에 의한 것으로 후백제의 배후인 나주를 확보하였다는 점이다. 이러한 사실은 중국의 오월과 외교를 확고히 하여 정통성을 확보하려고 하였던 견훤의 대외활동을 봉쇄함과 동

---

62) 『三國史記』 卷50, 弓裔傳.
63) 錦城을 羅州로 고친 것도 이때이다(『高麗史』 卷1, 太祖世家).
64) 『三國史記』 卷50, 弓裔傳.
65) 『高麗史』 卷1, 太祖世家.
66) 후백제 지역의 경략에 대하여 종래에는 왕건의 독자적 기반과 개인의 역량에 의하였다는 설이 지배적이었다. 그러나 왕건이 인솔한 병력은 궁예에 의하여 재편성된 직접적인 통제를 받는 수군이었다고 한다(신성재, 『弓裔政權의 軍事政策과 後三國戰爭의 전개』, 연세대학교 박사학위논문, 2006, 53~56쪽).
67) 『高麗史』 卷1, 太祖世家.

시[68]에 나주지역의 농업경제력을 확보할 수 있었다는 점, 그리고 양면에서의 후백제에 대한 협공이 가능하다는 점 등에서 중요한 의미를 가지는 것이었다.

후백제와의 전투 도중에 각지에서 자진하여 투항하는 세력들이 늘고 있었다. 904년에 尙州 등 30여 현을 탈취하였고,[69] 公州將軍 弘奇가 내항하였으며,[70] 浿江道의 10여 주·현이 항복하였다.[71] 905년에는 浿州地域을 13개의 진으로 분정하였다.[72] 平壤城主將軍 黔用도 항복하여 왔다.[73] 또 甑城의 赤衣黃衣賊 明貴 등이 귀복하여 왔다.[74] 이렇게 하여 궁예는 지금의 소백산맥, 보다 구체적으로 죽령의 동북지역과 공주 일대의 지역, 그리고 후백제의 배후인 나주를 장악하여,[75] 실질적으로 후삼국 가운데 가장 넓은 판도를 갖추게 되었고 또한 그 세력도 가장 강성하였다.

4) 정벌양상

궁예가 앞에서 살펴본 바와 같이 넓은 지역을 확보해 가는 과정은

---

68) 王建이 光州 鹽海에서 甄萱이 吳越에 보내는 배를 나포하였는데(『高麗史』 卷1, 太祖世家), 이로 보아 甄萱과 吳越의 관계가 밀접했음을 알 수 있다.
69) 『三國史記』 卷50, 弓裔傳.
70) 『三國史記』 卷50, 弓裔傳.
71) 『三國史記』 卷50, 弓裔傳.
72) 『三國史記』 卷50, 弓裔傳.
73) 『三國史記』 卷50, 弓裔傳.
74) 『三國史記』 卷50, 弓裔傳.
75) 신성재는 궁예정권의 수군이 903년에 서남해안까지 진출하였을 것으로 추정한다(『弓裔政權의 軍事政策과 後三國戰爭의 전개』, 연세대학교 박사학위 논문, 2006, 48~50쪽).

과연 일정한 것이었을까? 대체로 궁예의 정벌과정은 무력에 의한 것으로 보기도 하고 호족세력과의 연합에 의해 이루어진 것이라고도 한다. 그러나 실제로 궁예는 각 세력의 성격이나 대응방법에 퍽 융통성 있게 대처하였던 것으로 보인다. 그의 정벌관계의 기사에서 각 지역별로 정벌의 형태를 정리해보면 다음의 <표 2>와 같다.

<표 2> 征伐地域에 대한 表現例

番號	年度	對 象	表現用例
1	891	元會·申煊	友
2	892	北原東部落及溟州管內 酒泉等十餘郡縣	襲
3	894	溟州(何瑟羅)	入
4		猪足·狌川·芙若·金城·鐵圓	擊破, 擊取
5		浿西賊寇	來降
6		松岳郡	來投
7	896	僧嶺·臨江兩縣	攻取
8	897	仁物縣	降
9		孔巖黔浦穴口等城	擊破
10		梁吉	擊
11	898	(以我太組爲精騎大監)楊州·見州	伐
12		浿西道及漢山管內三十餘城	取
13	899	梁吉	進軍, 潰
14	900	國原·菁州·槐壤賊帥 清吉莘萱等	擧城 投
15		(命太祖)廣·忠·靑三州及唐城·塊壤等郡	伐
16	903	錦城等十餘郡縣	攻拔之, 擊取
17	904	尙州等三十餘州縣	伐取
18		公州將軍弘奇	來降
19		浿江道十餘州	降
20	905	平壤城主將軍 黔用	降
21		錦城·赤衣黃衣賊 明貴等	歸服
22	906	尙州沙火鎭	攻
23	909	珍島郡	降
24		皐夷島城	破
25	910	萱達	襲破

위의 표를 통해 본 궁예의 정벌형태는 크게 네 형태로 구분된다. 첫째 무력에 의해 '擊破, 擊破'등으로 표현된 지역, 둘째 자진해서 투항해 오는 '來投, 來降, 降, 歸服' 등으로 표현된 지역, 셋째 유독 '伐'로 표현된 지역, 넷째 '入' 등으로 표현된 지역이 있다. 이 가운데 '伐'로 표현된 지역은 모두 王建에 의해 복속된 지역이다. 아마도 『三國史記』편찬자들이 태조 왕건에 의해 정복된 지역은 달리 구분하기 위해서 의도적으로 용어의 사용에 고심하였던 것으로 추측된다.

『三國史記』의 경우 정복지역의 획득 표현을 전투를 통한 복속과 자진투항으로 일정하게 구분하고 있었다고 여겨진다. 정복지역의 복속방법에 따라 궁예의 대응방책도 일정할 수만은 없었을 것으로 보인다. 그러나 이에 대한 자료가 없는 까닭으로 그 구체적인 실상은 살필 수 없다. 단지 자진하여 來降, 來投하는 경우에는 그 지역에 대한 지배권을 그대로 인정하고, 친선적, 협력적 관계를 유지해 갔던 것으로 추정이 가능할 따름이다. 예컨대 왕건의 아버지 隆이 궁예에게 스스로 송악군을 들어 항복해 오자 궁예는 그 곳에 성을 쌓게 하고 종전의 지배권을 그대로 인정하였다는 사실에서 그렇게 추측해 볼 수 있는 것이다.76) 한편 청주와 같은 경우는 그 지역을 伐한 이후 1,000호나 되는 많은 인구를 도읍인 철원으로 徙民한 사실로 보면 세력이 크고 저항이 심했던 지역은 徙民 등을 통하여 분산시키거나 새로운 지배집단을 형성하여 복속시켜 나갔음을 알 수 있다.77) 지나

---

76) 『高麗史』 卷1, 太祖 世家.
77) 淸州人徙民에 관해서는 다양한 견해가 제시되고 있다. ① 신라의 소경으로서의 문화적 전통을 유지하고 있었기 때문에 사민했다(金光洙, 「羅末麗初의 地方學校問題」, 『韓國史研究』 7, 1972, 121쪽), ② 後百濟에 붙지 못하도록 형벌로서의 집단 인질적 성격(金甲童, 「高麗建國期의 淸州勢力과

친 확대 해석인지 모르나 申崇謙과 같은 경우 새로운 지배집단의 하나로 보인다. 신숭겸에 대해서는 곡성인이라는 설과 춘천인이라는 설이 각각 사료에 전해오고 있는데, 곡성에서 나서 춘천에서 그의 세력을 확장하였다고 하는 설을 따르면 이러한 추측이 가능해지리라 본다. 즉 申崇謙은 궁예의 휘하 장수로서 춘천 정복 후 새로이 이식된 지배세력으로 볼 수 있다는 점이다. 따라서 궁예는 자신의 점령지역을 직접지배, 봉건적 관계, 徙民 등의 방법으로 흡수해 나갔던 것으로 보인다.

3. 摩震國 시기의 영토확장

905년은 궁예정권으로서는 획기적인 해이다. 철원경으로 도읍을 옮긴 해이기 때문이다.[78] 이와 함께 궁예정권의 정복사업도 더 활기를 띠었다. 8월에는 신라와의 국경이 죽령 동북쪽에까지 이르게 되었고, 신라에 대한 확실한 우위를 군사적으로 확보해 갔다.[79]

王建」,『韓國史硏究』 48, 1985, 36~42쪽), ③ 몰락한 진골귀족과의 결합형태로 궁예의 세력기반을 강화하기 위한 의도(鄭淸柱, 앞의 논문, 18~24쪽), ④ 청주지방의 반궁예적 세력을 사전에 봉쇄하고 후백제 견훤세력과 제휴가 예상되는 세력도 아울러 청산할 수 있다는 점과 청주호걸들을 신도건설의 새로운 인적기반으로 삼아 송악, 철원 등지의 토착 구세력을 견제하기 위한 목적을 겸한 사민(崔根泳, 앞의 책, 112~123쪽), ⑤ 궁예의 출신지가 청주(신호철,「궁예와 왕건과 청주호족」,『중원문화논총』 2·3합집, 1999)라는 견해 등이 있다.

[78] 궁예는 철원을 '京'으로 승격시켜 다른 지역과 차별화하였다(이재범,「궁예정권의 철원 정도 시기와 전제적 국가경영」,『사학연구』 80, 2005).

[79] 이 시기의 궁예정권의 동남전선이 열세라는 주장도 있다(신성재,『궁예정권의 군사정책과 후삼국전쟁의 전개』, 연세대학교 사학과 박사학위논문,

904년에 투항했던 패서지역에 대한 지배체제도 확고히 하였다. 패서지역에 13개의 鎭을 설치하여 변경지역의 지방관제를 정비한 것이다. 진은 변경지역에 두었던 군정일치의 지방관제이다. 진의 설치는 북방으로의 진출에 대한 의지의 표현이다. 905년에는 평양성주 검용과 甑城의 적들이 투항해 온 것을 보면 평안남도의 거의 전 지역이 궁예의 통치범위 안에 포함되었던 것으로 여겨진다.80) 다시 말하면 당시 궁예정권의 북방경계선은 발해와의 국경이었다. 발해 쪽으로의 영토확장은 신라때보다 더 북쪽으로 진출하였음을 의미하는 것으로 여겨진다.81)

영역이 사방으로 확대되면서 신라에 대하여서도 자신감 있는 태도를 보인다. 상주 사화진에서 견훤과의 몇차례 접전에서의 승리는 더욱 자신감을 갖게 하였을 것이다.82) 궁예가 신라를 멸도로 부르며,

---

2006). 그러나 "8월에 궁예가 군사를 움직여 우리[신라]의 변두리 읍을 침탈하여 竹嶺 동북쪽에 이르니, 왕은 강역이 날로 줄어감을 듣고 매우 걱정을 하였으나 이를 방어할 힘이 없으므로, 여러 城主에게 명하여 삼가 출전하지 말고 성벽을 굳게 하여 지키기만 하라고 하였다."(『三國史記』 卷12, 신라본기 효공왕조)라는 기록으로 보아 궁예가 신라보다 우위에 있었던 것으로 파악하여야 할 듯하다. 그리고 906년의 전투에서도 왕건이 精騎將軍 黔式 등과 함께 군사 3천을 거느리고 尙州 沙火鎭에서 견훤에게 여러 차례 승리하고 있다(『三國史記』 卷50, 弓裔傳).

80) 天祐 2년 乙丑(905)에 새 서울에 들어가 觀闕樓臺를 修葺하였는데, 사치가 극에 달하였다. 武泰를 고쳐 聖冊 원년이라 하고, 浿西 13鎭을 설치하였다. 平壤城主將軍 黔用이 항복하고, 甑城의 赤衣・黃衣賊과 明貴 등이 와서 항복하였다(『三國史記』 卷50, 弓裔傳).

81) 신라의 북방진출은 평양 이북으로 올라갈 수 없었던 것으로 여겨지고 있다. 궁예가 개국을 하면서 말한 내용 가운데 '신라와 당나라가 고구려를 멸망시키고 서경을 쑥밭으로 만들었다'는 내용이 있다(『三國史記』 卷50, 弓裔傳).

82) "(天祐) 三年 丙寅에 弓裔가 太祖에게 命하여 精氣將軍 黔式 等을 引率

신라에서 오는 모든 사람을 죽였다는 표현은 그러한 의미로 해석될 수 있을 것이다.

909년 6월 궁예 수군은 진도군에 이르게 되고, 지금의 신안군 압해면 고이도[83]를 점령하게 되어 실질적으로 영산강의 수운을 통제할 수 있게 된다.[84] 특히 왕건은 염해현[85]에 머물러 있다가 후백제에서 오월로 보내는 견훤의 외교선을 나포하기도 하였다.[86]

나주지역에서 궁예정권과 후백제는 수년간에 걸쳐 몇차례 접전을 벌이게 된다. 910년에는 후백제군의 반격을 받는데 견훤은 나주지역을 탈환하기 위하여 공세를 폈으나 실패하였다. 견훤이 보병과 기병 3,000명을 이끌고 공격을 하자 궁예는 수군을 보내어 기습하여 물리

하고 군사 三千을 거느려 尙州 沙火鎭을 치게 하였으므로 甄萱과 여러 번 싸워 이기니 弓裔는 土地가 더욱 넓어지고 兵馬가 점점 强하여지매 新羅를 幷呑할 생각을 일으켜서 滅都라 부르고 新羅로부터 來附한 사람을 다 죽였다."(『高麗史』卷1 太祖世家).

83) 고이도는 전라남도 신안군 압해면 고이도이다. 답사 결과 고이도와 육지 사이의 해로는 지금도 이 지역의 연안 항해의 중요한 길목이다. 이 지역을 장악하면 해상교통이 차단되는 결과를 가져 온다고 한다.
84) "夏六月 弓裔가 將領兵船에 명하여 珍島郡을 항복시키고, 또 皐夷島城을 격파하였다."(『三國史記』卷12, 新羅本紀 12 孝恭王 13年).
85) 전라남도 함평군 해제면 임수리(이해준, 「신안도서지방의 역사문화적 성격」, 『도서문화』 7, 목포대도서문화연구소, 1999, 66쪽) 또는 신안군 임자도(강봉룡, 「압해도의 번영과 쇠퇴-고대·고려시기의 압해도」, 『도서문화』 8, 2001)에 비정하기도 한다. 궁예정권이 이곳을 장악하기 이전에는 후백제의 해양 거점이었다고 한다(강봉룡, 「후백제 견훤과 해양세력-왕건과의 해양쟁패를 중심으로」, 『역사교육론집』 83, 역사교육연구회, 2002, 115쪽).
86) "己巳年(909)……태조는 수군을 거느리고 광주 鹽海縣에 머물렀다가 吳越國으로 들여보내는 견훤의 배를 노획하여 돌아오니 궁예가 매우 기뻐하여 특별히 표창을 하였다."(『高麗史』卷1, 太祖世家).

쳤던 것이다.[87]

4. 泰封國 시기의 영역

궁예는 국호를 911년에 태봉으로 바꾼 이후부터 남방경략을 더욱 강하게 하고 있다. 그리하여 912년 나주에서 이 일대의 영유권을 놓고 후백제와 일대 격전을 벌이게 된다. 나주 일대에서의 접전은 903년부터 계속되어 왔었다. 910년에도 후백제의 공격을 받았으나 궁예는 수군을 이용하여 물리친 적이 있었다. 이후 견훤도 영산강의 수계를 획득하여야만 했기 때문에 총공세를 펼쳤다. 그 결과가 912년 德眞浦 戰鬪이다. 이에 대해서는 다음의 사료가 참고된다.

F. 다시 나주 포구에 이르렀을 때에는 견훤이 직접 군사를 거느리고 전함들을 늘여 놓아 木浦에서 德眞浦에 이르기까지 머리와 꼬리를 서로 물고 수륙 종횡으로 군사 형세가 심히 성하였다. 그것을 보고 우리 여러 장수들은 근심하는 빛이 있었다. 태조가 말하기를 "근심하지 말라. 전쟁에서 이기고 지는 것은 군대의 의지가 통일되어 있느냐 없느냐 하는 데 있는 것이지 그 수가 많고 적은 데 있는 것은 아니다."라고 하면서 곧 진군하여 급히 공격하니

---

[87] "14년에 견훤이 몸소 보·기병 3,000명을 이끌고 羅州城을 애워싸고 공격하였으나 열흘이 지나도록 풀지 아니하므로 궁예가 수군을 일으켜 이를 습격하니 견훤이 군사를 이끌고 물러갔다."(『三國史記』 卷12, 新羅本紀 12 孝恭王 14年). 같은 기사가 견훤전에는 "開平 4년(910)에 훤은 錦城이 궁예에게 투항한 것을 분히 여겨 步·騎兵 3,000명으로써 포위 공격하여 열흘이 지나도록 풀지 아니하였다."(『三國史記』 卷50, 甄萱傳)라고 전한다.

적선들이 조금 퇴각하였다. 이에 風勢를 타서 불을 놓으니 적들이 불에 타고 물에 빠져죽는 자가 태반이었다. 여기서 적의 머리 5백여 급을 베었다. 견훤은 작은 배를 타고 도망하였다.[88]

견훤의 함대가 목포에서 덕진포까지 머리와 꼬리를 서로 물고 수륙종횡으로 군사의 형세가 성하였다고 한다. 이 전투에서 궁예의 수군은 화공을 이용하여 승리하는데 후백제군 500여 명을 죽이고 견훤은 작은 배를 타고 도망하였다고 한다.[89] 이 전투로 궁예는 확고하게 나주일대를 장악하게 되었다.[90] 그 결과 궁예는 삼한의 절반,[91] 혹은 3분의 2[92]라고 말해지는 영역을 장악하게 된다.

그리고 궁예는 이 일대를 자신의 지방제도에 편입시킨다. 금성을 나주로 삼고 있는 것이다.

   G. 朱梁 乾化 元年 辛未(911)에 聖冊 연호를 고쳐서 水德萬歲 원년이라 하고, 국호를 바꾸어 泰封이라 하였다. 그리고 태조를 보내어 군사를 거느리고 錦城 등지를 쳐서, 금성을 羅州라 개칭하였

---

[88] 『高麗史』卷1, 太祖世家. 『三國史記』甄萱傳에는 "乾化二年 萱與弓裔戰于德津浦"라 하였다.
[89] 能昌 등 이 일대의 독립적이거나 친후백제 성향의 호족들도 이 시기에 귀부를 하였을 것으로 여겨진다.
[90] 덕진포의 위치 비정 및 덕진포해전의 역사적 의의 등에 관하여 신성재(앞의 논문, 89~104쪽)의 견해를 참조할 것.
[91] "처음 나주의 관내 여러 군이 우리와 사이가 멀었고 적병들이 차단하여 서로 도울 수가 없었는데 頗懷虞疑 이에 이르자 견훤의 정예병이 좌절하여 중심이 모두 평정되었다. 이에 삼한의 땅 태반이 궁예가 가진 바 되었다."(『高麗史』卷1, 世家1 太祖1).
[92] "李齊賢의 찬을 보면 궁예의 판도는 삼한 지역의 3분의 2를 차지하였다고 한다."(『高麗史』卷2, 太祖 26年).

다. 공을 논하여 태조를 大阿湌 將軍으로 삼았다.93)

이어서 왕건을 보내어 이 일대의 해상세력을 장악한다.94) 왕건은 압해도를 근거로 하여 상당한 실력을 행사하였던 능창을 제압95)하는 등 이 지역에서 확실한 세력을 과시하였다. 궁예는 이곳에 나주도대행대를 두었다.96) 羅州道大行臺는 그 우두머리가 시중이라는 사실로 보아 격이 높은 관부였던 것으로 짐작된다.

그러나 덕진포 전투 이후로는 궁예 영역에 관하여 살펴볼 수 있는 자료가 관찬사서에는 별로 나타나지 않고 있다. 관찬사서에서는 이 때부터 주로 궁예의 폭정과 미륵관심법을 통한 그의 정상에서 벗어난 행동을 묘사하는 데 많은 부분을 할애하고 있다. 비교적 객관적

---

93) 『三國史記』 卷50, 弓裔傳.
94) "태조가 다시 전함을 수리하고 군량을 준비하여 나주에 머물러 지키고자 하였다. 김언 등이 자신들의 공이 있는데 상이 없으니 자못 解體하였다. 태조가 말하기를 태만하기를 삼가라. 오직 다른 마음을 가지지 않는데 힘을 기울이고 있으면 무릇 복을 얻을 것이다. 지금 임금은 방자하고 탐학하여 많이 죽이고……"(『高麗史』 卷1, 世家1 太祖1)한 것으로 보아 궁예는 이 일대에 군대를 계속하여 주둔시켰던 듯하다.
95) "遂至光州西南界潘南縣浦口 縱諜賊境 時有壓海縣賊帥能昌 起海島 善水戰 號曰水獺 嘯聚亡命 遂與葛草島小賊 相結候太祖至 欲邀害之 太祖謂諸將曰 能昌已知我至 必與島賊謀變 賊徒雖小 若幷力合勢 遏前絶後 勝負未可知也 使善水者十餘人 擐甲持矛 乘輕舫 夜至葛草渡口 擒往來計事者 以沮其謀可也 諸將皆從之 果獲一小舸 乃能昌也 執送于裔 裔大喜 乃唾昌面曰 海賊皆推汝爲雄 今爲俘虜 豈非我神算乎 乃示衆斬之"(『高麗史』 卷1, 世家1 太祖1).
96) "癸巳 以前侍中具鎭爲羅州道大行臺侍中 鎭辭以久勞前主 不肯行 王不悅 謂劉權說曰 昔予歷試險阻 而未嘗告勞者 實懼嚴威也 今鎭固辭不行 可乎 權說對曰 賞以勸善 罰以懲惡 宜加嚴刑 以戒群下 王然之 鎭懼謝罪 遂行"(『高麗史』 卷1, 世家1 太祖 元年 八月 癸巳條).

인 서술은 그가 914년에 연호를 바꾸었고,97) 행렬이 지나치게 사치스러웠다는 정도의 서술이다.98) 『고려사』에는 이보다 더 잔인한 궁예의 성격파탄과 비정상적인 행동에 관한 내용을 수록하고 있다.

그러다가 918년 6월에 인심이 변하여 태조를 추대하니 궁예는 도망하다가 평강사람들에게 피살되었다고 한다.99) 관찬사서에서는 덕진포 전투 이후부터 궁예몰락까지의 기간에 주로 궁예의 포학함과 실덕의 증거를 보이고 있고, 상대적으로 왕건의 위대함을 서술하는 것으로 일관한다.

그러나 금석문, 지리지 혹은 민간 전승을 보면 덕진포 전투 이후 몰락까지 기간 동안의 사정을 다소 알 수 있다. 무위사의 선각 형미의 비문100)을 보면 당시 강진 일대가 궁예의 영역에 포함되었음을 알 수 있다. 궁예는 형미를 불교에 대한 이론이 다르다고 하여 죽였는데 이 사실은 궁예의 실력이 이곳까지 미쳤다는 의미일 것이다. 그리고 그 이후 어느 시기인가 지금의 광주에서 후백제와 궁예정권의 세력이 대치하고 있었던 것으로 여겨진다. 『고려사』 지리지를 보면 광주에서 견훤의 사위가 왕건의 공격을 끝까지 잘 방어하였다고 한다.101)

---

97) "三年 弓裔改水德萬歲 爲政開元年"(『三國史記』 卷12, 新羅本紀 12 神德王).
98) "善宗自稱彌勒佛 頭戴金幘 身被方袍 以長子爲靑光菩薩 季子爲神光菩薩 出則常騎白馬 以綵飾其鬃尾 使童男童女奉幡蓋香花前導 又命比丘二百餘人 梵唄隨後 又自述經二十餘卷 其言妖妄 皆不經之事 時或正坐講說 僧釋聰謂曰 皆邪說怪談 不可以訓 善宗聞之怒 鐵椎打殺之 三年癸酉 以太祖爲波珍飡侍中 四年甲戌改水德萬歲 爲政開元年 以太祖爲百船將軍"(『三國史記』 卷50, 弓裔傳).
99) 『고려사』 태조세가에는 보리이삭을 훔쳐 먹다 맞아 죽었다고 전한다.
100) 「無爲寺 先覺大師遍光塔碑」, 『역주나말여초금석문』(하), 혜안, 227~245쪽.

궁예의 세력은 동남쪽으로는 섬진강 유역까지 영향을 미쳤던 것으로 여겨진다. 「大安寺 廣慈大師碑」에 효공왕이 곡성의 광자대사에게 도움을 청했으나 광자대사가 이를 거절하였다는 내용이 있는데, 이는 이 일대가 신라, 후백제, 태봉의 각축전이 벌어진 지역이었기 때문이 아닌가 추정된다. 비문 가운데 "天命有歸 國朝新造 背□梗狼煙 往來辛苦於沙門 裨□終無於王"102)라는 구절은 당시 광자대사의 입장을 대변하는 것으로 여겨진다. 뒤에 광자대사는 후백제가 아닌 왕건에게 귀의하는데, 그 까닭은 왕건이 덕이 많은 인물이었다는 점도 있겠지만, 실질적으로 태안사 부근까지 왕건의 실력이 미쳤기 때문으로 추정해 볼 수 있다.

한편 궁예의 세력은 서북방으로는 지금의 압록강구에 미쳤고, 동북방으로는 안변에 미쳤던 듯하다. 궁예는 905년에 浿西道에 13개의 진을 설치하고 있다. 이 진은 고려시대의 북계지역에 해당되는 곳인데,103) 구체적으로 通海・通德・平虜・剛德・長德・安水・樹德・陽岩・安朔・威化・清塞・德昌・靜戎의 13진이라고 한다.104)

궁예의 세력이 함경남도 이북지역에 미쳤을 것이라는 근거는 함경남도 안변일대에 궁예묘가 있었다는 기록에 주목할 필요가 있다.105) 궁예묘 위치는 안변도호부의 '서남쪽으로 1백 20리이며 三防路 왼쪽'이고, '石築이 수십 길이나 되고, 높다란 烔臺가 있는데, 지금은 절반이나 허물어졌다.'106)라고 하였는데 궁예와 안변과의 관계

---

101) 『高麗史』 卷57, 地理2 海陽縣.
102) 「大安寺 廣慈大師碑」, 『역주 나말여초금석문』(상), 혜안, 192쪽.
103) 『高麗史』 卷58, 지리3 북계.
104) "平安道……孝恭王時 爲泰封所取 置浿西十三鎭"(『大東地誌』 卷21).
105) 『新增東國輿地勝覽』 卷49, 咸鏡道 安邊都護府.
106) "安邊 陵寢 泰封主弓裔墓 西南一百二十里 三防路左 石築數丈屹若 烟

가 상당하다는 것을 짐작할 수 있다. 『고려사』에는 궁예가 백성들에게 맞아 죽었다고 하였지만, 이 일대에서는 조선후기에 이르기까지 궁예묘를 보존하고 있었다. 아마도 이 일대에 궁예 잔존세력이 남아 있었다는 의미로 해석할 수 있을 것이다.

이와 함께 궁예가 貊國을 공격하기 위하여 군량을 쌓아 두었기 때문에 붙여진 지명이라는 양구 軍糧洞의 존재도 주목된다.107) 여기서의 맥국이 구체적으로 어디를 지칭하는지 잘 알 수 없으나, 이 일대가 궁예의 세력하에 있었다는 것은 분명하다 할 것이다.

궁예정권의 북방 경계와 함께 생각해 보아야 할 것이 궁예정권과 발해와의 관계이다. 당시 궁예정권의 북방 경계는 발해로 보이나 이와 관련된 내용은 전무하다. 그렇다하더라도 궁예정권과 발해와의 관계를 짚고 넘어가지 않을 수는 없을 것 같다. 무리가 없는 것은 아니지만 다음의 사료를 검토할 필요가 있다.

H. 尹瑄은 鹽州人이니 위인이 침착, 용감하고 병법에 정통하였다. 당초에 궁예가 사람들을 서슴없이 죽이는 것을 보고 화가 자기에게 미칠 것을 염려하여 드디어 자기 동류를 거느리고 북방 국경으로 도망해 가서 부하를 모집하였더니 2천여 명에 달하였다. 골암성을 근거지로 삼고 黑水의 미개인들을 불러 들여 오랫동안 국경 고을들에 해를 끼쳤는데 태조가 즉위하자 부하들을 거느리고 귀순하여 왔으므로 북방 국경이 편안하게 되었다.108)

臺今牟類"(『大東地志』卷19).
107) "[古跡] 軍粮洞 自官門北去二十里 世傳 弓裔伐貊國時 輸運軍粮路 由此洞故名之云"(『楊口縣誌』, 규장각17521, 1819년 이후).
108) 『高麗史』卷92, 尹瑄傳.

윤선은 반궁예적 인물인데, 궁예를 피해 달아나 흑수와 친하게 지내고 있다. 여기서의 흑수는 흑수말갈일 것이며, 흑수말갈은 발해의 피지배계급을 구성하고 있었다. 발해의 피지배층과 윤선이 연합을 하였다는 것은 궁예의 발해에 대한 태도를 간접적으로 나타내는 것은 아닐까? 궁예는 발해에 대하여 친화적이기보다는 공격적으로 대응하였던 듯하다.

이 무렵 궁예는 북으로의 진출을 꾀하였던 것 같다. 「無爲寺 先覺大師遍光塔碑」의 "至九年八月中 前主永平北□ □□□□ □□□發舳艫 親駈車駕"109)를 보면 "前主 궁예가 영원히 북□를 평정"으로 해석할 소지가 있는 대목이 있다. 이와 관련하여 궁예의 북방정책을 강경한 북진이었다고 생각해 볼 수는 없을까? 더 나아가 궁예가 공격하였던 맥국은 발해 또는 그 지배하에 있었던 말갈부족들로 추정해 볼 수 있지 않을까? 이처럼 궁예정권의 판도는 삼한의 3분의 2, 혹은 절반으로 이해되는 광역이었다.

이상의 내용을 요약해 보도록 하자. 궁예는 세달사에서부터 일정한 정치적 성향을 갖게 되어, 죽주의 호족 기훤에게 투탁하였다. 그러나 이곳에서 그다지 환영을 받지 못하자, 기훤의 휘하에 있었던 사람들과 작당하여 일정한 집단을 형성하지만 그다지 조직적이지는 않았다.

궁예가 세력을 형성하게 되는 것은 양길 휘하에서부터이다. 그는 양길의 지원을 받아 894년에 명주에 들어갔고 이곳에서 3,500명의 군대를 거느리는 장군이 되었다. 그의 세력은 확대되어 강원도, 경기도, 충청남북도, 경상북도, 전라남도 서남해안에까지 이르게 되었다. 북쪽으로는 평양과 안변 이북지역까지 진출하였고, 남으로는 죽령을

---

109) 「무위사 선각대사편광탑비」, 『역주나말여초금석문』(상), 혜안, 172쪽.

넘어갔으며, 한반도의 서남해안 일대에까지 미치게 되었다. 물론 그 과정에서 왕건의 공로가 컸던 것은 사실이지만, 어디까지나 왕건은 궁예의 휘하 장수로서 정복사업을 하였던 것이다. 그리하여 李齊賢은 궁예의 영토가 삼한의 3분의 2를 차지하였다고 하였고, 『고려사』에는 태반이 궁예정권의 영역이라고 기록하고 있다.
 이렇듯 궁예정권은 후삼국 가운데서 가장 넓은 영역을 과시하던 국가였으나, 이후 궁예는 왕건에 의하여 축출되고 새로운 국가인 고려가 개국되면서 궁예정권은 역사의 뒤안으로 사라지게 되었다.

Ⅳ. 궁예정권의 성립

 弓裔는 양길과의 전쟁에서 승리한 후 901년에 국가를 설립한다. 이때 제정된 국호는 高麗이며 이후 摩震·泰封으로 국호를 변경한다.[1]
 한 나라의 國號와 年號는 그 지배집단의 속성과 그 집단이 추구하고자 하는 일정한 지향을 내포하고 있다고 보이므로 소홀히 넘어갈 수 없다. 이러한 의미에서 국호와 연호를 자주 바꾸었던 배경이 주목된다. 더욱이 궁예는 그의 짧은 치세에 국호와 연호를 자주 바꾸었으므로 그의 변덕스러움을 표현하는 것으로 이해되기도 하고, 국호의 어의를 통해 궁예세력의 확대과정과 연결시켜 이해하려는 노력도 있다.[2] 그러나 당시의 정치·사회적 배경과 관련지어 볼 때 충분히 납득할 만한 결과에까지 이르지는 못한 실정이다. 이 장에서

---

1) 弓裔政權의 변경된 國號와 年號를 살펴보면 아래의 <表>와 같다.

國號	年號	其間(年)	都邑
(後)高麗		3年	松岳
摩震	武泰	1年	鐵圓
摩震	聖冊	6年	鐵圓
泰封	水德萬歲	3年	鐵圓
泰封	政開	5年	鐵圓

2) 崔圭成,「弓裔政權의 性格과 國號의 變更」,『祥明女子大學校論文集』9, 1987.

는 弓裔政權의 국호와 연호가 갖는 의미와 그 변화에 따른 정치·사회적 의미를 찾아보고자 한다.

1. 국호 제정과 그 의미

궁예세력이 조직적인 지휘체계를 갖추고 활동을 전개하는 때는 溟州 점령 이후부터이며, 그는 일정한 권위와 권력을 상징하는 將軍이라는 칭호를 사용한다.[3] 명주 점령시의 궁예의 병력은 3,500명이며 이를 다시 14대로 나누었다고 하였는데,[4] 군부대의 정비를 정치집단의 형성으로 보기는 어렵고 군사의 양적 확대에 따른 전술상의 편의에 따른 체제로 보는 것이 무리가 없을 듯하다.

그러나 이러한 양적 확대에 따른 체계적인 조직의 요구에서 그의 세력이 곧 행정체계를 수반하는 정치집단화 할 것이라는 암시를 얻기는 어렵지 않다. 그리하여 弓裔集團은 점차 확대되면서 궁예 스스로 나라를 세우고 稱王할 만하다 하여 內外官職을 두게 된다.[5]

이때의 내외관직이라 함은 국가차원의 대대적인 행정체계라기보다는 전투를 수행하는 데 보완적인 임무를 수행하여 나가는 조직으로 보는 것이 옳다고 보인다. 왜냐하면 체계적인 관직의 명칭이 구체적으로 보이지 않기 때문이다.

전술하였듯이 궁예가 국가로서의 면모를 갖추고 대내외적으로 국호를 제정하고 선포한 때는 901년이다.[6] 궁예는 국호를 高麗라 하였

---

3) '弓裔自稱將軍'(『三國史記』 卷12, 新羅本紀), '推戴爲將軍'(『三國史記』 卷50, 弓裔傳).
4) "入溟州有衆三千五百人分爲十四隊"(『三國史記』 卷50, 弓裔傳).
5) "可以開國稱君始設內外官職"(『三國史記』 卷50, 弓裔傳).

는데, 고려라고 국호를 제정하게 된 이유는 그의 점령지역이 대부분 高句麗의 故土였으므로 이 지역에 토착하고 있던 고구려 유민들의 호응을 기대하였기 때문이라 한다. 그러나 궁예가 고려라는 국호를 사용한 더 큰 이유는 오히려 점령한 지역을 하나의 단위로 결속시키는 정치 이데올로기적 작용이 고려되었으리라 보여진다. 궁예가 898년 都邑을 松岳으로 한 이후 901년에 高麗를 국호라 하여 개국할 때까지의 점령지역을 살펴보면 다음과 같다.

A-1. 897年 仁物・孔嚴・黔浦・穴口・國原等 30여 성
A-2. 898年 楊州・見州・浿西道及漢山州 管內 30여 성
A-3. 899年 國原 等 10여 성
A-4. 900年 國原・靑州・槐壤・廣州・忠州・唐城

위의 지역들은 대부분 고구려의 고토에 해당되지만 신라와 백제의 영토 일부도 포함된다.7) 따라서 궁예정권이 이미 남쪽으로는 옛 고구려의 영토를 거의 확보했고 백제와 신라의 영토 일부마저도 흡수한 상황에서 고구려 유민들의 앞으로의 호응을 기대할 목적으로 국호를 고려라고 하였다는 점은 납득하기에 충분한 것 같지는 않다. 그것보다는 오히려 고구려 유민들을 하나의 공동체의식으로 묶어두고 이탈을 방지할 목적에서 택한 국호로 보아야 할 것이다. 그렇다면 高麗라는 국호는 궁예에 의해 자발적으로 사용된 것이라기보다는 궁예정권에 깊이 세력을 침투하고 있었던 고구려 유민들의 영향

---

6) "孝恭王 五年弓裔稱王"(『三國史記』卷12, 新羅本紀 孝恭王 5年條); "辛酉稱高麗"(『三國遺事』1, 王曆 後高麗條).
7) 『高麗史』卷56 地理志에 따르면 靑州만이 百濟故土로 되어 있고 나머지는 모두 高句麗의 故土로 되어 있다.

력의 결과로 보인다. 이러한 추정은 위의 지역들이 대부분 고구려의 고토라는 사실 외에도 위의 지역들의 실질적인 정복자가 궁예가 아닌 王建이라는 점, 高麗라는 국호의 제정과 동시에 연호가 시행되고 있지는 않은 점 등으로 미루어 볼 때 가능하다.8) 특히 궁예의 사회적 지위와 관련된 궁예의 민중적 속성으로 볼 때 궁예가 신라에 대한 反感을 표현하면서 고구려의 복수를 갚겠다 고는 했으나, 그가 설립하고자 했던 국가의 이상이나 지향이 고구려로의 회귀를 의미하지는 않았던 것으로 보인다. 따라서 高麗라는 국호의 제정은 이미 자신의 세력기반의 중추부를 형성하고있는 패서지역의 고구려계 호족세력을 의식한 데서 취해진 결과라고 보여지는 것이다.

실제로 이 시기에 있어서 왕건을 중심으로 한 高句麗系 豪族과 弓裔와의 관계는 지배·복종의 관계라고 하기보다는 상호 의존의 봉건적 관계에 기초한 것으로 여겨진다.9) 그리고 실질적인 통치권도 浿西지역의 경우 고구려계 호족들이 갖고 있었을 것으로 보인다.10) 따라서 弓裔가 隨院僧徒로 출발하여 將軍이 된 후 실현하고자 했던 국가의 理想은 高句麗의 회귀에 머무는 것이 아니었음에도 불구하고 고려라는 국호를 제정할 수밖에 없었던 것이다. 그만큼 松岳 중심의 고구려계 호족들이 궁예에게는 위협적이었던 때문으로 이해된다.

---

8) 年號가 시행되지 않았다는 점은 弓裔가 본격적으로 자신의 포부에 맞는 국가건설을 꾀하지 않은 것으로 추측된다. 弓裔가 年號를 중요시하고 있었던 점에서 그러하다.
9) 이때 弓裔와 浿西地域의 豪族과의 관계는 封建的 支配를 기초로 하고 있다(李基東,「新羅下代의 浿江鎭」,『韓國學報』4, 1976, 18쪽).
10) 봉건적 지배관계는 기존의 지배권을 그대로 인정한 바탕에서 성립되었다(李基東, 위의 논문, 18쪽). 따라서 弓裔는 기득권을 가진 豪族들과의 연합적인 형태로 자신의 권력을 성장시켜 나갔을 것이다.

그러나 궁예는 904년 鐵圓으로 천도를 확정하는 동시에 국호를 摩震, 연호를 武泰라 하였고 다시 911년에 泰封으로 국호를 바꾼다. 궁예가 제정하여 사용한 摩震과 泰封의 뜻을 살펴보도록 한다. 摩震에 대해서는 "摩震 國號는 곧 震檀의 약칭으로 梵語로 摩訶는 大의 뜻이요, 震檀은 Chintana의 音譯으로 震人의 뜻이며 본시는 印度人이 中國을 지칭한 명사인데 그 음이 확대되어 東方全體를 의미하는 말로 화하였다. 泰封에 대해서는 의미가 확실치 아니하다. 泰는 아마 周易 泰封의 泰를 취한 듯한데 여기의 泰는 '天地交以萬物生 上下交以其志同'이란 것이다. 그리고 封은 말할 것도 없이 封土 · 封의 뜻"11)이라고 한다. 이에 따르면 궁예가 국가를 설립한 뜻은 분열된 삼국의 어느 한쪽을 복구하려는 것이 아니라 통일된 大東方國의 건설과 그 안에서 조화롭게 사는 이상적인 낙원의 실현이었다. 물론 이러한 포부의 내면에는 개인적인 야심이 전혀 없었다고 볼 수는 없으나 이 두 국호가 의미하는 바는 단순히 고구려를 계승한다는 의식의 발로로 보이는 高麗와는 근본적으로 다르다는 점은 확실하다. 그러므로 弓裔의 이러한 국호제정은 고구려계 호족들의 고구려부흥적 성격을 띠는 일련의 움직임과는 크게 다른 것이었다.12)

2. 遷都와 국호 · 연호 변경의 동기

궁예가 국호를 高麗에서 摩震으로 바꾸었다고 하는 사실은 기본적으로 국가의 이상을 고구려계 호족들과 달리한다는 의미이다. 국

---

11) 이병도 역주, 『三國史記』(하), 을유문화사, 2005, 488~489쪽.
12) 高句麗系 豪族들의 高句麗 復興意識에 관해서는 崔根泳, 『統一新羅時代의 地方勢力研究』, 신서원, 1990, 148~160쪽 참조.

가의 기본적인 이상이나 노선의 변화는 그에 따른 집단간의 갈등을 초래하는 것이 필연적이다. 궁예의 이러한 노선의 변화는 이에 상응하는 갈등을 수반하게 되었다. 摩震으로 함축된 궁예의 大東方國으로의 통일노선은 궁예정권 내에 있던 고구려계 호족세력들과 필연적으로 대립할 수밖에 없었던 것으로 보인다.

그러므로 궁예는 摩震이라고 하는 자신의 포부를 松岳에서 펴지 못하고 鐵圓이라고 하는 新都를 새로이 경영할 수밖에 없었던 것이다. 즉 고구려계 호족 내지 고구려를 하나의 이데올로기로 이용하고자 하는 회귀적 집단과 새로운 사회를 꿈꾸는 궁예의 이상은 대립이 될 수밖에 없으며, 또 기존의 체계를 타파하고자 하는 궁예에게는 고구려 회귀주의자들의 본거지라고 할 수 있는 송악은 새로운 사회의 이상을 펼쳐 보이기에는 심한 반발을 예상하지 않으면 안 되었던 곳이었다. 따라서 궁예에게는 자신의 의지를 실현할 수 있는 근거지가 필요했던 것이며 그 결과 그가 松岳으로 옮기기 이전에 머무르고 있었던 철원은 가장 적합한 장소였던 것이다.13)

그러나 이러한 일련의 조치는 高句麗系 豪族들로부터는 커다란 반감을 사게 되었으며, 특히 松岳을 중심으로 한 王建의 세력은 가장 극심한 반발을 하였던 집단으로 여겨진다. 이는 다음의 사료를 통하여 알 수 있다.

 B. 太祖가 나이 30에 九層金塔이 바다 가운데(海中) 있는 것을 보고
  스스로 올라가는 꿈을 꾸었다.14)

---

13) 弓裔의 遷都와 관련해 볼 때 鐵圓에 도읍을 정한 904년이 비로소 弓裔가 國家를 건국한 것으로 보아야 옳다고 보인다. 이전까지의 천도는 비록 도읍이라고 사료에는 나와 있으나 잦은 이동으로 볼 때 將軍의 幕府 이동으로 여겨지기 때문이다.

이 자료는 太祖가 30세 때라고 한 기록으로 보면 906년의 사실을 전하고 있다.15) 906년은 摩震이라고 국호를 변경한 지 불과 2년 뒤이며, 철원으로 入京하고 나서 바로 1년 뒤이다. 앞의 사료를 음미하면 왕건의 정치적 야심을 감지할 수 있다.

王建은 꿈에 바다에서 솟은 九層塔의 꼭대기에 올라갔다고 한다. 물론 이 자료는 꿈을 빌어 이야기를 전개하면서 작위적인 요소가 없는 것은 아니지만, 이를 분석해 보면 왕건을 중심으로 한 송악지역의 고구려계 호족의 동향을 쉽게 감지할 수 있다. 구층탑은 皇龍寺의 九層塔16)이 상징하는 바와 마찬가지로 天下를 제패한다는 상징물이다. 王建이 그 위에 올라갔다라고 하는 내용은 왕건이 천하를 제패하겠다라고 하는 자신의 포부를 표현한 것이라고 보아야 한다.17) 그리고 왕건이 이런 생각을 품은 것은 궁예가 大東方國의 의

---

14) 『高麗史』 卷1, 太祖世家.
15) 王建은 896年 그의 나이 20세에 그의 아버지 隆과 함께 귀부하였다(『高麗史』 卷1, 太祖世家).
16) 皇龍寺 九層塔의 건립목적은 '成九層塔於寺中 隣國降伏 九韓來貢 王祚永安矣'라 하였다(『三國遺事』 卷3, 皇龍寺九層塔條).
17) 해중을 지상의 상대어로 해석하여 지상전에서 해상전으로의 군사정책에 비중을 두는 정치세력들의 입장이 확대되어 가던 사정을 반영하는 것으로 본 견해가 있다(신성재, 『弓裔政權의 軍事政策과 後三國戰爭의 전개』, 연세대학교 박사학위논문, 2006, 76~77쪽). 그러나 전후 문맥으로 보거나 내용으로 볼 때 군사적 측면보다는 정치적 야심과 더 관련이 있는 것 같다. 문장의 앞 부분은 왕건이 구휼을 잘 했다고 하는, 장수보다는 군왕적인 측면을 강조하는 내용이 있고, 문장의 뒷 부분은 왕창근의 고경문으로 왕건 일파의 역모와 관련된 내용이 나온다. 그리고 9층탑은 후삼국만이 아니라 온 천하를 의미하며, 해중의 해는 바다라는 의미보다 천하라는 의미가 더 강하다. 해군력의 강화를 주장하는 사람들의 입장을 상징한다면 구태어 장수인 왕건이 꾸어야 할 꿈이 아니다. 마땅히 궁예가 꾸어야 할 꿈이다. 따라서 그 문장은 왕건의 왕 되고자 함을 묵시적으로 표현한 것으로 보아

지를 표명하고, 도읍을 철원으로 옮긴 지 불과 2년 뒤의 일이다.[18] 또한 궁예에 대한 否定的인 기사가 911년 泰封으로 국호를 변경한 이후에 집중적으로 나타난다는 점을 감안한다면[19] 역모라고 표현해도 무방할 왕건의 꿈의 내용은 바로 궁예세력과 왕건세력이 대립관계에 들어갔다는 사실을 표현한다고 보는 것이 옳을 것이다.

왕건의 이후 행적은 이러한 사실을 보다 명백히 해주고 있다. 다음의 사료가 참고된다.

C-1. 太祖는 弓裔가 날로 교만하고 탐학스러워지는 것을 보고 다시 閫外(外方)에 뜻을 두었다.[20]

C-2. 삼가 게으르지 말고 오직 힘을 다하여 다른 마음을 가지지 않으면 무릇 福을 얻을 수 있을 것이다. 지금 主上이 방자하고 탐학하여 죄없는 사람을 많이 죽이고 참소하고 아첨하는 무리가 뜻을 얻어 서로 모함하고 있다. 이러므로 內職에 있는 자들이 스스로 보전하지 못할 것이니, 밖에서 征伐하여 王事에 힘써 일신을 보전하는 것만 못할 것이다.[21]

자료 C-1은 王建의 당시 상황에 대한 대비책이며, 자료 C-2는 그

야 할 것 같다.
18) 申虎澈은 911년 이후부터 대립은 시작된다고 보고 있으나(「弓裔政權의 政治的 性格」,『한국학보』29, 1982, 45쪽) 906년부터 王建은 弓裔로부터 이탈하고 있었던 것 같다.
19) 이 시기부터는 王建의 弓裔에 대한 도전이 노골적으로 표현되었다고 보아야 할 것 같다.
20)『高麗史』卷1, 太祖世家 梁 開平 3年 己巳條.
21)『高麗史』卷1, 太祖世家.

의 副將 金言이 羅州征伐에 대한 論功行賞의 불만을 토로하자 대응책을 일러준 내용이다.

두 자료의 내용 모두 왕건이 궁예에게 본격적으로 대항하기 위하여 외지에서 자신의 세력을 확보하고 있음을 꾀하고 있다는 사실을 알려주고 있다. 이와 같이 906년 이후부터 궁예와 국가 성립의 이상을 달리했던 왕건은 906년에 그의 세력을 모으기에 부심하고 있었던 점은 확실하다고 보아도 무리가 없다.

더욱이 阿志泰事件[22] 이후 궁예정권 내부의 정치적 상황은 궁예와 왕건의 지지세력의 성격을 명확히 드러내 보이고 있다는 점에서 주목할 만하다. 다음의 사료를 검토해 보도록 하자.

> D. ……이리하여 轅門將校·宗室勳賢·智計儒雅의 무리가 바람에 쓸리고 그림자가 따라 다니듯이 하였다. 太祖가 화가 미칠 것을 두려워하여 다시 閫外의 職을 구하였다.[23]

이 사료의 내용은 太祖가 阿志泰事件을 원만히 해결하자 '轅門將校·宗室勳賢·智計儒雅들이 따르지 않는 자가 없다고 하여 太祖의 세력이 크게 신장되었다고 하는 사실과 함께 어떠한 정치적 성격의 인물들이 太祖를 추종하게 되었는지 알려주고 있다.

즉 轅門將校·宗室勳賢·智計儒雅들이 구체적으로 누구를 지칭하는지는 모르지만 이들이 太祖를 지지하고 있음을 알 수 있다. 이

---

[22] 이 사건은 913年에 발생한다. 그 내용은 淸州人 阿志泰가 참소하여 문제가 생겼으나 결정치 못하고 있던 것을 王建이 처리하여 신망을 얻은 사건이다. 弓裔와 王建 대립 관계에서 중대한 의미를 갖는다(申虎澈, 앞의 논문. 48쪽).

[23] 『高麗史』卷1, 太祖世家 乾化 3年條.

세 부류의 집단의 정치적 성격은 어의로 보면 원문장교는 무력을 장악한 계층, 종실훈현은 공신계열, 智計儒雅는 문신집단을 의미하는 것으로 보아도 좋을 것 같다.[24] 그렇다면 이 세 집단은 사실상 어떤 한 국가를 형성하는 상부계층의 전체를 의미하는 것으로 볼 수 있다. 그러므로 위의 세 집단을 어떤 구체성을 갖는 것으로 파악하기보다는 모든 지배계층이 전부 왕건을 따랐다는 표현으로 보는 것이 타당할 듯하다. 다시 말하면 실제로 위의 계층이 따랐다는 것이 아니라 왕건에 대하여 모든 사람들이 따르게 되었다는 雅語的 표현인 것이다. 그렇지만 이 사건으로 왕건은 궁예정권 내부에서 일정한 계파를 형성할 수 있는 세력의 중심에 서게 되었던 것은 틀림없는 일이다.

따라서 阿志泰事件 이후 궁예정권의 내부 정치적 상황은 궁예를 추종하는 세력과 왕건을 추종하는 새로운 세력이 형성되었던 것으로 여겨진다. 이때 왕건을 추종하는 세력은 高句麗系 豪族 내지 비슷한 체질을 지닌 세력으로 궁예추종세력과 갈등 관계가 더욱 극심해져 가고 있었던 것 같다. 예컨대 중부지역 호족의 후예로 믿어지는 崔凝[25]의 親王建的 행위나 이후 '將相 중에 十中八九가 害를 입었다.'[26]라든지 '新羅에서 귀부한 사람들을 마구 죽였다.'[27]라는 표현

---

24) 원문장교는 궁예정권 군대의 무장(정청주, 『신라말고려초 호족연구』, 일조각, 1996, 120쪽), 종실훈현은 궁예의 친인척 관계 및 처가세력(이효종, 「왕건의 세력형성과 고려 건국」, 『고려태조의 국가경영』, 서울대학교 출판부, 1996, 23쪽), 지계유아는 유학자 출신 문인(정청주, 『신라말고려초 호족연구』, 일조각, 1996, 130~135쪽) 또는 유학자나 승려 등 모든 지식인 계층(이효종, 「왕건의 세력형성과 고려 건국」, 『고려태조의 국가경영』, 서울대학교 출판부, 1996, 22~24쪽)으로 보기도 한다.
25) 黃州 土山人이라 한다(『高麗史』 卷92, 列傳 崔凝條).
26) "日殺百數 將相遇害者 十有八九"(『高麗史』 卷1, 太祖世家).

등은 두 세력 간의 갈등이 표면으로 노출되어 가는 현상을 묘사한 것으로 보아도 좋을 것이다.

이러한 경향은 점차 노골화되어 궁예와 그의 처 康氏와의 대립으로까지 전개되었던 것으로 보인다.[28] 잘 알려진 바와 같이 궁예와 그의 처 康氏와의 관계는 궁예의 잔인함을 상징하는 대표적인 예로 인정되어 왔으나 사료를 검토해 보면 오히려 정치적 입장이 서로 다른 집단간의 마찰로 이해될 수 있다. 이에 관한 사료를 검토해 보면 다음과 같다.

> E. 貞明 元年(915) 부인 康氏가 王이 옳지 못한(非法) 일을 많이 한다고 하여 정색을 하고 諫하였다. 王이 이를 싫어하여 "네가 다른 사람과 간통하다니 어찌된 일이냐"라고 하였다. 康氏가 "어찌 이런 일이 있겠습니까?"하니, 王이 "나는 神通力으로 이를 본다"라고 하면서 뜨거운 불이 달구어진 쇠공이로 음부를 쑤시어 죽이고 그의 소생인 두 아들까지도 죽였다. 그 뒤로 의심이 많아지고 갑자기 성을 내기도 하여 모든 관리, 장수와 平民에 이르기까지 무고하게 죽은 자가 자주 있었으며, 斧壤·鐵圓의 사람들이 그 毒을 이겨내지 못하였다.[29]

사료의 내용만으로 보면 궁예는 비정상적인 성격의 소지자로 죄 없는 부인을 죽였을 뿐만 아니라 자신의 아들까지도 무참히 죽인 잔학하고 무자비한 인물로 그려지고 있다. 그러나 이러한 서술이 합리

---

27) "凡自新羅來者盡誅殺之"(『三國史記』 卷50, 弓裔傳).
28) 康氏와 弓裔와의 관계를 政治的인 事件으로 본 것은 趙仁成에 의해서이다(조인성, 『泰封의 弓裔政權研究』, 서강대학교 박사학위논문, 4쪽).
29) 『三國史記』 卷50, 弓裔傳.

적인 역사서술이 되기 위해서는 그 인과관계가 설명되어져야 할 것이다. 만약 궁예가 잔학하고 난폭한 성격의 인물이었다면 위와 같은 그의 행동을 단순히 그의 성격 탓으로 돌릴 수도 있다. 그러나 그의 행동이 특정한 시기에 갑자기 나타난 것이라면 그렇게 된 원인이 밝혀져야 하리라고 본다.

위의 사료에서는 康氏가 궁예에게 '非法'이라고 하여 간언을 자주 하였다고 하나 그 내용은 알려져 있지 않다. 단지 그 결과는 강씨는 물론 그의 소생인 두 아들까지도 살해되었다는 것이다. 궁예가 자신의 신통력으로 강씨의 陰邪를 알아내어 죽였다는 것이다. 그러나 의문스러운 점은 부인의 음사로 그의 두 아들까지 죽였어야 하는가이다. 더욱이 그의 두 아들은 궁예가 '神光菩薩'·'靑光菩薩'이라고 하여 아꼈다는 점을 상기한다면 궁예가 부인의 도덕성을 의심하여 두 아들까지 죽였다고는 보이지 않는다. 부인과 두 아들을 동시에 죽였어야 할 정도의 큰 사건이라면 적어도 국가변란 이상에 해당되는 정치적 사건으로 보아야 할 것이다.30) 따라서 이 사건은 궁예와 입장을 달리하는 그 부인 강씨를 대표로 하는 妻族勢力과의 정치적 갈등으로 보지 않으면 안 된다. 강씨에 대한 구체적인 언급은 더 찾아볼 수 없으나 이들이 羅末麗初에 상당한 세력을 유지하던 씨족집단인 信川의 호족인 信川康氏로 보아 크게 틀리지 않을 것이다.31) 이들의 분포지역도 이 시기에는 신천을 중심으로 그다지 분산되어 있지 않다.32) 즉 康氏는 신천을 중심으로 활동하였던 고구려계 호족

---

30) 이를 정치적 사건으로 이해하는 견해는 조인성(『태봉의 궁예정권연구』, 서강대 박사학위논문, 1991, 106~112쪽), 전기웅(『나말여초의 정치사회와 문인지식인』, 1996, 혜안, 96쪽)의 경우도 마찬가지이다.
31) 李樹建, 「高麗前期 支配勢力과 土姓」, 『韓國中世社會史硏究』, 一潮閣, 1984, 171~172쪽.

출신으로 보아도 별 무리가 없어 보인다. 그렇다면 강씨가 궁예에게 諫한 '非法'의 내용은 고구려계 호족들의 이익과는 다른 정치노선에 대한 것이고 그 결과 궁예의 대응도 강경하였다는 점을 쉽게 이해할 수 있다. 특히 信川康氏는 王建家와 관련을 일찍부터 맺고 있었으며[33] 왕건 즉위 후에도 혼인을 통하여 그 세력을 유지하는 것으로 볼 때[34] 왕건의 정치적 성향과 크게 다른 노선을 지향한 것으로는 보이지 않는다.[35]

이렇게 高句麗系 豪族의 강한 반발은 궁예를 축출하는데 결정적인 역할을 하는 왕건의 夫人 貞州柳氏에게서 더욱 두드러지게 나타난다. 관계기사를 검토해 보면 다음과 같다.

> F. 貞明 4年……6월 을묘에 이르러 騎將 洪儒·裵玄慶·申崇謙·卜智謙 등이 몰래 모의하여 밤에 太祖의 집으로 가서 함께 推戴할 뜻을 말하니 太祖가 굳게 거절하며 허락하지 않았다. 부인 柳氏가 손수 갑옷을 들어 太祖에게 입히고 諸將이 부축하여 밖으로 나와서……[36]

위의 사료는 왕건이 궁예를 축출하던 당시의 역모 상황이다. 이

---

32) 그 지역들은 대개 浿西地域에 해당된다.
33) 康忠과 연관을 짓고 있다. 康忠은 虎景이 전부인과의 사이에 낳은 아들로 왕건까지의 세계는 호경-강충-보육-보육의 딸-작제건-용건-왕건이 된다.
34) "信州院夫人 康氏 信州人起珠之女"(『高麗史』 卷88, 后妃列傳).
35) 김창겸은 신천강씨 세력과 왕건 세력이 결탁하여 강씨 소생의 왕자를 왕위에 올리기 위한 왕건의 정권 장악을 방지하고자 강씨부인에게 간통죄를 씌우고 아들들에게도 연좌죄를 적용하여 죽인 사건으로 이해한다(김창겸, 『신라 하대 왕위계승연구』, 경인문화사, 2003, 416~417쪽).
36) 『高麗史』 卷1, 太祖世家.

내용으로 보면 거사의 주역들은 洪儒・裵玄慶・卜智謙・申崇謙 등 騎將出身의 武將들이다. 이들은 모두 궁예 휘하에서 전쟁에 참가하였으며, 뚜렷하게 자신들의 토착적 기반이 있었던 인물들로 여겨지지는 않는다.37) 그러나 위의 사료를 다시 검토해 보면 실제 거사모의의 주역은 貞州柳氏라는 사실을 쉽게 파악할 수 있다. 洪儒 등의 추대건의를 왕건이 사양하자 貞州柳氏뿐만 아니라, 그 씨족집단의 동향도 이와 같았다는 것으로 보아도 무리가 없다. 그런데 정주 유씨는 정주의 대표적인 호족으로 왕건과의 관계도 아주 밀접하였던 것으로 알려져 있다.38) 즉 거사의 배후에 貞州柳氏라는 大豪族 집단의 존재가 있었다는 뜻이 된다. 한편 洪儒 등의 성격은 거사 당시 직함이 없고 騎將이라고만 표현된 것으로 보아 새롭게 자신의 입신출세를 도모하기 위하여 애쓰던 인물들로 보아도 무리는 없을 것 같다. 결국 大東方國을 꿈꾸며 새로운 국가경영을 꾀했던 궁예는 토착적 기반 위에 高句麗라는 복고적 의식을 앞세운 고구려계 호족들의 거센 반발을 받아 몰락하고 만다.

이러한 세력간의 갈등은 출신성분에서 비롯되는 것으로 한동안 독자적인 세력으로 군림하였던 溟州의 順式이나, 왕건 즉위 후 곧 죽임을 당하는 종간・은부 등의 신분을 고려하면 쉽게 이해되리라고 본다.39) 즉 신라 하대의 모순을 체험하면서 민중적 기반 위에서 이를 극복하고 새로운 이상사회를 꿈꾸었던 자들과 전통적인 체질

---

37) 河炫綱,「高麗建國의 經緯와 그 性格」,『韓國中世史研究』, 一潮閣, 1988, 31~32쪽.
38) 河炫綱, 위의 논문, 30~37쪽. 909年 王建은 貞州에서 전함을 수리하고 兵士 2,000여 명을 거느리고 나주로 출발하였다(『高麗史』卷1, 太祖世家).
39) 필자는 이들의 신분을 隨院僧徒로 보았다(본서 Ⅱ의 3. 궁예의 사회적 지위 참조).

속에서 이를 수호하고자 한 집단 간의 필연적인 갈등을 궁예정권의 국호 제정과 그 의미를 통해 알게 되는 것이다.

궁예정권은 국호뿐만 아니라 연호에 대해서도 많은 관심을 기울였다. 年號는 君主가 자신의 치세에 붙이는 칭호이다. 그러나 단순히 치세를 구분하기 위한 목적뿐 아니라 군주의 통치의도와 결부되어 연호가 설정되기도 하였다. 궁예의 경우에도 자신의 연호를 제정하였다. 더욱이 궁예는 여러 차례 연호를 바꾸었다. 이 사실은 흔히 궁예의 변덕스러운 성격의 표현으로 이해되기도 하는데,[40] 연호 제정과 같은 중요한 국가적 문제를 단순히 통치자 한 사람의 성격과 관련지어 이해하여도 좋은지는 의문이다. 궁예정권의 연호 제정에 대하여 살펴보도록 하겠다. 이와 관련되는 사료는 다음과 같다.

G-1. 天祐元年甲子(904) 立國號 年號武泰[41]
G-2. 天祐二年……武泰爲聖冊元年[42]
G-3. 朱 乾化元年辛末(911)改聖冊爲水德萬歲元年 開國號泰封[43]
G-4. 神德王三年(914) 弓裔改水德萬歲爲政開元年[44]

위의 사료를 통하여 궁예는 연호를 네 차례에 걸쳐 바꾸었던 사실을 알 수 있다. 즉 904년에 국호를 摩震으로 하면서 武泰, 905년에 聖冊, 911년에 국호를 泰封으로 하면서 水德萬歲, 914년에 政開라 하였던 것이다. 이 연호 가운데 政開를 제외하면 국내외의 어느 왕

---

40) 李貞信,「弓裔政權의 成立과 變遷」,『藍史鄭在覺博士古稀紀念論叢』, 고려원, 1984, 60쪽.
41)『三國史記』卷50, 弓裔傳.
42)『三國史記』卷50, 弓裔傳.
43)『三國史記』卷50, 弓裔傳.
44)『三國史記』卷12, 新羅本紀 神德王 3年條.

조에서도 비슷한 연호를 사용한 예를 찾아볼 수 없다. 이 시기의 甄萱이나 王建 등 다른 정치지도자들이 독자적인 연호를 제정하는데 적극적이지 않고, 중국의 연호를 사용한 경우와는 매우 다른 현상이다. 특히 왕건이 즉위 후 天授라는 독자적인 연호를 사용하다 곧 後唐의 연호로 바꾼 사실[45]과 비교하여 볼 때 궁예정권의 연호는 자주성의 표현이라고 보아서 무리가 없다. 이 점은 국호를 자주적인 摩震, 泰封이라고 한 것과도 그 본질상 같은 의미로 여겨진다.

궁예정권의 연호가 어떤 의미를 내포하는지에 대해서는 자료의 부족으로 인해 설명할 수 없다.[46] 단지 水德萬歲는 그 명칭이 독특할 뿐만 아니라 水德은 五行的 陰陽五行說을 鄒衍이 종합 정리하여 조직한 五德始終說의 5덕 가운데 하나이다. 오덕시종설은 일종의 역사철학으로 우주의 현상이나 인사 등에 있어서의 여러 가지 변화는 五行의 德性, 즉 작용에 의해서 이루어진다고 하는 것인데 그것이 이른바 五行相勝(相剋)이라고 하는 원칙이다. 이에 따르면 五行相互의 관계에서 木은 土에 勝하고, 水는 火에 勝하는 순환, 즉 相勝(相剋)의 원칙이 있으며, 이 원칙은 사계절의 추이, 방위에서부터 왕조의 흥망에 이르기까지 여러 가지 事象의 변화에도 적용된다는 것이다.[47]

五行相勝說에 따르면 水德은 火德에 勝한다. 이 水德을 革命原

---

45) 『高麗史』 卷2, 太祖世家 16年 3月條 ; 『高麗史節要』, 同年 同月條.
46) 武泰에 대해서는 "兵亂을 平定하고 太平聖代를 具現시킨다는 뜻이 되어 弓裔의 이상의 표현"이라고 한 文暻鉉(앞의 책, 39쪽)의 풀이가 있다. 그러나 단순한 語義에 의한 해석이므로 따르기는 어렵다. 語義에 의한 해석만으로도 의미 부여가 가능하다면 聖冊, 政開에 대해서는 의미 부여를 하지 않은 까닭이 무엇인지도 알 수 없다.
47) 崔柄憲, 「高麗時代의 五行的 歷史觀」, 『韓國學報』 13, 1976 겨울, 21쪽.

理로 채택하여 국가성립을 이룩한 역사상 최초의 인물은 秦의 始皇인데 궁예도 이와 비슷한 인물로 여겨진다.[48] 始皇은 周를 火德으로 보고 철저히 이를 탄압했는데 궁예의 경우 신라를 火德으로 인정했다는 근거는 뚜렷한 사료를 제시하여 밝힐 수는 없지만 다음의 자료를 참고로 추정은 가능하리라고 본다.

H. 이보다 앞서 商客 王昌瑾이란 사람이 있었는데……해가 거울에 비치면서 가늘게 쓴 글씨가 나타났다. 이를 읽어보니 古詩와 같았는데, 그 요약은 "하느님이 아들을 辰馬에 내려 보내어 먼저 <u>鷄(닭)를 잡고 뒤에는 鴨(오리)을 칠 것이며</u>……"라고 하였다.[49]

위의 자료는 古鏡文의 내용의 일부인데 밑줄친 부분의 내용을 살펴보면 鷄가 신라를 의미한다고 볼 수 있다. 신라는 鷄林[50]으로 불렸기 때문이다. 그런데 鷄는 五行의 五性으로는 火에 해당된다. 다시 말하면 火德의 性은 鷄가 되는 것이다. 궁예가 신라를 화덕으로 보고 이를 오행상승설에 입각하여 해석하면 그의 신라에 대한 적대행위를 이해할 수 있다. 즉 浮石寺의 벽에 그려진 신라왕의 畵像을 칼로 쳤다든지, 신라를 滅都로 부르고 귀부하는 신라인을 모두 죽였다고 하는 기록들은 궁예가 신라를 화덕으로 본 것을 실증하는 자료이다.

한편 궁예가 내세운 水德은 왕건도 그대로 계승하고 있다. 왕건이 수덕을 채용하였다는 사실은 다음의 자료로 확인된다.

---

48) 崔柄憲, 위의 논문, 32쪽.
49) 『三國史記』 卷50, 弓裔傳.
50) 古鏡文을 해석한 宋含弘 등이 "先操鷄後搏鴨者王侍中御國之後先得雞林後收鴨綠之意也"(『高麗史』 卷1, 太祖世家)라 한 내용으로 확인된다.

I-1. 朕이 山川의 陰佑를 힘입어 써 大業을 성취하였다. 西京은 水德이 順調로워서 우리나라 地脈의 根本이 되어 大業을 萬代에 전할 땅인지라 마땅히 四仲月에는 巡駐하여 百日이 지나도록 머물러 安寧을 이루도록 하라.51)

I-2. 근자에 西京을 완전히 修補하고 民戶를 옮겨 이곳을 채운 것은 地力에 의지하여 三韓을 평정하고 여기에 都邑하려는 것이다.52)

위의 자료는 西京에 관한 것인데, 서경을 都邑으로 하려는(I-2) 이유를 水德이 순조롭다는(I-1) 데서 찾고 있다. 이것은 風水地理說만이 아니라 고려가 수덕을 革命原理로서 채용하고 있었던 것과도 무관한 것이 아니라고 본다.53) 또한 道詵이 龍建에게 하였다는 말 가운데 "그대는 水命이니까 마땅히 水의 大數를 따라 六六으로 지어 三十六區로 하면 天地의 大數에 符應하여 明年에는 반드시 聖子를 낳을 것이다"라 한 내용도 왕건이 수덕을 혁명원리로 채용한 근거로 들 수 있다.54)

그러나 왕건이 채용한 水德은 相生說에 입각한 것이었다. 왕건은 신라를 金으로 보고 相生說의 金生水의 원리에 입각하여 수덕을 혁명원리로 채택하였던 것이다. 따라서 왕건의 신라에 대한 태도는 궁예와 달랐다. 왕건은 즉위하자 곧 궁예가 만든 官階를 新羅制와 혼용하도록 하였으며,55) 그 이후 신라에 대하여 우호적인 태도를 보임

---

51) 『高麗史』 卷2, 太祖 26년 6月 訓要 第5條.
52) 『高麗史』 卷2, 太祖 15년條.
53) 崔柄憲, 앞의 논문, 28~29쪽.
54) 崔柄憲, 위의 논문, 29쪽.
55) "太祖以泰封主任情改制民不習知悉從新羅唯名義易知者從泰封之制"(『高麗史』卷77, 百官志 文散階).

으로써 궁예의 滅都政策과는 다른 양상을 보이고 있다.56) 이와 같이 왕건은 궁예와 같은 水德을 채용하였으나 그 운용원리에서 相生說을 취함으로서 신라에 대하여 온건한 자세를 견지하였다.

이와 같이 궁예와 왕건의 五行的 역사관의 차이는 바로 兩者의 사회경제적 차이에서 비롯되고 있다는 점은 추정이 가능하리라고 본다. 궁예가 隨院僧徒라는 피지배계층으로부터 출발하였기 때문에 전통적인 신라의 骨品制度와 그 전통에 저항하였다면, 왕건은 松岳을 근거지로 활동한 상업세력57)으로서 신라의 전통을 온존시키면서 성장한 보수적 호족이라는 데서 당시의 사회에 대한 인식이 크게 달라질 수밖에 없었던 것이라고 볼 수 있는 것이다.

---

56) 왕건의 신라에 대한 태도는 다음 사료에서도 알 수 있다. "甄萱이 올 때는 호랑이와 승냥이를 만난 것과 같더니 王公이 오시니 아비를 만난 것과 같았다."(『三國史記』 卷12, 敬順王 5年條).
57) 李龍範, 「處容說話의 一考察」, 『震檀學報』 32, 1969 참조.

V. 궁예정권의 철원 定都와 전제적 국가경영

　　종래 궁예의 도읍선정에 있어 잦은 천도는 그의 성격의 불안정성에 기인한 것으로 이해되어 왔다. 그러나 궁예의 잦은 천도는 궁예정권의 성격 변화와 관련 있는 것으로 이해되어야 한다는 주장도 제기되고 있다.[1]

　　이러한 연구경향에 힘입어 본 장에서는 궁예가 국가의 최대 중대사의 하나인 도읍을 옮긴 과정과 의미에 대하여 검토해 보고자 한다. 궁예는 도읍을 철원에서 송악, 다시 송악에서 철원으로 옮겼다고 한다. 이러한 천도에 대하여 궁예의 비정상적인 성격과 관련지어 이해하려는 경향도 있었다. 그러나 도읍의 이전과 같은 국가의 중대사는 국왕권이 강하다고 하더라도 독단으로 결정할 수 있는 사안이 아니다. 그렇게 하지 않으면 안되었을 필연적인 요인이 있었을 것이다. 또한 도읍을 옮기면서 병행되었던 일련의 시책도 의미가 있었을 것이다.

　　따라서 본 장에서는 궁예정권의 천도의 의미를 파악하고, 더 나아가 그에 따른 국가경영 형태의 변화에 관하여 살펴보고자 한다. 특

---

[1] 정선용은 철원으로의 천도가 신라를 공격하기 위한 목적에서 비롯되었다고 한다(정선용,「궁예의 세력형성과정과 도읍선정」,『한국사연구』97, 1997).

히 사료들을 근거로 궁예의 도읍 선정이 어떠한 과정을 거쳐 905년 의 철원 정도로 귀결되었는지를 검토해 보고자 한다. 이러한 일련의 작업이 궁예정권의 국가경영의 변화를 유동적으로 파악하는데 도움 이 될 수 있기를 바란다.

1. 궁예정권의 도읍선정 및 移都에 관한 사료 검토

궁예는 몇차례 도읍을 옮겼다고 한다. 이와 관련된 자료를 살펴보 면 다음과 같다.

A-1. 弓裔 大順 丙辰(896) 都鐵圓城(今東州也)[2]
A-2. 丁巳(897) 移都松岳郡[3]
A-3. 孝恭王 二年(898) 秋七月 弓裔取浿西道及漢山州管內三十餘 城 遂都於松岳郡[4]
A-4. 時新羅政衰群賊競起 甄萱叛據南州稱後百濟 弓裔據高句麗之 地 都鐵圓國號泰封……光化元年戊午(898)裔移都松嶽太祖來見 授精騎大監[5]
A-5. 孝恭王 九年(905) 秋七月 弓裔移都於鐵圓[6]
A-6. 天祐二年乙丑(905) 入新京 修葺觀闕樓臺 窮奢極侈[7]
A-7. 天祐二年乙丑(905) 裔還都鐵圓[8]

---

2) 『三國遺事』卷1, 王曆 後高句麗.
3) 『三國遺事』卷1, 王曆 後高句麗.
4) 『三國史記』卷12, 新羅本紀 孝恭王 2年 秋七月.
5) 『高麗史』卷1, 太祖世家.
6) 『三國史記』卷12, 新羅本紀12 孝恭王 9年.
7) 『三國史記』卷50, 弓裔傳.
8) 『高麗史』卷1, 太祖世家.

A-8. 後弓裔起兵 略取高句麗舊地 自松岳郡來都 修葺宮室窮極奢
　　 侈 國號泰封 及太祖卽位 徙都松嶽 改鐵圓爲東州 [弓裔宮殿古
　　 基 在州北二十七里 楓川之原]9)
A-9. 甲戌(914) 還鐵原10)

　위의 기사들은 궁예가 도읍을 정하고 옮겼다는 내용을 발췌한 것이다. 이에 따르면 궁예는 896년에 처음 철원에 도읍을 정하였고 897년부터 移都 준비를 하여 898년에 도읍을 송악군으로 옮겼다.11) 그리고 905년에 철원으로 이도, 혹은 환도를 한 것으로 기록되어 있다. 그런데 『삼국유사』 왕력조에는 914년에 철원으로 환도하였다고 하였다. 이를 종합하면 궁예는 처음 철원에서 송악, 다시 송악에서 철원, 그리고 다시 철원에서 철원으로 천도를 한 것으로 볼 수 있다.
　그러나 위의 기록을 좀 더 면밀히 주목하면 궁예정권의 도읍 이전에 관한 종래의 이해에 약간의 착종이 있음을 알게 된다. 먼저 위의 기사 가운데 가장 의문시 되는 것은 『三國遺事』의 914년 철원 환도에 관한 기사이다. 『삼국유사』에는 905년의 철원으로의 도읍 이전 기사는 없고 914년의 환도 기록만이 나온다.
　이와 같이 『삼국유사』가 『삼국사기』와 『고려사』의 기록과 차이가 있는 것을 어떻게 이해하여야 하며, 그 이유는 무엇이었을까? 914년 무렵 『삼국사기』나 『고려사』 등에서는 철원으로의 환도 기사를 찾아 볼 수 없다. 이 시기에 도읍을 옮기는 것은 무리였다고 본다. 914

---

9) 『高麗史』 卷58, 地理3 東州.
10) 『三國遺事』 卷1, 王曆 後高句麗.
11) 897년에 준비하여 898년에 도읍이 완결된 것으로 보는 견해를 따른다(강문석, 「철원환도 이전의 궁예정권 연구」, 『역사와 현실』 57, 2005, 260쪽의 주 81)).

년은 철원에서 아지태사건[12]이 나던 해로 철원의 궁예정권이 왕건에 의하여 장악되어 가던 시기였기 때문이다.

그런데 『삼국유사』의 기록을 뒷받침할 문헌적 근거는 어디에서도 찾아 볼 수 없다. 견강부회격으로 주장하자면 『삼국사기』에 궁예가 904년에 국호와 연호를 다시 세우고, 제도를 대대적으로 개편하면서 천도준비를 하였던 사실을 일연이 914년의 환도로 잘못 이해하였을 것이라는 정도일 것이다. 『삼국유사』의 914년 철원환도는 두찬으로 볼 수밖에 없을 것 같다.[13]

이와 함께 『삼국유사』에는 궁예에 관한 내용이 상대적으로 소략하고 정확하지 못하다는 점도 지적되어야 할 것이다. 『삼국유사』에는 후백제의 견훤에 대해서는 상당한 분량의 서술이 있으나,[14] 궁예에 관해서는 왕력에서 간단히 소개하는데 그치고 있다. 일연은 궁예에 대하여 다른 분야보다 적은 정보를 가지고 있었고, 아울러 부정확하였던 것 같다. 그런 점에서 『삼국유사』 왕력의 궁예에 관한 내용은 다소 두찬이 있었던 것은 아닌가 추정된다.

다음으로 주목해야 할 것은 위의 기록들에 나오는 905년 '철원'에 도읍을 정한 것을 '환도'로 볼지 '이도'로 볼지에 관한 점이다.[15] 이

---

12) 아지태사건을 철원에서의 정쟁으로 처음 주목한 연구자는 신호철이다(신호철, 「궁예의 정치적 성격」, 『한국학보』 29, 1982).
13) 『삼국사기』 궁예전에, 궁예는 904년 송악에서 철원으로 도읍 이전 준비를 하고 905년에 이도하였다는 기록이 나온다. 철원 이도 전해인 904년에 궁예는 국호를 바꾸고 대대적으로 관제를 정비하는데 이를 잘못 파악한 것은 아닌가 생각한다. 『삼국유사』의 내용대로 914년에 철원으로 환도를 했다고 하면, 905년부터 914년 이전의 어느 때 한 번 더 송악이나 그 밖의 다른 지역으로 도읍을 옮겼어야 했다. 그러나 그러한 내용은 찾아지지 않는다.
14) 『三國遺事』 卷2, 기이2, 후백제와 견훤.

사실에 대하여 『고려사』에서는 '환도철원'이라 하였고, 『삼국사기』에는 '이도'라고 표현하였다. 『삼국유사』에 기록된 914년의 철원환도는 앞에서 살펴보았듯이 사실 자체에 신빙성이 없어서 무시하여도 좋을 것이다. 문제가 되는 것은 『고려사』에 기록된 905년의 '還都鐵原'과 『삼국사기』의 '移都於鐵圓'의 차이이다.16)

환도와 이도는 도읍을 옮겼다는 결과는 같지만, 의미는 크게 달라질 수 있다. 환도란 처음 도읍을 하였던 그 지점으로 다시 돌아갔다는 의미이다. 이와 달리 이도는 '도읍을 옮긴다'는 뜻이므로, 새로운 도읍을 선정하여 옮겼다는 의미가 된다. '환도철원'이라고 하면, 처음 철원의 도읍으로 다시 돌아간다는 의미이다. 그러나 '이도철원'이라고 하면 철원이라는 지역은 같으나, 도읍으로 선정된 지역은 이전의 도읍지와 다르다는 의미가 된다.

이 시기에도 이도와 환도는 분명히 구분하여 사용하였던 것 같다. 『삼국유사』에는 철원에서 송악으로 옮기는 것은 '移都'라고 표현하였고, 내용 자체를 신뢰할 수는 없으나 송악에서 철원으로 간 사실은 '환철원'이라고 표기하고 있다. 이를 보면 이도와 환도를 분명히 다른 개념으로 사용하고 있음을 알 수 있다. 한편 『고려사』에서도 '이도'와 '환도'를 구분하여 사용하고 있다. 송악에서 철원으로의 도읍이전은 환도, 그리고 철원에서 송악으로는 徙都17)라고 구분하여

---

15) 정선용, 강문석 등이 환도라는 용어를 그대로 사용하는 것은 『삼국유사』 왕력과 『고려사』를 따른 것으로 보여진다.
16) 이 사실에 대하여 의문을 제기한 신호철은 905년의 천도를 '신경'으로 표현하였다는 점을 들어 896년의 철원 도읍지와는 다른 곳이었다는 견해를 피력했다(「궁예와 왕건과 청주호족」, 『중원문화논총』 2·3집, 1999, 78쪽, 주22) 참조).
17) 徙都는 이도와 같은 의미이다. 마땅히 환도라고 하여야 할 것이나, 왕조가 바뀌었으므로 사도로 표현하였을 것이다.

표현하고 있기 때문이다.

　그렇다면 '환도'와 '이도' 가운데 보다 사실에 근접한 것은 무엇일까? 먼저 궁예와 가까운 시기의 기록을 찾아보면 『삼국사기』가 있다. 『삼국사기』에는 궁예에 관한 내용도 어떤 문헌보다 풍부하다. 이에 비해 『고려사』의 궁예 관련 내용은 편파적이고, 내용도 왕건을 미화하기 위한 것들이며, 사실 그 자체로서도 부정확한 부분이 적지 않다. 예컨대 A-4의 내용 가운데 궁예가 898년 이전에 이미 '都鐵圓國號爲泰封'이라 한 것은 사실과 부합되지 않는다. 이때는 궁예정권이 아직 태봉이라는 국호를 사용하기 이전인데도 태봉으로 통칭하고 있기 때문이다. 『고려사』는 고려와 왕건을 중심으로 서술하였기 때문에 '환도철원'을 뒷받침해 줄 근거도 더 이상 찾을 수 없다. 궁예에 관한 한 『삼국사기』의 기록이 신뢰도에 있어서 앞선다고 할 것이다. 따라서 『고려사』'還都鐵原'과 『삼국사기』의 '移都於鐵圓' 가운데 보다 사실에 근접한 표현은 '移都於鐵圓'이라고 할 수 있다. 그렇다면 『고려사』 찬자들은 왜 환도라고 했을까? 그 까닭은 바로 앞서 A-4의 내용처럼 이미 898년 이전에 철원에 도읍을 하고 국가를 경영하였다는 전제 하에 그렇게 인식하게 되었던 것으로 여겨진다. 그러므로 그동안 문헌적 검토 없이 905년의 철원으로의 도읍 이전을 '환도'라고 표현한 것은 이제 '移都'로서 '定都'로 이해되어야 할 것이다.

　이도, 혹은 정도로 이해해야 할 근거는 『삼국사기』에서 찾아진다. 『삼국사기』는 905년 철원으로의 천도를 이도로 표현하면서 철원을 '新京'이라고 호칭하고 있기 때문이다. 환도의 경우라면 '신경'이라는 호칭을 사용할 수 없었을 것이다. 『삼국사기』의 신경이라는 호칭은 궁예정권이 철원지역으로 이전하였다고 하더라도 종전의 도읍과는 다른 지역으로의 이전이라는 의미를 내포하고 있는 것이다. 그렇지

V. 궁예정권의 철원 定都와 전제적 국가경영   113

않다면 『삼국사기』의 찬자들이 이를 '신경'이라고 부를 까닭이 없었을 것이다. 따라서 송악에서 철원으로의 천도는 '신경'에서 정도를 한 것으로 이해되어야 할 것이다.

　그렇다면 신경의 의미는 무엇일까? 여기서 신경이라고 했을 경우는 이전의 '舊京'에 대한 상대적인 의미를 담고 있다. 그렇다면 '구경'은 어디를 가리키는 것일까? 얼른 연상되는 지역은 철원 이전의 도읍이었던 '송악군'이다. 그러나 송악군을 '구경'으로 볼 수는 없을 것 같다. 왠가 하면 '송악'은 어디까지나 '군'이라는 행정단위였으며, '경'이 된 시기는 훨씬 뒤이기 때문이다.18)

　따라서 신경 철원경은 송악군에 상대되는 것이 아니라 '경'의 위치에 있었던 또 다른 '경'과의 관계에서 이해되어야 할 것이다. 철원이 경이 되었을 당시 '경'이라는 호칭이 있었던 지역은 신라의 왕경과 5小京이 있었다. 소경은 서원경과 같이 그냥 경으로도 불리었으므로 6개의 경이 있었다고 하여도 틀리지 않을 것이다. 이 경은 당시의 행정관부에서 가장 상위의 관부였을 뿐만 아니라 이곳에 거주하는 사람들의 신분 또한 다른 지역과 달랐다. 그러므로 철원경으로의 천도는 철원을 경이라 하여 다른 지역과 차별화를 하여 수도로 삼은 것으로 보아야 한다.

　이와 같이 철원이 경으로서 특수한 행정구역상 위치를 확보한 도읍이라면, 이전의 도읍이라고 할 수 있는 '철원경' 이전의 철원과 송악군은 궁예와 궁예정권에 있어서 어떤 위치에 있었던 지역이었을까? 철원과 송악을 도읍으로 삼았다고 한 용례를 A-2와 A-3에서 확인할 수 있다. 여기에는 '丁巳(897) 移都松岳郡'(A-2)과 '孝恭王 二年

---

18) 송악군은 그 뒤 개주, 개경, 개성부, 황도 등으로 불리었지만, 궁예가 철원으로 이도하기 전에 경으로 불린 적은 없었다.

(898) 秋七月 弓裔取浿西道及漢山州管內三十餘城 遂都於松岳郡'(A-3)이라고 하여 도읍을 삼았다고 기록하고 있다. 그런데 이 두 지역에 대하여 '경'을 삼았다고 하는 내용은 달리 찾아 볼 수 없다. 이 두 지역에 대하여 도읍을 삼은 것은 확실하지만, 경을 설치하지는 않았던 것이다.

지금까지는 이 표현을 믿고 이를 도읍, 더 나아가 국가의 수도로 이해하였다. 그러나 '도'의 어의에는 '경'과는 조금 다른 차이가 있다.19) 굳이 차이를 말하자면 경성과 도성은 그 격에 있어서 차이가 있다. 경성은 천자가 사는 곳, 황거를 의미한다고 한다.20) 이에 비하여 도성은 천자 또는 제후의 성, 또는 周代 제후의 자제 또는 경·대부의 영지가 있는 성을 의미한다고 한다.21) 경은 천자가 사는 곳만을 가리키는 데 비하여, 도는 제후나 왕자제 등이 거주하는 곳까지 포괄한다.22) 따라서 경을 설치하고 도읍을 삼은 것과 그렇지 않은 것은 차이가 있는 것으로 여겨진다. 견훤도 국가를 개창했지만, 자신의 근거지를 '경'이라고 하지는 않았고, 武珍州나 完山州 등으로만 표현하고 있다. 궁예도 마찬가지였다. 896년 철원을 도읍으로 할 때나 송악을 도읍으로 할 때 이를 '경'으로 삼았다는 표현은 보이지 않

---

19) 『大漢和辭典』. 경은 군주가 사는 성이 있는 토지(2권, 546쪽), 도는 천자가 살고 있는 취락, 周制에 都畿가 畿內에 있는 왕의 자제 공경대부의 采地, 제후의 하읍(11권, 277쪽) 등 다양한 의미로 쓰인다. 京은 천자에게만 국한되는데 비해, 도는 천자에서부터 제후에 이르기까지 다양한 계층에게 적용된다.
20) 『大漢和辭典』 2권, 546쪽.
21) 『大漢和辭典』 11권, 281쪽.
22) '京'과 '都'의 차이는 '天子所都曰京師京'으로 천자가 사는 '도'를 '경'이라고 한다(『大漢和辭典』 2권, 546쪽). 경은 천자, 도는 일정한 지역의 우두머리가 사는 지역으로 보아야 할 것이다.

는다.

이런 의미에서 궁예가 905년 철원을 새 근거지로 삼고 '경'이라고 하였다는 사실은 이전의 '도'로 하였다는 의미와는 또 다른 것이다. 궁예가 단행한 905년의 철원경 정도는 완벽한 독립을 꾀하고자 하는 천자국으로의 발돋음이라고 할 수 있을 것이다.[23] 이에 비해 이전의 도읍은 일종의 본거지로서의 개념으로 파악하는 것이 좋을 것 같다.

이를 보다 구체적으로 이해하기 위하여 실제 궁예 세력의 성장과정을 살펴보도록 하자. 궁예정권이 896년과 898년 도읍을 설정할 당시 국력은 어느 정도였을까? 과연 『삼국유사』의 내용대로 896년에 처음 철원에 도읍을 설정할 수 있었을까? 그리고 그 때의 도읍의 개념은 어떠했을까? 당시 궁예세력의 위상을 가늠해 보도록 하겠다.

> B-1. 이때 (궁예가) 猪足·牲川·夫若·金城·鐵圓等城을 擊破하니 군사들의 소문이 무척 성하였다. 서쪽의 도적들 중 와서 항복한 자들이 매우 많았다. 선종이 스스로 무리가 많다고 여겼다.[24]
> B-2. 可以開國稱君始設內外官職[25]

궁예는 895년(진성여왕 9) 이후에 철원으로 진출하였는데(B-1), 한주 관내 夫若·鐵圓 등의 10여 군현을 얻고 있는 데서 이를 알 수 있다.[26] 그리고 B-2에 의하면 궁예는 개국칭군할 만하다하여 비로소

---

23) 이 점에서 견훤정권과 차별화 될 수 있을 것이다. 견훤은 자주적인 독립을 꾀하기보다는 책봉 등 외부로부터의 인정을 더 중시하였던 것 같다. 신라 경애왕을 죽이고 경순왕을 옹립한 것도 신라를 멸하여 새로운 사회를 건설하기보다는 종래의 권위에 대한 신봉이 보이고 있다.
24) 『三國史記』卷50, 弓裔傳.
25) 『三國史記』卷50, 弓裔傳.
26) 弓裔가 猪足·牲川 二郡을 擊取하고 또 漢州管內 夫若·鐵原等 十餘郡

내외관직을 두었다고 한다. 그렇다면 이 시기의 궁예정권을 국호나 국체를 드러낸 국가조직으로 볼 수가 있을까?

궁예가 처음 자신의 집단을 행정체계화 하였다는 내용은 894년 명주 점령 이후에 나타난다.

  C. 乾寧元年(894) 入溟州 衆三千五百人分爲十四隊金毛……等爲舍
  上……以衆心畏愛推爲將軍27)

C의 내용은 궁예가 명주 점령 이후에 자신의 늘어난 병력을 14대의 부대로 나누었다는 것이다. 궁예는 명주를 장악하고 군대를 14개 부대로 재편성하면서 그 부대의 장을 '舍上'이라고 하였다는 내용이다. 이 자체가 일정한 군사행정체계를 표시하는 것임에 틀림없다. 그리고 이때 궁예는 장군으로 추대되었다.

그러나 C의 내용은 군대편성과 관련된 것만을 알려주고 있다. 이 무렵에 더 구체적인 행정부서가 들어섰는지를 알기는 어렵다. 물론 이 무렵에 많은 호족들이 일정한 행정조직을 설치하였던 흔적들이 있는 것으로 보아 미숙하나마 군대조직 이상의 행정단위도 있었을 것으로 추정해 볼 수는 있다. 그러나 국가의 면모를 갖춘 체계적인 행정조직을 수반한 내외관직을 두었다고 보기는 어렵다.

B-1을 보면 896년에 궁예가 철원을 근거지로 하였는데, 개국칭군하고 내외관직을 설치했다는 확신을 갖기는 어렵다. 지나치게 자구해석에 치우친 경향이 있는지는 모르겠지만, B-2를 보면 문장 앞에 '可以'라고 하여 궁예가 '개국칭군할 만한 능력이 있다'고 하였을 뿐

  縣을 破하였다(『三國史記』卷11, 新羅本紀 眞聖王 9年 秋7月條).
  27) 『三國史記』卷50, 弓裔傳.

이다. 실제로 '개국칭군'하였다는 표현과는 다소 거리가 있다고 보인다. 이 무렵 궁예는 간소한 행정체제는 보유하고 있었을지 모르지만, 실제 국가규모의 체계적인 행정조직을 운영하였다고 보기는 어렵다. 그만큼 궁예정권의 기반이 허약했다는 의미도 된다. 더욱이 이때 두었다고 하는 내외관직의 구체적인 직명은 지금까지 알려진 바가 하나도 없다. 이를 보면 실질적인 내외관직의 설치는 다소 어려움이 따랐던 것 같다.

따라서 이때의 철원성에 도읍을 하였다는 『삼국유사』의 기록은 재검토해 보아야 할 필요가 있다. 더구나 이 시기에 궁예가 국호를 정했다는 기록도 없다. 국가의 도읍이 되기 위해서는 국호를 비롯한 국가를 상징하는 체계가 갖추어져야 할 것이다. 그러므로 896년의 철원도읍은 국가의 도읍으로 보기보다는 궁예집단의 본거지로 보아야 옳을 것이다.

앞에서도 언급했듯이 도읍은 천자, 또는 제후들 영역의 중심도시라는 의미이다. 그런데 이 시기까지 궁예의 세력은 일정한 국호나 자신들의 집단을 통칭하는 이름을 가지지 못하고 있었던 것으로 보면 '도철원'의 의미는 천자의 국가를 뜻한다기보다 궁예정권의 본거지의 개념으로 파악하여야 할 것 같다.

당시 이미 대규모화한 호족이나 여러 집단들은 자신들의 고유한 표현 방식을 가지고 있었다. '적고적'이나 '북원적 양길' 등으로 불려지듯이 우두머리의 이름이나 지역적 특성을 빌어 자신들의 집단을 차별화하고 있었다.[28] 그런데 궁예도 이 시기에 그러한 징후가 보이고 있다. 앞서 명주에서 그를 장군이라고 하였던 것으로 보면 무언가 궁예라는 이름과 관련된 호칭이 있었을 것이다. 그러나 그것을

---

28) 지역명+장군·성주 등으로 불렸던 예가 그것이다.

국호라고 할 수는 없다.29)

 궁예보다 더 세력이 강했을 것으로 여겨지는 양길도 북원을 근거지로 하여 북원적 양길로 기록되었으나 북원을 도읍으로 삼았다고 표현하지는 않고 있다. 이러한 점으로 볼 때 궁예가 896년에 '도철원성'하였다는 『삼국유사』의 기록은 궁예가 이곳을 자신의 본거지로 삼았다는 의미로 받아들여야 할 것으로 여겨진다.

 경이 다른 지역과 차별화 된 것이었음은 919년에 왕건이 철원을 떠나 송악30)으로 이도를 할 때 '철원'을 '東州'로 하였던 사실에서도 확인이 된다. 왕건은 철원을 '경'이라는 위치에서 '주'라는 위치로 하락시켰다는 의미이다. 그리고 왕건은 '太祖二年 定都于松嶽之陽爲開州'라 하여 송악군을 개주로 승격 개칭하여 도읍으로 삼고 있다. 개주는 그 뒤 開京이 되었다가 광종 11년에 皇都로 부르게 되었다.31)

---

29) 예컨대 명주장군 궁예 등으로 불렀을 것으로 추정해 볼 수 있다.
30) 개경에 관해서는 박용운(『고려시대 개경연구』, 일지사, 1996)과 박종진(「고려시기 개경사 연구동향」, 『역사와 현실』 38, 1999)의 연구와 한국역사연구회의 『고려의 황도 개경』(2002)을 참조.
31) 『高麗史』 卷56, 지리1 왕경조. 개주를 개경으로 부르게 된 시기는 정확히 알 수 없다. 단지 '太祖元年以平壤荒廢量徙鹽白黃海鳳諸州民以實之爲大都護府尋爲西京光宗十一年改稱西都'(『高麗史』 卷58, 지리3 서경유수관조)라 한 것으로 보아 서경보다 조금 이르거나 같은 시기일 것으로 추정할 뿐이다. 구체적으로 '是歲徙大丞質榮行波等父兄子弟及 諸郡縣良家子弟以實西京 行西京新置官府員吏 始築在城'(『高麗史』 卷1, 태조세가 5년조)이라 한 것으로 보아 태조 5년 이전으로 소급할 수 있다. 그리고 왕건이 바로 송악군을 '경'으로 삼지 않고 '개주'로 한 것은 왕건과 신라와의 관계에서 찾아 볼 수 있지 않을까 생각된다. 궁예는 천자국을 선포했지만, 왕건은 이때까지도 신라와의 관계에서 칭신을 했던 것으로 여겨지기 때문이다.

그러면 896년의 철원성은 구체적으로 어느 지역을 말하는 것일까? 궁예가 이 일대를 장악할 수 있었던 것은 상당한 격전을 치르고서야 가능했던 것으로 여겨진다. 궁예는 자신의 점령지역을 연합을 꾀하기도 하고, 공취하기도 하고, 영입을 받기도 하였다.[32] 그러나 이 지역은 '擊取' '擊破'라고 표현하고 있는 바와 같이 전투를 통하여 획득하였던 것으로 보인다. 따라서 896년에 도읍으로 삼았다고 하는 철원성은 궁예가 기존의 성을 공격하여 빼앗은 것으로 볼 수 있다.[33] 그리하여 현재의 楓川原에 있는 궁예도성과는 다른 위치임을 알 수 있다.

그렇다면 궁예가 공식적으로 국가를 선포하고 도읍을 정한 해는 언제일까? 이러한 추정은 궁예가 국호를 제정한 901년 이후라야 가능할 것 같다. 901년에 궁예가 국호를 제정했다는 사실은 『삼국유사』에 나오고 있다.

D. 辛酉稱高麗[34]

D의 내용은 궁예가 자신의 집단을 901년에 고려라고 칭했다는 것을 알려 준다. 그렇다면 궁예는 901년(신유) 이전에 자신들의 집단을 무엇으로 표현했는지 궁금하다. 앞에서 추정한 대로 궁예장군 혹은 명주장군 등으로 불렸을 가능성이 크다. 어떻든 기록으로만 본다면 궁예는 901년에 처음 국호를 사용하였고 이때의 국호가 고려인 것이

---

32) 이재범, 『후삼국시대 궁예정권 연구』, 성균관대 박사학위논문, 1992.
33) 이재는 지금의 동주산성을 이곳에 비정하고 있다(이재, 제3회 태봉 학술제 「궁예와 철원일대의 성곽」, 『궁예와 태봉의 역사적 재조명』, 철원군·철원문화원, 2003).
34) 『三國遺事』 王曆 後高麗.

다. 『삼국사기』에는 구체적으로 고려라고 칭하지는 않았지만, 이와 관련된 내용이 찾아진다.

 E. 天復元年辛酉 善宗自稱王 謂人曰往者新羅 請兵於唐 以破高句麗 故平壤舊都 鞠爲茂草 吾必報其讐35)

 E의 내용 중 국호를 제정했다는 내용은 없다. 그러나 이 사료에서 주목해야 할 것은 '선종자칭왕'이라는 부분이다. 이에 따르면 궁예는 901년이 되어서야 비로소 왕이 되고 있다. 896년의 철원에서는 '칭왕'을 하지 않았으므로 철원을 도읍으로 했을 당시의 궁예는 왕이 아니었고, 따라서 당시의 궁예집단은 우리가 일반적으로 생각하는 국가로 보기는 어렵다. 따라서 이 901년은 궁예가 스스로 왕을 칭하고 고구려의 원수를 갚겠다는 의지를 보였고, 국호를 고려라고 칭하여 명실상부한 국가를 열었다는 의미일 것이다.

 한편 A의 내용대로 896년의 철원도읍을 국가의 도읍으로 인정한다면, 이때 궁예정권은 국호도 없고 왕도 없이 도읍만 정한 셈이 된다.36) 그리고 이듬해인 송악천도 이후에도 여전히 궁예정권은 국호가 없으므로 송악을 국가의 도읍으로 보기에도 무리가 있게 된다. 그러므로 901년 이전까지의 송악도읍도 896년의 철원도읍과 마찬가지로 본거지 개념에 해당한다고 하여야 할 것이다. 따라서 『삼국유사』의 내용에 따라 896년 궁예정권이 처음으로 철원에 정도하였다

---

35) 『三國史記』 卷50, 弓裔傳.
36) 당시 궁예 군사의 수는 3,500보다는 많았을 것이다. 견훤이 5,000 정도의 병력으로 국가를 칭했다고 하는데, 이때 국가 규모는 이른바 고구려, 백제, 신라와 같은 규모의 통치조직을 갖춘 국가는 아니었을 것이다. 『삼국지』 위지 동이전의 삼한에 있었던 국가 정도의 규모로 보아야 할 것이다.

는 사실은 국가의 도읍을 정한 해로 보기 어렵다. 궁예정권의 국가로의 출발은 901년이며, 체계적으로 완비된 국가로서의 모습은 905년 철원 정도 이후부터라고 하여야 할 것이다.

지금까지 궁예정권의 도읍에 관한 자료를 중심으로 검토해 보았다. 그 결과 『삼국유사』에 기록된 궁예정권의 첫 번째 定都라고 할 수 있는 896년의 철원 정도는 다소 무리가 있는 것으로 여겨진다. 이 시기는 궁예정권이 뚜렷하게 국가체로 형성되었다는 실마리를 발견하기 어렵기 때문이다. 마찬가지로 897년 송악천도도 천도라고 하기보다는 본거지를 옮겼다고 하는 정도의 해석이 무난할 것이다. 그리고 궁예가 송악을 새로운 본거지로 삼은 시기는 898년이 무리가 없을 것으로 여겨진다. 896년에 철원성에 가자마자 다음해 송악으로 옮겼을 것으로 보기에 무리가 있다. 897년부터 구상하던 것을 898년에 실행에 옮긴 것으로 보면 좋지 않을까?

이들을 종합해 보면 궁예정권의 국가로서의 첫 도읍은 901년의 송악으로 보아야 무리가 없을 것 같다. 901년에 궁예는 고려라는 국호를 칭했고, 왕을 칭했기 때문이다. 그리고 본격적인 궁예정권의 국가 출발은 905년 궁예가 철원을 '경'으로 승격시키고 도읍을 옮긴 해부터라고 해야 할 것이다.

2. 905년 철원 정도와 전제적 국가경영

앞 절에서는 궁예의 도읍에 관하여 검토를 하였다. 본 절에서는 궁예의 905년 철원으로의 移都는 어떤 의미를 가지는지 살펴보도록 하겠다.

904년 궁예가 철원 천도를 계획하고 준비한 내용은 상당한 규모였다. 먼저 궁예는 국호를 바꾸었다. 궁예는 고려에서 마진이라는 국호로 바꾸었고 연호도 바꾸었다. 그리고 철원 천도를 위하여 청주에서 人戶 1천을 사민하여 철원으로 옮겼다. 수도건설을 위해 궁궐과 부속 건물을 새로운 장소에 신축하여 궁궐로서의 위엄을 갖추었다. 이러한 도시를 건설한 뒤 905년에 궁예는 천도하였다고 한다.

궁예는 905년의 철원 이도에 대하여 어느 정도의 관심을 가지고 어떤 수준에서 천도를 결심하였던 것일까? 그 준비과정을 살펴 보도록 한다. 다음의 사료가 참고된다.

F. 七年 弓裔欲移都 到鐵圓斧壤 周覽山水[37]

위의 사료는 궁예가 도읍을 옮기기 위하여 새로운 도읍을 선정하는 과정을 말해 준다. 어떤 이유에서 이도를 결심했는지는 알 수 없지만, 궁예는 도읍을 옮기고자 하여 철원·부양 일대의 산수를 두루 살펴 보았다고 한다. 그런데 여기서 의문시되는 것은 왜 궁예가 철원지역으로 이도를 하면서 산수를 다시 둘러보았는가 하는 점이다. 이미 앞에서 사료의 신뢰성에 대한 의문을 제기 하였지만, 『고려사』의 환도라는 개념이라면 철원 일대를 다시 둘러보아야 할 필요가 있었을까?[38]

궁예가 903년에 이도를 목적으로 철원 일대를 다시 둘러보았다고

---

37) 『三國史記』 卷12, 新羅本紀12 孝恭王 7年條.
38) 정선용은 철원에 두 개의 궁예 궁터가 전해오는 사실은 철원에 궁예가 신도시를 개발하려는 이유에서 빚어진 결과라고 하였다(「궁예의 도읍선정과 철원」, 『궁예와 태봉의 역사적 재조명』, 제3회 태봉학술제, 2003). 그러면서도 철원환도라는 용어를 사용하는 것은 철원이라는 지역의 명칭에 의미를 두었기 때문이라고 여겨진다.

하는 내용은 철원 일대이긴 하지만, 자신이 전에 본거지로 삼았던 곳과는 다른 지역을 선정하려고 하였기 때문인 것으로 추정할 수밖에 없다. 다시 말하면 궁예는 언젠가 자신이 봐두었던 철원 일대의 어느 지역을 왕기가 있는 곳으로 판단했기 때문에 다시 철원 일대를 두루 살펴보았던 것이다. 그리고 이 지역은 바로 楓川原으로 이전 궁예가 자신의 본거지로 삼았던 東州山城과는 다른 장소였던 것이다.

궁예는 새로운 도읍 철원을 어떻게 경영하려고 했던 것일까? 『고려사』 지리지 동주조에는 '궁예궁전의 옛 터가 주의 북쪽 27리 풍천원에 있다'[39]고 하였다. 『고려사』 지리지 동주조에서 특별히 풍천원을 지적한 것은 기록 당시의 동주의 주치와 궁예 궁전의 위치가 다르기 때문일 것이다. 왕건은 궁예를 몰락시키고 송악으로 돌아가면서 철원을 동주로 삼았다. 이때의 동주는 옛 철원성을 말하며, 궁예의 궁궐터는 이와는 다른 곳이었다는 의미를 내포하고 있는 것이다. 즉 왕건은 궁예의 도읍이 있던 철원을 동주로 바꾸면서 주치를 옮겼다는 의미로 봐야 할 것이다.

앞에서도 살펴보았지만 궁예는 905년의 철원 정도를 위해 많은 노력을 하였다. 그 노력 가운데서도 가장 돋보이는 것이 청주 人戶 1천 사민과 궁예도성의 건설이다. 『삼국사기』에서 철원을 新京이라고 한 것은 새로운 면모를 가진 국가의 도읍을 갖고자 했던 궁예의 포부를 보여준다.

먼저 궁예가 철원을 도읍으로서 어떻게 품격을 유지하려고 했었던가에 대해 알아보기로 하자. 잘 알다시피 전근대 사회에서는 도시의 격차가 제도상으로 인정되었다. 더욱이 도시의 격에 따라 거주하

---

39) 『高麗史』 卷58, 地理3 東州.

는 사람들의 신분도 달라졌다.40) 따라서 철원의 도시로서의 품격은 궁예의 국가경영 방침과도 관련을 갖는다. 먼저 철원의 도시로서의 품격에 관한 내용을 살펴보자. 철원을 '경'으로 삼아 다른 지역과는 차별화를 꾀했다는 사실에 대해서는 더 이상 부연 설명을 하지 않겠다. 하지만 904년 궁예가 청주 人戶 1천을 철원에 사민시킨 것에 관해서는 재검토 하여야 할 것이다. 청주 인호 사민과 함께 철원을 경으로 하였다는 사실은 단순히 도읍 이전과 관련된 내용으로 읽을 수 있지만, 한편으로는 궁예의 철원 정도 과정에 관한 중요한 단서를 제공하기도 한다. 궁예가 단행한 905년의 철원 정도는 신라로부터 완벽한 독립을 꾀하고자 하는 새로운 시도로 볼 수 있는 것이다.41) 궁예는 자신의 본거지를 '경'으로 설정하여 신라와 위상을 같이하는 천자국을 천명한 것으로 볼 수 있다.42) 한편 이 무렵에는 중국에서

---

40) 신라에서는 왕경인과 지방인의 차별이 심했다. 고려에서도 현에서 소로 강등, 소에서 현으로 승격되는 경우가 있었는데 명학소의 경우가 그 예이다.
41) 이 점에서 견훤정권과 또다른 차별화를 찾아볼 수 있을 것이다. 견훤은 자주적인 독립을 꾀하기보다는 책봉 등 외부로부터의 인정을 더 중시하였던 것으로 여겨진다. 견훤은 자신의 도읍을 '京'으로 승격시키려 하지 않았던 것 같다. '완주'로 만족하였던 것으로 여겨진다.
42) 경과 도의 구분만으로 천자국을 칭하려고 하였다는 점을 부각시키는 것은 다소 견강부회라고 할 수 있을런지도 모른다. 또 경과 도의 구분이 명확하지도 않다는 점도 지적된 수 있다. 경도, 경성, 도성 등의 용어가 혼재되어 사용되는 것을 볼 때 그러하다. 따라서 당시 경과 도를 구분하였다는 것은 다른 기회에 설명되어야겠지만, 일단 다음의 자료로 일단 근거를 삼고자 한다. 『고려사』에 '王京開城府本高句麗扶蘇岬新羅開松嶽群太祖二年定都于松嶽之陽僑開州創宮闕'(『高麗史』卷56, 지리1 왕경조)이라 한 것으로 보면 王京의 京과 定都의 都는 구분된 것으로 보인다. 왕경조에 처음 개주를 도읍으로 하였다는 사실은 도읍과 경이 다른 의미로 쓰이고 있었다는 것을 의미하는 것이라고 여겨진다. 경은 어떠한 조건이 갖추어진 도

도 당말오대의 분열적 현상에서 많은 세력들이 제각기 천자를 자처하였던 사실이 있다. 궁예도 자신의 본거지를 '경'으로 하였던 것은 이러한 일련의 현상과 흡사한 것으로 여겨지는 것이다.[43] 결국 궁예는 '경'을 중부에 설치함으로써 신라의 동경 중심 지역구도를 철원 중심으로 옮기려는 시도를 하였던 것으로 추정해 볼 수 있다.[44]

다음으로 살펴볼 것은 '철원경'을 설치하는 데 필요한 조치였던 청주의 人戶 1천의 성격이다. 이에 대해서는 여러 연구자들의 견해가 있다. 그 가운데서 이 人戶의 성격을 新京의 지배집단으로 이해하는 데 동의하고 싶다.[45] 그 이유 가운데 하나가 청주 人戶의 거주형태이다. 이들은 '경'으로 삼은 철원성이라는 한정된 공간에 배치되었다. 청주 人戶들은 철원성에 머물면서 궁예도성을 쌓는데 전격적으로

  시의 규모를 의미하며 도읍은 개주와 같은 주도 본거지가 될 수 있다는 간접적인 표현이기 때문이다. 고려 태조는 송악을 도읍으로 하였으나, 경으로는 삼지 못하였고, 주(개주)를 도읍으로 하였다. 그러나 궁예는 철원에 궁궐을 수축하고, 경(철원경)으로 삼고 이를 도읍으로 삼았던 것이다. 이 점에서 경과 도의 차이를 살펴 볼 수 있을 것이다.

43) 신라가 자국을 천자국으로 인식하였다는 사실은 여러 연구자에 의해 주장되고 있다. 대표적으로 김창겸의 견해를 참조할 것(김창겸, 「신라국왕의 황제적 지위」, 『신라사학보』 2, 2004).

44) 홍승기는 왕건의 후삼국 통일의 의미 가운데 하나가 '경주에서 개경으로'라고 하였는데(홍승기, 「후삼국의 분열과 왕건에 의한 통일」, 『한국사 시민강좌』 제5집, 일조각, 1989, 58~81쪽), 그러한 시도는 이미 궁예정권때 실현하였다.

45) 하필 청주인호를 사민시켜야 했는가에 대하여 궁예의 최초 도피처이자 출신지가 청주였을 것이라는 견해도 있다(신호철, 「궁예와 왕건과 청주호족」, 『중원문화논총』 2·3집, 1999, 73~79쪽). 그 정도로 궁예와 청주의 관계가 밀접하였다는 의미로 해석된다. 그리고 '철원 사민후 청주인들은 관리로 중용'(강문석, 「철원환도 이전의 궁예정권의 성격」, 한양대 석사학위논문, 2004, 40쪽)되었다고 한다.

투입되었던 것으로 여겨진다. 이들은 철원성에 머물면서 일대의 민심회유 등 여러 분야에서 활동하였을 것이다.

이들은 철원지역에서 상대적으로 미약했던 궁예의 기반 조성에도 많은 노력을 했을 것이다. 특히 철원이나 송악이나 904년 이전에 '경'이라는 단어를 붙인 예는 없었다. 처음 도읍을 했던 철원에 대해서는 철원성이라 했고, 송악에 대해서는 송악군 또는 송악이라고 하였다. 그런데 904년 청주 인호를 철원성에 들이면서 철원성의 인호를 보충하여 '경'으로 삼았고, 다음해 국호를 바꾸고 연호를 바꾸었다는 사실은 대단한 개혁을 의미한다.

따라서 이러한 철원경으로의 905년 이도는 그 반발도 만만치 않았던 것이다. 신라에 대한 전면적인 부정 내지는 천자국을 의미하는 '경'으로까지 도읍을 승격시켜 부른 것은 당시 신라를 인정하고 그 정통성을 승계하고자 했던 부류에게 있어서는 참람한 행위로 받아들여졌을 것이다.[46]

그러나 궁예는 철원경으로의 이도를 철저히 하고 있었다. 궁예는 904년, 즉 905년 신경으로 이도하기 한해 전에 철원 일대에 人戶를 보충하여 이도준비를 하고 있다. 그렇다면 그 이유는 무엇이었을까?

관계사료가 부족한 것도 원인이 되겠지만, 905년을 전후하여 이도와 같이 중요한 국가행사를 하게 된 동기가 마진국의 선포밖에는 찾아지지 않는다. 결국 궁예는 철원에서 자신의 야심에 찬 새로운 국가경영을 시도해보고자 하는 의도에서 이도를 추진하였을 것이다. 일반적으로 경의 설치를 국왕 중심의 집권체제를 구현하기 위한 조치라고 본다.[47]

---

[46] 이러한 인식은 후대에까지도 계속되었다.『동사강목』등에도 그대로 이어지고 있다.

국가경영을 위한 도읍의 규모 또한 적지 않은 것이었다. 신경의 위치는 지금의 풍천원 일대인 고암산 아래쪽이다. 현재 비무장지대 안 군사분계선을 경계로 남북이 비슷한 면적을 차지하고 있다. 그리고 철원 신경의 위치는 『삼국유사』의 896년 정도설에 부연된 동주와는 다른 지역으로 볼 수 있다.[48] 신경의 규모와 건축물은 화려하고 웅장했던 것 같다. 『삼국사기』에 따르면 사치가 극을 달했다고 악의적으로 묘사되어 있다. 실제로 궁예도성은 규모가 클 뿐만 아니라 장식이 웅장하고 호화로운 국도의 당당함을 표현하였던 것으로 보아야 할 것이다.[49]

---

47) 고려의 경기는 왕실과 왕도의 번병 역할을 기대받았고 영역등급에 내재된 질서의식을 드러내어 국왕중심의 집권체제를 구현하는 역할을 했다(홍영의·정학수, 「5부방리·4교·경기」, 한국역사연구회, 『고려의 황도 개경』, 2002, 131쪽).
48) 『三國遺事』에 나오는 896년의 도읍인 철원은 지금의 동주산성이다(이재, 「궁예와 철원일대의 성곽」, 제3회 태봉 학술제 『궁예와 태봉의 역사적 재조명』, 철원군·철원문화원, 2003) 참조.
49) 이정신은 궁예도성이 사치스럽지 않았는데 왕건의 정권탈취를 정당화하기 위한 목적에서 그렇게 표현한 것이라 하였고(이정신, 「궁예정권의 성립과 변천」, 『남사정재각박사고희기념동양학논총』, 고려원, 1984, 56쪽), 정선용은 수로가 불편한 철원에서 육로를 이용하여 궁궐을 건조하였기 때문에 토목공사에 시달렸을 것(정선용, 「궁예의 세력형성 과정과 도읍 선정」, 『한국사 연구』 97, 55쪽, 주 53))이라는 견해를 보이고 있다. 현재 조사된 궁예도성의 크기를 볼 때 『삼국사기』나 『고려사』의 기록이 틀리지 않은 것 같다. 궁예도성의 규모는 육군사관학교 육군박물관에서 조사한 바에 따르면 외성의 길이는 문헌상의 기록보다 3배나 더 긴 12km에 이른다고 한다(『강원도철원군 군사유적 지표조사보고서』, 육군박물관 유적조사보고 제3집, 1996). 한편 궁궐을 호화롭게 하고자 하는 의도는 진시황, 흥선대원군 등의 예에서 보더라도 왕권을 과시하기 위한 당연한 조처라고 할 수 있다.

궁예가 철원50)을 '신경'으로 삼아 이도를 하고자 했던 의도를 사료 상에서 살펴보자. 먼저 궁예는 신경으로 옮기기 전에 대대적인 제도 개혁을 한다.51) 국호를 바꾸고 연호를 제정하였는데 '天祐元年甲子 (904) 立國號爲摩震年號爲武泰'라 한 것이 그것이다.

궁예의 제도개혁 중 가장 눈길을 끄는 것은 그 명칭이 처음 제정된 것이 많고 독자적이라는 것이다. 광평성52)과 같이 어의를 통해 기능을 추정해 볼 수 있는 기관도 있으나, 어원에서부터 의미조차 추정하기 어려운 것도 있다. 예컨대 匡治奈는 시중이라는 설명이 있어 그 기능을 알 수 있지만, 어의만으로는 잘 파악하기 어렵다.

다음으로는 궁예관제의 방대함이다. 궁예관제를 신라관제와 비교하면 제도상 더 확대 운용되어 있다는 사실을 쉽게 알 수 있다. 그리고 실질적인 기능을 담당하는 하부구조까지 구비되어 있었다. 과수를 심고 재배하는 殖貨部가 있었고, 서낭당을 수리하는 장선부 등도 있었다. 궁예관제는 실제 『삼국사기』 직관지에 수록된 내용보다 더 확대해서 이해해야 할 것으로 여겨진다.

한편으로 궁예관제는 체계적이었다. 때로는 하급기관임에도 비롱

---

50) 궁예가 왜 철원을 고집했을까하는 문제가 남는다. 지리적으로 말갈과의 연대가 있었던 것은 아닌가 한다. 지금까지 궁예정권의 대외관계에 대한 연구는 그다지 많지 않았다. 궁예정권은 발해의 인접국가인데도 불구하고 궁예정권의 대외관계에 대해서는 그다지 관심이 없었다.
51) 조인성, 「궁예정권의 중앙정치조직」, 『백산학보』 33, 1986.
52) 광평성은 904년의 관제개혁에서 처음 보이며, 이후 고려 광종때까지 최고의 관부를 유지하였다. 본서에서는 직접적인 관련이 없어 상술하지 않겠다. 단지 광평성이 이 시기에 설치된 것은 '궁예의 정치를 지지하는 이전 시기 회의기구가 제도화한 것'이라는 최근의 연구 성과가 주목된다(강문석, 「철원환도 이전의 궁예정권 연구」, 『역사와 현실』 57, 2005, 263~268쪽 참조).

성, 物藏省처럼 성을 붙이고 있는데 궁예의 관제에 대해서 참람되다는 후대의 평은 그래서 나오는 것 같다. 궁예가 천자의 전유물인 연호를 마음대로 개변하는 것도 그렇지만 황제국의 최고관부명을 함부로 사용하였던 데서도 그러한 인식을 하게 되었을 것이다.

그러한 내용은 왕건의 조서 내용에서도 알 수 있다. 왕건은 "내가 듣건대 기회를 타서 제도를 개혁함에는 옳고 그른 것을 상세히 하여야 하는데 이전 임금이 신라의 품계, 관직, 군현 명칭을 다 비속하다 하여 새 제도들을 만들었었는데 여러 해를 통용하였으나 백성들이 잘 알지 못하였고 혼란을 일으키게 되었다."53)라고 하여 제도개혁의 의지를 표명하였다. 이 내용을 보면 궁예는 신라의 제도를 비속하다고 하여 개혁하고 있는데, 이 개혁에는 독자적인 체계화가 의도되었다고 생각할 수 있다.

궁예관제에서는 광평성, 내봉성, 금서성 등 중국의 최고관부를 뜻하는 성을 상하 구분 없이 사용하고 있다. 이와 아울러 궁예관제의 특징은 병부, 大龍部, 의형대, 壽春部 등이 설치된 것인데 기능상으로 부의 체제를 갖추었던 것으로 나타난다. 그 밖에도 사대라는 외국어 습득 전문기관도 두었는데 상당한 수준의 행정이 갖추어진 수준 높은 국가를 이상으로 했던 것으로 여길 수 있다.

이처럼 궁예의 마진국 관제는 그 이전 역대 어느 국가보다도 기능별로 분화되어 있음을 알게 된다. 특히 중국식 관제의 영향도 작용하여 省과 部의 체계가 갖추어져 있다. 물론 성이 부보다 하위기구로도 있는 것으로 보아 체계화된 상태까지 이르진 못한 것 같다. 그럼에도 불구하고 당의 3성6부 체제를 대등하게 닮아 가려는 노력은 궁예에게서 보이고 있다.

---

53) 『高麗史』 卷1, 太祖世家 무인 원년 하6월 무진조.

이 3성6부 체제는 일반적으로 고려 성종때 중국에서 도입하여 고려적인 2성6부의 체계로 운영되었다고 한다. 그러나 3성6부 체제가 그대로 적용된 것은 아니지만 명칭상의 성과 부를 본격적으로 도입하여 관부의 명칭으로 삼은 것은 이미 궁예가 시도하고 있는 것이다.54)

그리고 사대와 같이 외국어를 습득하는 기구나 성황을 수리하는 장선부와 같은 기구가 있다는 사실은 기능별로 관직이 세분화되었음을 알게 한다. 행정체계의 세부화는 그만큼 중앙집권적 정치형태가 발달했다는 의미이기도 하다.

궁예의 관부보다 궁예의 국가 성격을 더 잘 보여주는 내용이 궁예의 官階이다.55) 관계란 관리들간의 위계질서를 표현하는 서열인데 궁예관계에는 몇가지 특징이 있다. 먼저 관계가 9등급이라는 사실이다. 궁예는 아마도 중국의 9품중정법과 같은 일정한 체계에 의한 관리서열제를 도입하려고 시도했던 것 같다. 마진의 관계와 마찬가지로 태봉관계도 9단계이다. 이러한 9단계의 관계는 고려초 왕건이 태봉관계와 신라관계를 혼용하면서도 그대로 9단계를 유지하고 있다.

---

54) 『高麗史』에서는 기원을 중국이나 신라에 두고자 하는 경향이 강하다.
55) 관계 변천 내용은 아래의 표와 같다.

연번	관계명(마진, 904)	관계명(태봉)	비고(신라제, 고려국초)
1	正匡	大宰相	大舒發韓
2	元輔	重副	舒發韓
3	大相	台詞訓	夷粲
4	元尹	輔佐相	蘇判
5	佐尹	注書令	波珍粲
6	正朝	光祿丞	韓粲
7	甫尹	奉朝判	閼粲
8	軍尹	奉進位	一吉粲
9	中尹	佐進使	級粲

또 하나의 특징은 관계명이 관직명이라고 하여도 무방하리만큼 관계가 직능적 의미를 갖고 있는 것이다. 특히 태봉관계는 재상, 상, 령, 승, 사 등의 명칭인데 이것들은 관직명에 방불한 명칭들이다. 이러한 현상은 관계가 종래의 골품제 하의 혈연적인 면에서 벗어나 관료적인 측면이 부각되었기 때문이 아닌가 생각된다. 다시 말하면 궁예는 관계 정비를 통하여 신라의 신분제적 관계를 극복하려는 시도를 하였던 것이라고 볼 수 있다.56)

궁예가 시도한 제도적 개혁은 왕건에게 계승되었고, 왕건은 고려의 국초 관계를 궁예의 것을 답습하여 9단계로 책정하고 태봉때의 관계도 신라식 관계와 함께 혼용하도록 하였다.57) 이와 같이 905년에 단행된 궁예의 철원 정도는 단순한 도읍의 지리적 위치의 이동이 아니라 당당한 국가로서의 도약이었다고 보아야 할 것이다. 철원 정도는 본거지가 아닌 '경'으로서의 의미를 가졌던 것이다. 이는 당당한 천자국으로서의 선포를 의미하는 것이었다

철원을 신경으로 삼고 성장한 궁예정권은 한반도 동쪽에 치우쳐 있던 '경'을 한반도의 중심으로 이전하였다는 상징적 의미를 갖게 되었다. 이러한 역사적 경험을 왕건이 이어받아 고려로 계승하였다고

---

56) 향토지에는 궁예가 제도적으로 크게 개혁을 했다는 근거들이 보이고 있다. 『평강읍지』(규장각 10975, 1908년 추정)에 "典仲坪 在縣西十里 一曰殿中坪 卽弓裔時籍田 國初爲文昭殿"이라 하여 적전이 있었다는 표현이 있고, 『평강군지』(1943)에는 "文科原(平康面) 在邑治東邊 俗傳 泰封時 設文科場 處礎石階砌 尙今依然"이라 하여 궁예가 과거를 실시하였다는 내용을 남기고 있다. 20세기에 들어 정리된 내용들이라 사료로서 문제가 없는 것은 아니지만, 궁예정권의 성격을 살피는데 시사하는 바가 없는 것은 아니다.

57) 왕건은 쿠데타와 함께 바로 궁예정권의 여러 제도적 개혁을 단행하지 못하였다.

할 수 있을 것이다. 이처럼 궁예정권은 고려와의 단절이 아니라,58) 연속적인 선상에서 이해되어야 할 것이다. 바로 이 점에서 철원 정도는 궁예정권 만이 아니라 한국사에서도 역사적 의미가 크다고 할 수 있다.

궁예정권의 도읍 변천 과정과 그에 따라 변화하는 일련의 국가경영에 관하여 살펴보았다. 지금까지 궁예의 도읍선정은 철원-개성-철원의 과정을 거쳤던 것으로 알려져 왔다. 이 중 최초의 도읍 철원은 『삼국유사』왕력 후고려조에 896년 철원에 도읍하였다는 기록을 근거로 한다. 그러나 궁예가 처음 도읍하였다고 하는 896년은 국가로서의 체계가 정비되어 있지 않았다고 할 것이다. 더욱이 국호도 없는 상황이었다. 그러므로 이 해에 철원에 첫 도읍을 했다고 보기는 어렵다. 도읍이라기보다는 본거지 개념으로 생각하고 싶다.

마찬가지로 이듬해인 897년에 준비하여 898년에 단행한 송악으로의 이도 또한 본거지 이동으로 생각하고 싶다. 국도로서의 이전이라고 보기에는 여전히 국호도 제정되지 않아 원대한 국가경영을 추진하였다고 보기에는 미숙한 상태로 보았다. 그리고 『삼국유사』에는 궁예가 914년에 철원으로 환도하였다고 하였는데, 이는 근거가 없어 신뢰하기 어렵다고 판단하였다.

궁예정권의 도읍 선정과 철원 정도에 대해서는 『삼국유사』의 기록보다는 『삼국사기』의 기록이 더 신빙성이 있다고 보았다. 『삼국사기』는 궁예가 904년 국호와 연호를 바꾸고 청주 인호 일천을 사민하고, 905년에 철원 신경으로 이도하였다고 기록되어 있다. 개성에서

---

58) 일반적으로 궁예와 왕건의 역사를 단절로 보기 쉽다. 이는 『고려사』에서 고려의 창업을 정당화하기 위한 서술에서 비롯되었다. 그러나 왕건은 관계 등 여러 면에서 궁예의 영향을 많이 받고 있다.

철원으로 옮겨가는 과정을 '移都'라 하였고, 철원을 '新京'이라고 표현하고 있는 것이다. 더욱이 철원으로 입경하기 전인 904년에 궁예는 청주 인호 1천을 철원에 사민시키면서 철원을 '경'으로 승격시킨다. 여기서의 경은 다른 도읍과도 차별화되는 천자의 도읍지로서의 자격을 갖는 것이었다.[59]

그리하여 궁예는 자신의 웅대한 국가계획을 철원에서 실현하고자 하였다. 궁예는 관제정비 관계수립 등 일련의 제도적 개혁을 통하여 자신의 국가경영 포부를 확고히 하려 하였으며 궁실을 거창하게 하여 왕의 권위를 높이려고도 하였다. 신뢰도가 떨어지는 자료이긴 하지만, 궁예는 과거를 통하여 신분제를 개혁하려고 했던 것 같다.

궁예는 이러한 원대한 계획을 철원이라는 공간을 중심으로 수행하려 하였다. 비록 그 과정에서 많은 반대파들을 형성케 하여 자신의 몰락을 자초하기도 했지만,[60] 궁예의 이 시기의 업적이 이후 고려에 끼친 영향은 적지 않다고 할 것이다.

---

[59] 궁예가 처음 철원을 도읍으로 하였던 것과 철원경으로 삼았던 것은 차별화되어야 할 것이다. 李孝鍾이 궁예정권의 국가 성립발전과정에서 그 세력권을 강원·경상 지역권, 경기·황해 지역권, 청주지역권으로 나눌 수 있는데, 철원은 이 세 지역의 중간지점으로 정치세력의 균형과 연관이 있을 수 있다는 지적이 참고된다(이효종, 「王建의 勢力形成과 高麗建國」, 『高麗太祖의 國家經營』, 1996, 21쪽). 그런데 세력이 구분될 수 있었던 시기는 905년 이후의 상황이며, 그 이전의 경우는 아닐 것이다.

[60] 『고려사』에는 왕건이 궁예가 철원 정도를 한 다음해인 906년부터 역모를 상징하는 꿈을 꾸었다고 전하고 있다(『高麗史』 卷1, 太祖世家).

Ⅵ. 국가통치체제의 정비

 궁예정권의 통치조직을 살펴보는 것은 궁예정권의 속성을 이해하는데 큰 도움을 주리라고 믿는다. 또한 궁예정권의 통치조직을 살펴보는 것은 궁예정권이 한국 정치제도사의 발전과정에서 어떻게 기능하고 있었으며 전시대인 新羅와 다음 시대인 高麗와의 사이에서 수행하였던 역할은 무엇이었는가를 알려 주게 될 것이다. 자료의 영성함으로 인하여 자칫 단편적인 기록의 나열에 그칠 수도 있다는 염려가 없지는 않으나 그 의미를 살펴봄으로써 궁예정권의 성격을 이해하는 데 도움이 되리라고 본다.

1. 중앙통치조직과 그 변화

 궁예정권의 통치체제가 언제부터 정비되고 있는가에 대하여서는 다음의 자료가 참고된다.

 A. 入溟州……善宗自以爲衆大 可以開國稱君 始說內外官職[1]

---

 1) 『三國史記』 卷50, 弓裔傳.

궁예가 溟州를 점령한 뒤 자신의 세력이 크게 확대되었음을 믿고 開國稱君할 만하다고 하여 內外官職을 비로소 두었다는 뜻이다. 그러나 이때 설치된 구체적인 내외관직의 명칭이나 내용은 알 수 없다. 단지 이때 중앙과 지방의 통치조직이 분리해서 존재했을 것이라는 추정은 가능하리라고 본다. 그렇다고 하여 이때의 조직체계가 완성된 형태라고 볼 수는 없으며 궁예정권 통치체제의 시작으로서 부분적인 것으로 본다.2)

궁예정권의 통치조직이 나름대로의 특성을 띠면서 정비된 때는 904년으로 여겨진다. 이 해는 도읍을 松岳에서 鐵圓으로 옮기고 國號와 年號도 제정하는 등 대대적인 개혁이 단행되던 시기였다. 이때 정비된 중앙통치조직의 면모는 다음의 사료를 통해 살펴볼 수 있다.

> B. 天祐元年甲子 立國號摩震年號武泰 始置 廣評省 備員 匡治奈 (今侍中) 徐事(今侍郎) 外書(今員外郎) 又置兵部 大龍部(謂倉部) 壽春部(今禮部) 奉賓部(今禮部) 義刑臺(今刑部) 納貨部(今大府寺) 調位部(今三司) 內奉省(今都省) 禁書省(今秘書省) 南廂壇(今將作監) 水壇(今水部) 元奉省(今翰林院) 飛龍省(今太僕寺) 物藏省(今小府監) 又置史臺(掌習諸譯語) 植貨府(掌栽植果樹) 障繕府(掌修理城隍) 珠淘省(掌造成器物)3)

> C. 弓裔設百官 依新羅制 所制官號 雖因羅制 殿有異者4)

자료 B는 904년에 국호를 摩震으로 바꿀 때 단행된 관제의 내용

---

2) 趙仁成,『泰封의 弓裔政權硏究』, 서강대학교 박사학위논문, 1990, 63쪽.
3)『三國史記』卷50, 弓裔傳.
4)『三國史記』卷12, 孝恭王 8年.

이며 자료 C는 그 성격을 설명하고 있다. 자료 B에 따르면 궁예정권의 관제는 관호가 신라와 다른 것이 많으나 제도 자체는 신라를 따랐다고 한다. 이 내용은 궁예정권의 체계가 신라의 그것과 비슷하였다고 이해하는 근거가 되고 있다. 이를 신라의 관제와 비교하면 아래의 <표 3>과 같다.

<표 3> 신라와 궁예정권(904년)의 관제 비교표

서열	궁예정권(904년 : 마진)		전거	신라
	관부명	소관업무		
1	廣評省			1. 執事部
2	兵 部	掌武選 軍務 儀衛 郵驛之政	兵 曹	2. 兵部
3	大龍部	(度支部 金部와 함께) 戶口 貢賦 錢糧之政 담당	戶 曹	4. 倉部
4	壽春部	掌 儀禮 祭享 朝會 交聘 學校 科擧之政	禮 曹	5. 禮部
5	奉賓部	掌 賓客 燕享	禮賓寺	10. 領客部
6	義刑臺	掌 法律 詞訟 詳讞之政	刑 曹	12. 左·右理方部
7	納貨部	掌 財貨 廩藏	內部寺	
8	調位部	掌 摠中外 錢穀 出納 會計之務	三 司	3. 調部
9	內奉省			11. 位和部
10	禁書省	掌 經籍 祝疎	秘書省	
11	南廂壇	掌 土木 營繕	繕工寺	8. 例作部
12	水 壇	(虞部와 더불어) 山澤 工匠 營造之事 담당	工 曹	9. 水部·船部
13	元奉省	掌 制選詞命	藝文館	詳文師
14	飛龍省	掌 輿馬 廐牧	小府寺	6. 乘府·物藏典
15	物藏省	掌 工技 寶藏		7. 司正府
16	史 臺	掌 習諸譯語		
17	植貨府	掌 栽植果樹		
18	障繕府	掌 修理 城隍		
19	珠淘省	掌 造成器物		

* 전거는 『高麗史』百官志에 의함.
* 서열은 『삼국사기』 궁예전에 기록된 궁예정권 관부들의 서열임

<표 3>에서 알 수 있듯이 궁예정권의 관부 명칭은 신라와는 매우 큰 차이를 보이고 있다. 兵部와 調位部를 제외하면 모두 신라의 관부와는 명칭이 다르다. 이러한 현상은 궁예가 관부의 명칭을 바꾸어 신라나 그 전의 어떤 전통으로부터 이탈하려고 한 독자성으로 이해하여도 무리는 없을 듯하다.

궁예정권의 관제가 신라보다 세분화되어 있다고 하는 점도 특징 가운데 하나가 될 것이다. 그러나 신라에서 7위에 있었던 司正府가 궁예정권에는 없다고 하는 점만을 제외하면 다른 관부들은 궁예정권의 관직체계와 기능상 크게 다르다고 여겨지지는 않는다.[5]

궁예정권에서 보이는 또 다른 특징은 앞에서 언급한 바와 같이 司正府에 해당하는 기구가 없다는 점과 신라의 관직체계와 서열이 다르다는 점이다. 司正府는 시정을 논집하고 풍속을 교정하며 규찰탄핵의 임무를 수행하였던 기관이었다.[6] 궁예정권에 사정부가 없었던 이유를 궁예의 전제적인 정치형태의 표현으로 보기도 한다.[7] 그러나 이 사실은 관직체계의 변화과정과 관련시켜 이해되어야 하리라고 본다. 특히 사정부의 기능과 밀접한 관계에 있었던 刑律을 담당하는 기구와 관련을 고려해야 할 것으로 여겨진다. 위의 <표 3>을 참조하면 신라의 관제에서 형률을 담당하고 있었던 12위의 左·右理方部가 궁예정권에서는 6위의 義刑臺로 서열이 바뀌고 있다. 즉 의형대가 6위가 된 것은 형률을 관장하던 기구의 중요성이 요구되었기 때문에 취해진 조처가 아닌가 한다. 이렇게 형률이 중요시된 것을 秦始皇의 경우에서 찾아볼 수 있는데 그는 法家를 지배사상으로 삼

---

5) 李泰鎭,「高麗 府의 成立-그 制度史的 考察-」,『歷史學報』56, 1972, 5~6쪽.
6) 『高麗史』卷76, 百官2 司憲府條.
7) 李泰鎭, 앞의 논문, 6쪽.

고 혹독한 형벌을 통치의 수단으로 삼았다고 한다.8) 이러한 형벌 중심의 통치는 그의 오행적 역사관에서 水德과 관련되는데 이 점에서 궁예가 형벌을 관장하는 기구를 중요시했던 것도 같은 이유라고 추정해 볼 수 있다. 한편 형률을 담당하는 기구가 義刑臺라는 명칭으로 바뀌었다는 사실은 司正府와 관련시켜 생각해 볼 필요가 있다. 의형대는 고려의 형부와 같은 기능을 한 기구로 그 직임도 '法律·詞訟·詳讞之政'이라고 하는데 궁예정권에서는 여기에 사정부의 기능이 더해진 것이 아닌가 한다. 다시 말하면 궁예정권의 義刑臺는 기본적으로 형률을 담당하면서 여기에 사정부의 기능이 더해진 관부로 여겨진다는 것이다. 자구에 지나치게 의존하는 것인지는 몰라도 義와 正이 의미상 동일하다는 점도 이를 뜻하는 것이라고 보아도 좋을 것 같다.

궁예정권의 관제의 기능을 통하여 그 성격을 살펴보도록 한다. <표 3>에서와 같이 최고의 통치기구는 廣評省이다. 廣評省의 기능과 성격에 관해서는 후대의 연구자들에 의해 논란이 있어 왔다. 궁예정권의 제1위에 위치한 관부라는 점에서 궁예정권의 성격과도 관련되어 있기 때문이기도 하다.9) 광평성에 관해서는 이를 신라의 執事部와 같은 성격의 기구로 보는 견해가 있다.10) 신라의 집사부에 侍中이 임명된 것과 마찬가지로 廣評省도 侍中이 임명되었기 때문이고 執事府체제의 성립이 신라의 상대말에서 중대에 걸친 전제주의를 뒷받침하는 것처럼 광평성체제도 궁예정권의 전제주의를 뒷받침한다고 보았다. 한편 이와는 달리 廣評省은 글자 그대로 널리 협의하는

---

8) 崔柄憲,「高麗時代의 五行 歷史觀」,『韓國學報』13, 1978, 21쪽.
9) 趙仁成은 이를 廣評省體制로 부르고 있다(앞의 논문, 65쪽).
10) 李泰鎭, 앞의 논문, 7쪽.

기구였을 것이라는 점과 長인 侍中이 2명으로 생각된다는 점을 들어 신라의 和白會議와 연결시켜 이해하기도 한다.11) 和白會議가 중앙의 眞骨勢力을 대변하였던 것이라면 광평성은 지방의 호족세력을 대변하는 기관으로 변하여 갔다는 것이다.12) 전자는 광평성을 행정관부의 성격을 띤 전제주의적 성격으로, 후자는 회의체로서 호족연합적 성격을 상징하는 기구로 파악하고 있다. 그러나 양자의 견해는 모두 광평성을 궁예정권의 변화와 함께 다룬 것이 아니라 고정된 시각에서 보고 있는 점이 공통이다. 즉 904년에 성립된 廣評省이 918년 몰락할 때까지 그 성격이 일정하였다고 본 것이다. 한편 광평성이 설치 당시에는 호족들을 대변하는 기구였을 것이라는 전제 아래 점차 전제주의를 뒷받침하는 성격의 기구로 변하였을 것이라는 견해도 있다.13)

이러한 제설과 아울러 다음의 사료는 廣評省의 성격을 규정짓는 데 하나의 근거가 되리라고 본다.

> D. 天福 3년(903)……이 해에 良州(梁山)의 帥 金忍訓이 위급함을 고해 왔으므로 궁예는 太祖에게 가서 구하도록 명령하였다. 돌아오자 弓裔가 변경의 일을 물으니 太祖가 변경을 평안케 하고 경계를 넓힐 대책(安邊境之策)을 말하자 左右가 모두 주시하였고 弓裔도 이를 기특하게 여겨 階를 關粲으로 올려주었다.14)

---

11) 李基白, 「貴族的 政治機構의 成立」, 『한국사 5』, 국사편찬위원회, 1975, 18~19쪽.
12) 李基白, 위의 논문, 19쪽.
13) 趙仁成은 廣評省을 弓裔政權 초기부터 말기까지 그 성격이 변하지 않는 것으로 보았으나(조인성, 「弓裔政權의 中央政治組織」, 『白山學報』 33, 1986) 그 뒤 이를 수정하였다(조인성, 『泰封의 弓裔政權 硏究』, 서강대학교 박사학위논문, 1990).

위의 사료는 弓裔가 摩震으로 국호를 바꾸고 관제를 정비하기 1년 전의 사실이지만 廣評省의 존재를 암시해 주는 내용이라고 여겨진다. 위의 내용으로 보면 태조는 좌우라고 표현된 여러 사람들과 함께 있는 자리에서 安邊境之策을 말하자 좌우가 모두 두려워하였고 궁예도 이를 기특하게 여겼다고 한다. 여기서 궁예와 태조, 좌우가 함께 모일 수 있었던 자리는 바로 廣評省이라고 여겨진다. 왜냐하면 여기서 논의된 내용은 국방에 관계되는 가장 중요한 문제로 당연히 제1위의 관부인 광평성에서 논의되어야 할 사항이기 때문이다. 바로 이러한 점은 광평성이 회의체적인 성격을 지닌 관부이며 여기서 논의된 내용 또한 호족들의 이익을 대변하고 있는 것으로 보아도 무리가 없을 듯하다.15)

廣評省이 최고의 관부로 된 궁예정권의 통치체제는 기본적으로 호족연합적 성격을 시사한다고 보아도 무리는 없을 것 같다.16) 그리고 그 하부에 위치한 기구들의 성격도 앞서 지적한 義刑臺를 제외하면 대체로 <표 3>의 소관업무란에 기록된 내용과 대동소이할 것으로 보인다.

궁예정권의 중앙통치조직은 적어도 한차례 이상 변화하였던 것으로 여겨진다. 그 내용에 관해서는 체계적으로 기록된 사료가 없어 자세한 것은 알 수 없다. 그러나 왕건이 궁예를 몰아내고 6일만에 인사조치를 단행한 기록이 있어 그 변화의 면모를 짐작케 한다.17) 왕

---

14) 『高麗史』 卷1, 太祖世家.
15) 호족연합정치의 운영이라는 측면에서의 궁예 관제에 대해서는 신호철의 연구(신호철, 『후삼국시대 호족연구』, 개신, 2002, 186~196쪽)가 참고된다.
16) 李基白은 궁예정권을 기본적으로 호족연합적 성격으로 파악하고 있다(앞의 논문). 그 뒤 점차 중앙집권화 되어 갔던 것으로 여겨진다.
17) 李泰鎭, 앞의 논문, 7쪽.

건 즉위 직후에 단행된 인사조치 내용을 <표 4>로 정리하여 살펴보면 다음과 같다.

<표 4> 왕건 즉위 직후(6일 후) 인사조치

관부명	관직 및 임명자		
廣評省	侍中(韓粲 金行濤)	侍郎(關粲 林積璵)	郎中(前徇軍部郎中 韓粲 申一) (前徇軍部郎中 韓粲 林寔) 員外郎(前廣評史 國鉉)
內奉省	令(韓粲 黔剛)	卿(前守徇軍部卿 能駿) (倉部卿 權寔)	監(前廣評郎中 康允珩) 理決(前廣評史 倪言) 評察(內奉史 曲矜會)
徇軍部	令(韓粲 林明弼)		郎中(前內奉史 劉吉權)
兵 部	令(波珍粲 林曦)	卿(關粲 金堙) (關粲 英俊)	
倉 部	令(蘇判 陳原)	卿(關粲 崔汶) (關粲 堅術)	
義刑臺	令(韓粲 閻萇)		
都航司	令(韓粲 歸評)	卿(林相煖)	
物藏省	令(韓粲 孫逈)	卿(姚仁暉) (香南)	
內泉府	令(蘇判 秦勁)		
珍閣省	令(波珍粲 秦靖)		
白書省		卿(一吉粲 朴仁遠) (一吉粲 金言)	
內 軍		卿(能惠) (曦弼)	

*典據:『高麗史』卷1, 太祖世家 1年 6月條.

위와 같은 체계의 관부가 언제 이루어졌는지에 관한 정확한 연대는 알 수 없다. 대체로 국호와 연호 등이 변하였던 904년 이후 918년 이전에 일어났던 사건으로 이해된다.[18] 위의 관직체계는 궁예정권이

---

18) 趙仁成, 앞의 논문, 77쪽.

904년 이후의 어떤 때에 관제개혁을 하였다고 하는 점을 확인하는 데는 무리가 없다. 따라서 위의 <표 4>의 내용은 궁예정권의 관제가 변화되어 가는 과정을 살피는 데 좋은 자료가 된다.

<표 5> 궁예정권의 관제 비교

궁예정권(904 : 마진)	왕건즉위 직후
1. 廣評省	1. 廣評省
2. 兵部	2. 內奉省
3. 大龍部(倉部)	3. 徇軍部
4. 壽春部(禮部)	4. 兵部
5. 奉賓部(禮賓省)	5. 倉部
6. 義刑臺(刑部)	6. 義刑臺
7. 納貨部(大府寺)	7. 都航司
8. 調位部(三司)	8. 物藏省
9. 內奉省(都省)	9. 內泉府
10. 禁書省(秘書省)	10. 珍閣省
11. 南廂壇(將作監)	11. 白書省
12. 水壇(水部)	12. 內軍
13. 元奉省(翰林院)	
14. 飛龍省(太卜寺)	
15. 物藏省(小府監)	
16. 史臺(掌習諸譯語)	
17. 植貨府(掌栽植果樹)	
18. 障繕府(掌修理城隍)	
19. 珠淘省(掌造成器物)	

<표 4>의 내용과 904년의 관제 내용을 비교하여 볼 때 우선 주목되는 점은 廣評省이 여전히 최고의 관부로 존재하고 있다는 사실이다. 이러한 체제를 廣評省體制라고 불러도 좋은지에 대해서는 확언할 수 없으나 광평성이 여전히 궁예정권의 최고관부라는 사실은 틀림이 없다.

그러나 廣評省 이외의 관부는 명칭과 서열에 차이가 나타나고 있

다. 이를 알기 쉽게 정리하면 위의 <표 5>와 같다. 위의 <표 5>에서 쉽게 알 수 있는 변화는 內奉省의 지위가 높아졌다는 사실과 軍과 관련된 軍部, 內軍 등의 관부가 추가로 설치되었다는 점이다. 그리고 이러한 변화는 단순한 표면상의 변화라고 볼 수는 없다. 변화의 내용을 보다 구체화하기 위하여 이 개편에서 가장 큰 변화를 보인 內奉省과 軍部, 內軍의 성격을 살펴보도록 한다.

內奉省은 『三國史記』 弓裔傳에 都省이라고 주를 붙인 것으로 보아 尙書都省으로 이해되고, 신라의 執事部에 해당된다고 보는데 왕명을 받드는 역할을 했고 그리하여 상서도성을 왕권과 밀착된 행정기구로 보기도 한다.[19] 그러나 내봉성이 상서도성이 가졌던 기능의 하나인 인사권을 장악하였기 때문에 『三國史記』 弓裔傳에 都省이라고 註로 기록된 것으로 보기도 한다.[20] 여기서는 후자의 견해를 따르는데 그 근거는 다음과 같다. 즉 내봉성의 관리에 令·卿과 함께 監·理決·評察 등이 나오는데 이를 인사에 관한 관직으로 보는 견해를 따르기 때문이다. 다음의 <표 6>이 참고된다.

<표 6>은 태조 5년에 중앙의 관제를 본따 西京에 설치하였던 관부들인데 『高麗史』에는 廊官과 衙官의 주에 각각 '廊者官號方言曹設'·'衙者官名方言豪幕'이라 하였다.[21] 즉 廊官은 방언으로 曹設, 衙官은 豪幕이라고도 한다는 의미이다. 여기에서 豪幕은 달리 용례를 발견할 수 없으나 어의에서 豪族들의 막사라는 의미로 추정해 볼 수 있다. 그런데 이 衙官은 <표 6>에서와 같이 理決·評察 등의 관직이 보이고 있어 내봉성과 거의 같은 성격의 기구로 보아도 무리가

---

19) 邊太燮, 「高麗時代의 中央政治組織의 行政體系」, 『歷史學報』 47, 1970, 4쪽.
20) 李泰鎭, 앞의 논문, 9쪽.
21) 『高麗史』 卷77, 百官2 西京留守官條.

없다.

<표 6> 太祖 5年 西京 官制

官府	官職		
廊 官	侍中(1)	侍郎(2)	郎中(2) 上舍(1) 史(10)
衙 官	具檀(1)	卿(2)	監(1) 粲(1) 理決(1) 評察(1) 史(1)
兵 部 令	具檀(1)	卿(1)	大舍(1) 史(2)
納 貨 府		卿(1)	大舍(1) 史(2)
珍 閣 省		卿(1)	大舍(2) 史(2)
內泉府令		卿(1)	大舍(2) 史(2)

* 典據 : 『高麗史』 卷77, 百官2 西京留守官條.

왜냐하면 理決과 評察은 奉省과 衙官(豪族) 이외의 관부에서는 보이고 있지 않기 때문이다. 그렇다면 內奉省은 豪幕 즉 호족들의 막사가 뜻하는 바와 같이 호족과 관련된 기구라고 보아도 무리가 없을 듯하다. 이러한 점으로 볼 때 內奉省은 많은 호족들을 연합·통제할 목적으로 인사행정을 담당하기 위하여 설치되었던 것으로 보아도 무방하리라 본다.[22]

다음 徇軍部와 內軍에 대하여 알아보도록 한다. 이 두 기구가 모두 군과 관련되어 있고, 904년의 관제에는 보이지 않다가 王建 즉위 직후의 관제에서 보이고 있다. 다시 말하면 군관계기구가 확대되었을 뿐만 아니라 徇軍部는 兵部보다 서열이 앞인 제3위에 위치하였다. 徇軍部는 兵部[23]가 군사를 독점함으로써 야기될 수도 있는 왕권

---

22) 李泰鎭, 앞의 논문, 7~8쪽.
23) 궁예정권의 병부를 군정권을 장악한 기관으로 국왕을 정점으로 하는 병권의 중앙집권화를 확립하고, 수륙군에 기반한 군사정책을 효율적으로 수행하기 위한 제도적 차원으로 이해하기도 한다. 한편 수단에 대해서는 수군과 관련한 업무를 지원하기 위한 차원에서 마련한 군사기구로 파악하기도 한다(신성재, 『弓裔政權의 軍事政策과 後三國戰爭의 전개』, 연세대학교

에 대한 위협을 제거하기 위한 조치였다고 보여진다.24) 군에 대한 왕권의 강화는 친위군의 성격을 가진 內軍의 설치로도 알 수 있다.25)

이와 같이 궁예정권의 변화된 관제의 내용은 호족의 인사를 담당한 內奉省의 지위 격상과 왕권을 보위하기 위한 徇軍部와 內軍의 설치로 나타났다. 그리고 이렇게 국왕이 호족에 대한 인사권과 친위 조직을 강화하였다는 점으로 보아 그 의미를 왕권강화의 전제적 경향으로 이해해도 좋을 것 같다.

한편 변화된 관제의 서열을 六部의 기능상의 성격으로 나누어 보면 吏(內奉省)-兵(徇軍部·兵部)-戶(倉部)-刑(義刑臺)의 순서로 되어있다. 이 체계는 新羅와 摩震의 관부체계와는 크게 다르다는 사실을 알게 된다. <표 5>에 따르면 신라는 執事部 아래 兵(兵部)-戶(調部)-禮(禮部)-工(例作部)-吏(位和府)-刑(左右理方府), 摩震은 廣評省 아래 兵(兵部)-戶(大龍部)-禮(壽春部)-刑(義刑臺)-吏(內奉省)-工의 순서로 되어 있다. 이를 비교해 보면 궁예정권 말기

    박사학위논문, 2006, 58~59쪽). 한편 수단에 대해서는 고려 공부의 속사인 수부와 같은 성격으로 보는 견해도 있다. 이 경우 수부는 치수를 담당한 기관으로 군사와의 관련성이 적어진다(이정훈, 『高麗前期 三省六部體制와 各司의 運營』, 연세대 박사학위논문, 2004, 51쪽).
24) 趙仁成, 앞의 논문, 91쪽. 徇軍部에 대해서는 그 성격이 전란으로 비대해진 중앙의 여러 병력들의 동태를 왕권보위의 차원에서 순찰, 감시하는데 있었다고 하는 견해도 있다(鄭景鉉, 「高麗太祖의 徇軍部에 대하여」, 『韓國學報』 48, 1987, 64~67쪽). 권영국은 순군부가 군령기구로서 호족들이 귀부함으로써 독자적으로 행사해 오던 병권이 국왕에게 귀속됨으로써 호족들의 군대는 국왕의 명령을 받들어야만 했는데 그 발병 업무를 담당한 기관이 순군부였다고 한다(권영국, 「고려초 徇軍部의 설치와 기능의 변화」, 『한국사연구』 135, 2006, 136~137쪽).
25) 李基白, 앞의 논문, 21쪽.

의 관부체계에서는 吏部의 비중이 커졌다고 하는 점을 알 수 있다. 그리고 이 체계는 新羅나 摩震의 관부체계보다는 『高麗史』 百官志에 등재된 고려 6부의 서열과 같은 순서로 나타난다. 잘 알다시피 『高麗史』 百官志에는 6부의 서열과 같은 吏－兵－戶－刑－禮－工의 순서로 되어 있다.26) 이 사실은 吏·戶·禮와 兵·刑·工의 순서를 달리 파악하여 기록하였다고 하는 연구가 설득력을 얻고 있긴 하나27) 그것보다는 당시의 기능상 중요도에 따라 순서대로 기록된 것으로 보아야 한다. 바꾸어 말하면 兵의 기능이 중요시되었던 新羅나 摩震 때의 관부체계는 궁예정권 말기에 이르면 吏의 기능이 중요시되는 체계가 되었고, 이때 형성된 吏－兵－戶－刑의 관부체계는 고려시대에 그대로 계승되어 6부의 순서를 정하는 기준이 되었다는 것이다. 그리고 그 순서는 실제 高麗社會의 현실적 요구에 부응하는 것이었으며, 그 祖型은 궁예정권 말기의 관부체계를 답습한 것이었다.

2. 지방통치조직

궁예가 지방통치를 어떠한 형태로 하였는지에 대해서는 구체적으로 밝혀진 바가 없다. 단지 894년에 溟州를 점령하고 '始設內外官職'이라고 한 기록으로 보아 내직과 함께 외직 즉 지방통치에 관한 직제도 설치되었으리라고 짐작될 따름이다. 그밖에 산견되는 자료 가

---

26) 『高麗史』 卷76, 百官志.
27) 邊太燮, 「高麗時代 中央統治機構의 行政體系－尙書省機構를 중심으로－」, 『歷史學報』 47, 1970, 8~15쪽 ; 邊太燮, 『高麗政治制度史硏究』, 一潮閣, 1971.

운데 다음의 내용이 있다.

    E-1. 乾寧元年(894)……我太祖自松岳郡來投便授鐵圓郡太守[28]

    E-2. 乾寧三年 丙辰年 以郡歸于裔 裔大喜以爲金城太守世祖說之
    曰大王若欲王朝鮮肅愼卞韓之地 莫如先城松嶽 以吾長子爲其
    主 裔從之使太祖築勃禦塹城 仍爲城主[29]

  위의 사료 E-1에서 확인되는 철원군의 太守와 사료 E-2에서 금성의 太守는 지방 관직의 하나로 보아도 무리가 없다. 그러나 그가 王建에게 수여한 城主라는 호칭은 관직으로 볼 수는 없을 것 같다. 世祖가 한 말 가운데 '其主'라고 표현한 것으로 미루어 보면 城主는 글자 풀이 그대로 '성의 주인'이라고 봄이 옳겠다. 따라서 궁예정권의 지방통치조직은 郡 단위의 우두머리로 太守라는 직이 확인된다.
  그런데 위의 자료는 궁예의 초창기의 지방통치형태이고, 후대로 가면서 점차 정비되었던 듯하다. 궁예는 자신이 점령한 지역들을 일정한 체계를 세워 통치하고자 했던 것으로 여겨진다. 궁예가 나주를 점령했을 때의 상황을 보면,[30] 이때 그는 지방제도를 주·군화시키고 있었던 흔적을 발견할 수 있다.

---

28) 『三國史記』卷50, 弓裔傳.
29) 『高麗史』卷1, 太祖世家.
30) 금성을 취한 뒤 나주로 바꾸었다(『三國史記』卷50, 弓裔傳).

3. 官階

궁예정권의 통치조직과 아울러 官階를 살펴보는 것도 궁예정권이 갖는 역사성을 파악하는데 유용하다. 관계란 관리들의 공적질서체계로 궁예정권에서는 관계가 두 차례에 걸쳐 시행된 흔적이 나타나고 있다. 궁예가 관리의 공적질서를 두 차례나 시행하려고 했던 데는 그가 단순히 관리들의 서열만을 정하려 한 것이 아니라 그의 정치에 관한 어떤 의지가 관계를 설정하는 데도 일정하게 반영되었다고 여겨진다. 신라의 관등이 관리의 질서체계라기보다는 骨品制에 근거하였던 점을 감안하면, 신라의 官等制度와 궁예정권의 官階를 대비시켜 봄으로써 궁예정권의 관계 설정이 갖는 역사적 의의를 찾아볼 수 있다.

궁예의 官階에 대해서는 다음의 자료들을 참고로 하여 정리해 볼 수 있다.

F-1. 天祐元年甲子(904)立國號摩震年號爲武泰 始置……又設正匡元甫大相元尹佐尹正朝甫尹軍尹中尹等品職[31]

F-2. 國初官階不分文武 曰大舒發韓 曰舒發韓 曰夷粲 曰蘇判 曰波珍粲 曰關粲 曰一吉粲 曰級粲 新羅之制也 曰大宰相 曰重副 曰台詞訓 曰輔佐相 曰注書令 曰光祿丞 曰奉朝判 曰奉進位 曰佐眞使 泰封之制也 太祖以泰封主任情改制民不習知悉從新羅唯名義易之者 從泰封之制尋用大匡正匡大丞大相之號[32]

---

31) 『三國史記』 卷50, 弓裔傳.
32) 『高麗史』 卷77, 百官2 文散階條.

위의 자료에 따르면 궁예정권의 官階는 904년에 처음 제정되었고 (E-1) 그리고 그 뒤 어느 때인가에 다시 개정(E-2)되고 있다.[33] 그리고 泰封 때의 官階는 고려초에도 그대로 습용되고 있다.

궁예정권의 官階가 갖는 의의를 살펴보기 위하여 그 체계를 정리하면 다음의 <표 7>과 같다.

<표 7> 궁예정권의 官階表

904年	911年 以後
1. 正匡	1. 大宰相
2. 元甫	2. 重副
3. 大相	3. 台司訓
4. 元尹	4. 輔佐相
5. 佐尹	5. 注書令
6. 正朝	6. 光祿丞
7. 甫尹	7. 奉朝判
8. 軍尹	8. 奉進位
9. 中尹	9. 佐眞使

<표 7>을 통해서 알 수 있는 사항은 궁예정권의 官階가 모두 9

---

33) 金甲童은 911년 이후의 大宰相, 重副 등의 官階의 사용례가 전혀 나오지 않는다는 점을 들어 이들 관계가 "896년 都邑과 國號를 정하면서 만들어졌으나 몇 년 안가서 어떤 사정에 의하여 新羅式 位階를 사용하였다. 그러다가 國號를 摩震이라 하고 관부를 설립하면서 正匡·元甫 등의 官階를 제정하였다"고 하여 이들 관계가 896년에 제정된 것으로 보았다(김갑동, 『羅末麗初의 豪族과 社會變動研究』, 高麗大學校 民族文化研究所, 1990, 180쪽). 그러나 이 시기는 弓裔가 溟州에서 온 지 불과 2년 밖에 안 되어 관직도 제대로 설치되지 않았던 때이다. 따라서 관계를 정비할 단계가 아니라고 여겨진다. 본서에서는 泰封 때 이후(911) 弓裔 몰락 전의 어느 시기로 본다. 사용례가 전혀 나타나지 않는 이유는 아마도 널리 시행되기 전에 궁예정권이 몰락하였기 때문일 것이다.

등급의 체계로 구성되어 있다는 사실이다. 그리고 이 9등급의 체계가 우연히 이루어진 사실로 보이지는 않는다. 각 등급을 표시한 명칭이 新羅의 제도를 따랐다고 하는『三國史記』신라본기의 기록과는 달리 신라의 관등명과는 용어에서부터 큰 차이를 보이고 있다. 각 등급의 명칭은 관직의 서열이라고 할 만큼 독특하여 단순히 편의상의 구분은 아니다. 따라서 궁예정권의 관계가 전시대인 신라의 관등과 그 체계나 명칭상에서 큰 변화를 꾀하고 있다는 사실을 알 수 있다. 그 구체적인 변화 내용을 살펴보도록 하자.

우선 9등급의 체계에 대하여 살펴본다. 궁예가 새로운 官階를 설정하기 이전까지 관리의 등급을 서열화하던 제도는 骨品制度에 기반한 관등제였다. 골품제는 잘 아는 바와 같이 관리의 등급뿐만 아니라 그 신분마저도 규제한 제도로서 17등급이 있었다. 이 17등급의 官等制度는 그 기원이나 시행 기간 등에 대해 연구가 여럿 있으나 여기서는 그러한 내용을 소개하지는 않겠다.[34] 단지 그 운용이 혈연을 기초로 하였다는 사실만을 확인해 둔다.

이에 비해 궁예정권의 관계는 혈연으로부터 벗어나 공적질서체계를 확립하기 위한 관계로서의 기능을 하고 있다는 데 주목하여야 할 것이다. 그 명칭을 보면 이러한 점은 한층 두드러진다. 904년의 관계의 특징은 관직과 관련된 듯한 것이다. 相·尹과 같은 관직의 명칭이 나타나고 있기 때문이다. 이러한 특징은 개편된 官階에서 한층 현저히 보이고 있다. 이때의 관계는 오히려 관직이라고 하여도 무방할 정도의 것이다. 제1계인 大宰相은 다른 자료가 없어 유추는 불가능하지만 대체로 관직상의 최고위직인 宰相을 그대로 적용했다고

---

[34] 骨品制度에 관한 연구는 여기서 모두 소개할 수 없다. 이에 관해서는 李基東,『新羅骨品制 社會와 花郞徒』, 韓國研究院, 1984를 참조하기 바람.

보아도 무방하다. 제2계인 重副의 명칭에 대해서는 사료의 부족으로, 또 어의상으로도 어떤 의미부여를 할 수 없다. 제3계인 台司訓은 사정기구와 관련된 관직명이 官階로 고정된 것으로 보이기도 한다. 4계의 輔佐相도 어의상으로 추정할 수밖에 없다. 宰相을 보좌하는 위치에 있었던 관직의 명칭이 그대로 고정화된 것으로 보인다. 제5계인 注書令은 실무담당자인 注書의 우두머리로서의 관직명이 官階로 전화된 듯하며, 제7계인 光祿丞은 光祿寺의 長인 光祿寺丞과 연관된 것으로 것으로 여겨진다. 제8·9계도 마찬가지로 관직을 표현하던 명칭이 그대로 또는 변형되어 官階의 서열로 표현된 것으로 추정된다.

이상과 같이 궁예정권에서 시행한 관계의 특징은 골품제도에 기반을 둔 관등제도로부터 직능을 기준으로 한 관직으로 전화하였다라는 점일 수 있다.『三國史記』의 찬자가 官階를 品職(E-1)이라고 서술한 것도 아마 官階의 명칭이 관직과 유사한데서 기록한 것으로 보아 큰 무리는 없을 듯하다.

궁예정권의 官階가 갖는 형태상의 또 다른 특징은 두 번에 걸친 관계가 모두 9등급이라는 사실이다. 그리고 이 9등급이라는 사실은 어떤 의도 아래서 이루어진 것이라고 여겨진다. 관료의 체계를 9단계로 설정한 것은 魏·晋南北朝時代의 魏에서의 일이다.[35] 이미 앞

---

35) 9단계의 관계 설정은 9品官人法 또는 9品中正法이라고도 한다. 그 구체적인 내용은 다음과 같다. "9品官人法은 曹操가 魏를 세우기 직전에 실시된 제도로 소위 魏漢革命에 중요한 역할을 한 제도이다. 이 9品官人法이 최초로 나타난 때는 後漢末인데 後漢朝廷을 소멸시키고 後漢朝廷의 관리를 위로 흡수하기 위하여 설치되었던 것이다. 그 후 魏朝廷의 백관은 그 직무의 중요성에 따라 9품으로 나누어졌다."(宮崎市定,『九品官人法の硏究』, 同朋舍, 1956).

에서 後三國의 상황을 위·진남북조시대의 상황과 유사하게 설정한 연구자가 있었음을 지적하였다.36) 이 9등급의 官階가 제정된 상황을 중국의 위·진남북조시대에 행해진 九品中正法의 제정과 비슷한 사회적 상황으로 보는 것도 의미부여의 한 방법이 될 것으로 본다.

九品官人法이 曹操에 의하여 後漢의 관리와 그의 부하들과의 질서체계의 일원화를 위하여 고안된 제도라는 점을 상기하면 궁예정권의 官階가 9등급으로 편제되고 있었다는 사실도 이와 궤를 같이 하는 사실로 간주하여도 좋을 것 같다. 즉 弓裔는 그가 정복한 지역의 지배집단과 그의 휘하 장수들을 일정한 체계로 흡수하기 위하여 신라의 골품제도를 타파하고 새롭게 9등급의 관계를 설치하였던 것으로 보인다. 전시대의 신분질서인 骨品制度를 대신하여 官人化를 통한 통치구조를 이룩하기 위하여 官階를 만들었던 것이라 볼 수 있다.

그러나 이러한 관인화 과정은 당시의 많은 신라계 관리나 토착적 기반을 가지고 있던 일부 세력들의 반발을 초래하는 원인이 되었던 것으로 여겨진다.37) 王建이 즉위하여 새로이 채택한 官階의 내용을 볼 때 그러하다.38) 앞서 인용한 자료 F-2를 보면 왕건은 궁예를 축출

---

36) 金翰奎,「南北朝時代의 中國的 世界秩序와 古代 韓國의 幕府制」,『韓國古代의 國家와 社會』, 一潮閣, 1985.
37) "위의 九品官人法은 본래는 純官僚的인 성질로 門을 떠나 개인의 才德에 따라 보다 적당한 인재를 발탁하는 것이다."(宮崎市定, 위의 책, 130~131쪽)라고 한 점으로 미루어 볼 때 전통적인 기반을 가진 호족세력들의 반발은 필연적으로 예상된다.
38) "(太祖元年 6月)詔에 이르기를 朕이 듣건대 기회를 틈타 제도를 개혁함에는 잘못된 것을 바로잡는데 상밀하여야 하고 풍속을 교도하고 백성을 가르침에는 반드시 호령을 삼가야 한다고 하였다. 그런데 前主는 新羅의 階官과 都邑의 名號가 모두 비루하다고 여겨 新制로 고쳐 행한 지 누년이

한 뒤 궁예정권에서 사용하던 官階와 新羅시대의 관등명을 동시에 사용하고 있다. 그 이유는 궁예의 지나친 관인화 정책에 반발한 신하와 일부 호족세력의 반발을 무마하기 위하여 취해진 조처로 보인다. 그러나 궁예가 실시한 9등급의 官階는 정형화된 틀로서 王建에게 일정한 영향을 주었다고 보여진다. 즉 신라시대의 관등명을 습용하면서도 그 체계는 9단계로서 궁예정권에서 실시된 것을 답습하고 있는 것이다. 앞의 자료 E-2에 소개된 왕건이 사용하기로 한 관계의 내용을 <표 8>로 체계화하여 살펴보면 이러한 사실을 한층 구체적으로 확인할 수 있으리라 본다.

<표 8> 왕건 즉위후의 관계표(新羅之制에 의거)

1	大舒發韓
2	舒發韓
3	夷粲
4	蘇判
5	波珍粲
6	韓粲
7	闕粲
8	一吉粲
9	級粲

* 典據 : 『高麗史』 卷77, 百官 2 文散階條

위의 官階는 太祖때 습용되었다고 하는 '新羅之制'에 의한 관계이다. 명칭은 신라의 관등명을 따르고 있으나 9등급의 체계는 궁예정권에서 유래된 것임이 확연하다. 즉 궁예정권의 관계는 골품제를 제

되었으나 백성들이 익혀 알지 못하여 혼란함에 이르렀다. 지금에 모두 新羅의 제도를 따르고 그 명의를 알기 쉬운 것만 신제를 따르도록 하라"(『高麗史』 卷1, 太祖世家)고 한 사실을 볼 때 태조가 階官의 명칭을 바꾼 이유는 비루하기 때문만이 아니라 그 내용에도 원인이 있었던 듯하다.

도적으로 타파하였고, 고려초의 관계에도 영향을 끼쳤음을 알 수 있다.

Ⅶ. 궁예정권의 시책

1. 불교와의 관계

　弓裔의 佛敎에 대한 인식은 일찍부터 이 분야 연구자들의 관심의 대상이었다. 그 까닭은 무엇보다도 궁예에 관한 사료 중 불교와 밀접한 관련을 맺는 부분이 있기 때문이다. 그가 投託했던 世達寺, 梁吉의 휘하에서 세력을 결집했던 石南寺, 新羅王의 화상을 칼로 쳤던 浮石寺 등의 사찰이 『三國史記』 弓裔傳에 기록되어 있을 뿐만 아니라, 궁예의 말년에 보이는 彌勒觀心法이나 그가 친히 저술하였다는 경전 등의 존재는 궁예와 불교의 관계가 밀접했다는 사실을 시사하고 있다. 궁예와 불교의 관계에 대한 연구는 대체로 부정적으로 인식되고 있다. 어떤 연구에는 궁예를 광신적인 불교도로 보고 그의 광신적인 태도가 멸망을 자초하였다고 여기기까지 한다.[1]

　최근의 연구에서는 궁예의 불교사상의 맥락을 밝히고자 하는 노력이 주목된다. 즉 궁예가 그의 두 아들을 神光菩薩·靑光菩薩이라 하고 스스로를 彌勒佛이라 하여 三尊佛을 설정하고 있는데 이러한 유형은 彌勒을 本尊佛로 하는 法相宗과 같다는 것이다.[2] 더 나아가

---

[1] 金哲埈,「後三國時代의 支配勢力의 性格에 對하여」,『李相佰博士回甲紀念論叢』, 1964.

궁예의 佛敎修業은 그가 세달사에 투탁할 때부터 시작되었다고 보는 견해도 있다. 이 논지는 궁예를 신라왕실 출신의 진골 신분을 전제로 할 경우에만 가능한 논리이긴 하지만 사상적 추이를 설명하려고 하였다는 점에서 주의를 끈다. 상술하면 궁예는 진골 신분으로 성장하여 당시 진골들이 학습하던 華嚴學을 배웠거나, 후일 정치적 목적에서 眞表의 계통으로 보이는 彌勒信仰에 심취하게 되었다는 것이다.[3]

이러한 일련의 연구들은 나름대로의 논리전개를 실증적으로 하고 있으나 대체로『三國史記』찬자가 기록한 '弓裔=狂信徒'라는 선입견에서 벗어나지 못하여 결국 궁예의 불교사상을 부정적으로 평가하는 데 그치고 말았다.

한편 궁예의 종교사상에 대한 丹齊 申采浩의 견해는 매우 특이하다.[4] 그는 궁예의 종교사상을 불교라는 특정 종교와 관련시키지 않고 한국의 고유한 사상체계와 관련시켰다. 그에 의하면 궁예의 사상은 儒・佛・仙의 3교를 부분적으로 취하여 한국의 고유한 종교를

---

2) 金杜珍,「高麗初의 法相宗과 그 思想」,『韓㳓劤停年紀念史學論叢』, 1981. 申虎澈은 弓裔가 法相宗 계통의 승려로 寺院勢力을 배경으로 성장하였다고 본다. 그의 견해는 사상적 측면보다는 寺院을 중심으로 한 정치적 성격을 밝히려 했다는 점에서 다른 경우와는 차이가 있다(신호철,「弓裔의 政治的 性格―특히 佛敎와의 關係를 中心으로―」,『韓國學報』29, 1982). 한편 趙仁成은 神光菩薩은 부처가 아니라는 점을 들어 法相宗과의 연결을 부인하며 오히려 密敎의 所說로 보고, 弓裔의 佛敎思想을 眞表系 彌勒思想으로 보고 있다(趙仁成,『泰封의 弓裔政權』, 서강대학교 박사학위논문, 1990, 20~27쪽).
3) 趙仁成, 위의 논문, 14~21쪽.
4) 申采浩,「一目大王의 鐵槌」,『丹齊 申采浩全集』(下), 螢雪出版社, 1975, 299~322쪽.

이룩하려는데 목적을 두었다는 것이다. '一目大王의 鐵槌'라고 하는 단재의 소설은 궁예에 관한 전기적 소설로, 비록 소설이긴 하나 앞서 소개한 연구들보다 오히려 직관적인 면에서 설득력이 있다고 여겨지므로 부득이 본 장에서 일별하였다.

지금까지 궁예의 불교사상에 대한 여러 설을 소개하였다. 그러면 궁예와 불교와의 관계는 사료상에 어떻게 나타나는지를 살펴보도록 한다.

> A. 善宗이 彌勒佛이라고 자칭하여 머리에 金幘을 쓰고 몸에 方袍를 입었으며 長子를 靑光菩薩이라하고 季子를 神光菩薩이라고 하였다. 밖에 나갈 때면 늘 흰말을 타는데 비단으로 갈기와 꼬리를 장식하고 소년 소녀들로 하여금 일산과 향과 꽃들을 받들고 앞에서 인도하게 하였다. 또 比丘 200여 인에게 명하여 梵唄를 부르면서 뒤따르게 하였다.5)

위의 사료는 궁예가 스스로를 미륵불로 칭하고 그것을 어떤 형태로 현실세계에서 표현하고 있는가를 알려준다.

첫째, 궁예는 자신을 미륵불, 그의 장자를 靑光菩薩, 차자를 神光菩薩이라 하였다. 둘째, 그 행렬이 호화롭고 거창하다는 것이다. 궁예가 스스로를 彌勒佛이라 한 사실은 두말할 것 없이 그가 彌勒思想의 신봉자라는 사실을 뜻한다.6) 잘 아는 바와 같이 미륵신앙은 『彌勒上往生經』과 『彌勒下往生經』을 소의 경전으로 하는 불교의

---

5) 『三國史記』卷50, 弓裔傳.
6) 弓裔의 彌勒思想은 '자신을 정점으로 하는 새로운 佛敎宗派를 조직하였던 것'(趙仁成, 앞의 논문, 97쪽)으로 보아도 좋을 것이다. 이런 의미에서 이를 편의상 '彌勒宗'이라고 한 그의 견해는 무리가 없다고 보인다.

일파7)로 그 신도들은 주로 지배계층에서 소외된 하층민들이었다. 미륵신앙의 신도들은 역사상에서 과격한 반사회적 성향의 집단으로 나타나는데 궁예도 이와 유사한 경우로 보여진다.8) 또한 그가 그의 장자를 觀音菩薩의 상징인 청색의 청광보살, 차자를 彌陀佛이 내는 광명을 뜻하는 신광으로 이름지은 것도 彌勒信仰과 통하고 있다.9) 眞表에 의해 주장된 法相宗은 미륵불을 主尊佛로 하고 있어 법상종의 한 갈래로 인식되기도 한다.10) 그러나 궁예가 스스로를 미륵불이라 했고 법상종의 주존불이 미륵이라고 하여 그 관련성을 상정하는 것이 반드시 옳지만은 않다고 보여진다.11)

왜냐하면 위의 사료는 궁예의 불교사상에 관해 어떠한 설명도 하고 있지 않기 때문이다. 여기에서 주목해야 할 점은 弓裔가 머리에 금책을 쓰고 넓은 포를 입으며 행차가 호화스럽고 比丘들을 200명이나 따르게 했다는 사실이다. 다시 말하면 궁예는 미륵이 경계한 말을 타고 다녔고12) 보관으로 금책을 쓰고 있으며, 얇은 가사가 아닌 방포를 입고 다녔다는 사실들은 彌勒을 주존으로 하는 法相宗과는 거리가 먼 것으로 여겨진다. 더욱이 궁예는 행차를 할 때 비구 200명이 梵唄를 부르며 따르게 했는데 이는 신앙인으로서의 행렬은 아니며, 오히려 불교를 군왕의 정치적 권력 아래 두려고 했던 행동

---

7) 金三龍, 『韓國彌勒信仰의 研究』, 同化出版公社, 1983, 64~65쪽.
8) 許興植, 「高麗의 佛敎와 融合된 社會構造」, 『東洋文化研究』 10, 1983, 29쪽의 주 61).
9) 『三國史記』 卷50, 弓裔傳.
10) 金杜珍, 「高麗初의 法相宗과 그 思想」, 『韓㳓劤博士停年紀念史學論叢』, 1981.
11) 趙仁成, 『泰封의 弓裔政權研究』, 서강대학교 박사학위논문, 1990.
12) "嘗見普賢章經 彌勒菩薩言 我當來世 生間浮提 先度釋迦 末法弟子 唯除騎馬比丘 不得見佛 可不警哉"(『三國遺事』 卷5, 感通7 景興遇聖條).

으로 보인다.13)

　궁예가 그의 견해와 다르다고 하여 釋聰을 죽인 사건은 기존 불교와의 갈등을 잘 나타내고 있다.

> B. 스스로 경 20여 권을 저술하였는데 그 말이 요사하고 허망하여 모두 정당하지 못한 것들이었으며 때로는 단정하게 앉아서 이를 강론하기도 하였다. 僧 釋聰이 말하기를 "모두 요사스러운 말(邪說)과 괴이한 이야기(怪談)로서 가르칠 만한 것이 아니다."라고 하였다. 善宗이 이를 듣고 화를 내어 철퇴로 때려 죽였다.14)

　위의 사료에서 궁예가 저술한 경전의 내용을 '邪說', '怪談'이라고 혹평한 釋聰은 궁예에게 죽임을 당하고 있다. 그런데 석총은 진표계의 법상종 승려로서 왕건에게 簡字를 전한 인물로 알려져 있다. 즉 궁예는 眞表系의 승려와도 다른 독특한 講說과 經典을 저술하고 있었던 것이다. 그렇다면 궁예는 기존 불교의 신앙과 다른 독특한 신앙을 창시하였다고 여겨진다. 스스로를 미륵불이라고 한 것으로 보아 미륵신앙과 비슷하다고 볼 수도 있으나,15) 그 방법에 있어서 어

---

13) 佛教思想은 王權強化理念으로 중요시되어 이를 이용하였다고 하는 의미에서 弓裔政權의 性格을 '神政的 專制主義'(趙仁成, 앞의 논문, 98쪽)로 부르기도 한다. 그러나 진흥왕, 진평왕 등 신라의 왕들도 자신들을 부처와 동일시 하였던 것에 대해서는 '신정적 전제주의'라고 하지 않고 있다. 오히려 그러한 조처가 후진 신라를 한단계 끌어 올리는데 긍정적 역할을 했다고도 한다. 궁예는 미륵을 내세웠기 때문에 차별화되는 것인지에 대해서는 의문이다. 궁예의 '신정적 전제주의'가 신라왕들에서 나타난 형태와 어떻게 다른지 검토가 필요하다. 또한 이집트 파라오식의 '신정주의'와 유사한 것인지 아닌지에 대한 비교도 필요하다.
14) 『三國史記』 卷50, 弓裔傳.
15) 최성은은 태봉의 불교가 단순히 미륵신앙만을 특징으로 하는 것이 아니라

떤 차이가 있었던 점은 분명하다고 하겠다.

이러한 차이가 무엇인지 구체적으로 밝힐 수는 없으나 釋聰이 고급승려인 반면 궁예와 끝까지 입장을 같이 했던 종간·은부 등의 신분이 사원의 하층신분이었다는 양자의 처지를 비교해 보면 추정이 가능하다. 즉 후자가 사원의 하층신분에 속한 인물로 궁예정권이 몰락할 때까지 궁예의 측근이었던 반면, 眞表系 法相宗의 고급 승려인 석총은 죽임을 당하였다는 양자의 차이는 현세의 개혁에 대한 실천적인 면에서 차이를 보였던 것이라고 할 수 있다. 그러므로 궁예가 저술하였다고 하는 불경의 내용도 사상적 측면보다는 현세의 개혁에 대한 내용이 보다 많은 부분을 차지하고 있었을 것으로 추정할 수 있다. 강진 무위사의 선각 형미도 어떤 이유에선지 궁예에게 죽임을 당하였다.16)

지금까지 통설로 이해되어 오던 궁예와 불교의 관련만을 강조하는 것은 무리가 따른 것으로 보인다. 따라서 궁예와 불교의 관계를 사상적으로 접근하는 것은 매우 어려운 문제가 되는 것이다. 오히려 자료가 전하는 바대로 궁예가 정치적으로 불교를 어떻게 이용하려 하였는가를 살펴보아야 보다 설득력 있는 접근 방법이 되리라고 본다.17)

이미 앞에서 인용한 바와 같이 궁예는 행차시에 승려를 뒤따르게 하였고 자신을 미륵불이라고 하였다. 이러한 사실은 궁예가 단순한

밀교적, 신비주의적 경향을 띠고 있었으며, 이러한 경향은 당의 불교와 발해, 거란 등의 불교로부터 영향 받았을 가능성이 있다고 하였다(최성은, 「나말려초 석불조각에 대한 고찰-궁예 태봉(901~918)지역 미술에 대한 시고-」, 『역사와 현실』 44, 2002, 39쪽).
16) 「무위사 선각대사편광탑비」, 『조선금석총람』(상), 169쪽.
17) 趙仁成, 앞의 논문, 93~106쪽.

정치적인 최고 실력자일 뿐만 아니라 종교계에서도 최고의 존재임을 의미한다. 다시 말하자면 궁예는 정치와 종교를 모두 그의 직접 예속하에 두려고 하였다.

이러한 현상은 당시 종교계와 매우 다른 양상으로 전개된 내용이었다. 당시의 종교계는 지방 豪族들의 지원을 받아 거의 독립적인 세력을 유지하면서 중앙정부의 통제로부터 벗어난 상태였다. 九山禪門으로 대표되는 이러한 동향은 그들 나름의 일정한 지역을 지배하는 하나의 지배집단적 성격을 띠며 진행되고 있었다. 그리고 이러한 현상은 호족의 분립과 함께 지방분권의 한 표징으로 나말여초의 시대적 특징의 하나이기도 하였다.18) 그러나 궁예는 이와 달리 독립성을 유지하고 있던 불교계를 왕권의 직접적인 통제하에 두기 위하여 노력하고 있는 것이다. 그가 스스로를 彌勒佛, 자기 두 아들은 菩薩로 상징화시킨 것은 정치권력과 종교 모두 그의 지배아래 두려고 했던 근거로 제시할 수 있다.

궁예가 이렇게 종교마저도 직접 통치하려고 했던 까닭은 무엇이었을까? 구체적인 자료의 부족으로 바로 답하기는 어려우나 그의 성장환경과 관련이 있는 것으로 보인다. 弓裔가 世達寺에 投託하여 성장하였다는 것은 앞에서 살펴본 바와 같다. 그는 장성하여 세달사를 떠나는데 세달사의 교리·종단과 잦은 충돌을 하였기 때문이다. 이러한 世達寺에서의 그의 행동은 그가 당시의 佛敎界에 대하여 매우 비판적이었을 뿐 아니라 사원세력에도 저항적이었음을 나타낸다. 더욱이 그가 세달사를 떠난 뒤에 정착하려 한 대상이 불교사원이 아니라 豪族인 箕萱이라는 점도 궁예가 반사원적 존재였다는 점을 입증하여 준다. 이러한 과정에서 궁예는 불교에 대하여 부정적인 태도

---

18) 崔柄憲,「羅末麗初의 禪宗의 社會的 性格」,『史學研究』25, 1975.

를 취하게 되었고 그 결과 불교세력을 그의 휘하에 직접 복속시키려 했던 것 같다.

따라서 궁예에게 탄압을 받은 대상은 불교를 이끌어 가던 기존 보수세력이었을 것으로 보인다. 궁예에게 죽임을 당한 석총의 경우가 그러하다.19) 이와는 달리 불교사원의 하부구조를 형성하고 있던 수원승도를 포함한 무리들은 오히려 현달하였다. 어려서 중이 되었다고 하는 종간, 은부 등은 이 경우에 해당된다고 볼 수 있다.

궁예와 불교와의 관계는 사상적 맥락에서보다는 정치와의 관련에서 파악함으로써 보다 정확한 사실에 접근할 수 있다고 믿어진다.20) 그리고 궁예의 사상적 추이는 불교라는 고정적인 관념에서만 파악할 것이 아니라 토착신앙과의 관련 속에서도 이해하여야 할 것으로 생각된다. 특히 궁예가 障繕府를 두었다고 하는 사실은 궁예의 사상적 맥락을 살피는 것과 아울러 불교와의 관계도 부분적으로 설명해 주리라고 본다. 장선부의 기능이 '修理城隍'21)이라고 기록되어 있는 점으로 볼 때 궁예는 전통적인 불교교리보다는 오히려 '城隍'같은 토착사상을 기반으로 불교사상과의 접합을 꾀하려 했던 것으로 여겨지기 때문이다.22)

---

19) 『三國史記』 卷50, 弓裔傳.
20) 궁예가 스스로 미륵불이라고 자처한 것은 '王卽佛' 즉 세속국왕의 통치행위를 부처의 행위로 성화시키고 왕권을 한층 강화하려 한 것으로 이해하기도 한다(남동신, 「나말려초 국왕과 불교의 관계」, 『역사와현실』 56, 2005, 85~86쪽).
21) 『三國史記』 卷50, 弓裔傳.
22) 장선부는 城隍을 수리하는 일을 관장하였다고 한다. 성황을 수리하는 업무는 두 가지로 생각할 수 있다. 城과 垓字의 수리를 우선적으로 생각할 수 있고, 城隍祠廟의 관리를 관장하는 것도 고려될 수 있다. 그런데 축성과 동시에 성황사묘가 설치되는 것이 상례였던 것으로 보아 양자를 분리

2. 경제정책

궁예가 실시한 경제정책에 대한 연구성과는 미미한데 사료의 부족에도 원인이 있으나 연구자들의 관심도 크게 기울여지지 않았다. 그 까닭은 궁예가 그의 치세 말기에 탐학하게 가렴주구를 꾀하다 백성들에게 죽임을 당한 인물로 기록되어 있고,[23] 이런 인식을 바탕으로 궁예의 경제정책을 이해할 경우 궁예는 무리한 경제정책을 시행하여 과중한 租稅부담을 안겨 주었으리라는 선입견이 크게 작용하였기 때문이다. 그러나 궁예의 경제정책이 과연 개인의 탐학성 내지 도덕성과의 연관에서 파악되어야 하는지에 대해서는 재고를 요하는 문제라고 생각된다. 이와 관련된 사료를 찾아보면 다음과 같다.

C-1. ······사졸들과 함께 고생과 즐거움을 같이 하며 주고 빼앗는 일에 이르기까지도 공평하여 사욕을 채우지 않았다.[24]

C-2. 천우2년 을축 새 서울로 들어가 궁궐과 누대를 수축하는데 아주 사치하게(窮奢極侈) 하였다.[25]

C-3. 하루는 급히 太祖를 부르므로 들어가 보니 弓裔가 바야흐로 誅

해서 생각할 필요는 없다. 특히 성황신에 대한 제사가 당시 지역공동체 내에서 自衛와 통합에 관련되었다는 점을 생각하면 더욱 그러하다(蔡雄錫,「高麗時代 香徒의 社會的 性格과 變化」,『國史館論叢』第2輯, 국사편찬위원회, 1989, 108~109쪽).

23) "景明王二年 夏六月 弓裔麾下人心忽變 推戴太祖 弓裔出奔 爲下所殺"(『三國史記』卷12, 新羅本紀 景明王2年 夏6月條).
24) 『三國史記』卷50, 弓裔傳.
25) 『三國史記』卷50, 弓裔傳.

殺之籍(죽인 사람의 명부)과 몰수한 금은보기와 상장을 점검하
다가……26)

　자료 C-1은 弓裔가 세력을 결집시켜 나가던 초기의 사실이며, 자
료 C-2와 C-3은 그가 왕이 된 이후의 사실이다. 자료 C-1은 궁예가
개인적으로 공평하였다는 의미이며 자료 C-2와 C-3은 그의 탐욕이
묘사되어 있다. 대체로 이 사료들은 개인적인 도덕성과 결부시켜 이
해되고 있으나 이러한 이해는 오해를 범할 소지가 있다. 따라서 이
사료들은 당시의 궁예의 처지와 관련시켜 해석하여야 올바른 이해
에 도달하리라고 믿는다.
　사료 C-1의 내용은 궁예가 그의 초기 세력을 형성해 나가던 때의
사정으로 이 시기의 궁예집단은 소규모로 그 성격도 任俠의 성격을
크게 벗어났던 것 같지는 않다. 이때의 궁예와 그 소속원들 사이의
관계는 '友'라고 표현되는 수평적 관계였던 것이다.27) 한편 사료 C-2
와 C-3은 궁예가 都邑을 철원으로 옮긴 뒤 신도 경영에 착수한 이후
의 사정이다. 따라서 이 사료는 당시의 정치적 상황과 연결시켜 이
해하여야 할 것이다. 이 시기는 궁예가 도읍을 크게 수축할 때의 일
이다. 궁예는 障繕府를 두어 대대적인 토목공사를 벌이고,28) 그 규
모도 사료 C-2에서 '窮奢極侈'로 표현된 바와 같이 호화로웠던 것으
로 짐작된다.29) 흔히 왕실의 권위와 위엄을 상징하기 위하여 대대적

---

26)『高麗史』卷1, 太祖世家.
27) "大順二年……結箕萱摩下元會申煊等爲友"(『三國史記』卷50, 弓裔傳).
28) "天佑元年甲子……障繕府(掌修理城隍)……"(同上)이라 한 것으로 보아
　　障繕府는 城과 垓字 수리를 관장하며, 또 城隍祠廟의 관리도 관장하였다
　　는데, 특히 이때는 鐵圓의 宮城修理에 많은 관심이 두어졌을 것이다.
29) 鐵圓外城의 둘레는 14,421尺이었고 內城의 둘레는 1,955尺으로 土城이었
　　다고 한다. 이는 高麗 顯宗 때 거란을 막기 위해 세운 羅城의 주위가

인 토목공사가 수행된 것은 일반적인 사실이다.30) 이는 궁예도 마찬가지였다.

따라서 이러한 사업을 효율적으로 수행해 나갈 경제력은 마땅히 호족들로부터의 지원에 의지할 수밖에 없는 실정이었다. 사료 C-3에 보이는 '誅殺之籍'이 바로 豪族들과 관련된 문서가 아닌가 싶다. 문자 그대로 풀이한다면 살인명부가 되겠지만 문장의 전체적인 의미로 볼 때 이는 재물징수의 혹독함과 결부시켜 그렇게 부른 것일 뿐 실제로는 豪族들에게서 거두어 들일 재물과 호족들의 성명 등을 파악한 문서로 이해된다. 이를 '誅殺之籍'이라고 한 것은 그만큼 궁예가 호족들로부터 많은 양의 경제력을 요구하였기 때문에 지어진 것으로 보이는 것이다. 즉 궁예의 탐학성은 그가 鐵圓으로 도읍을 옮긴 뒤 토목공사를 수행해 나갈 경제력을 확보해 가는 과정에서 수반된 결과였다.

그렇다면 실제로 궁예가 그의 말년에 거두어들인 租稅의 실질적인 징수량은 어느 정도였을까? 다음의 사료를 살펴보도록 한다.

> D-1. 삼국의 말기에 땅의 경계가 바르지 못하고 거두어들임이 끝이 없으니 高麗는 太祖가 즉위하자 먼저 전제를 바로 잡고 백성으로부터 거두어들임에 법도가 있게 하였다.31)

29,900步였고, 羅閣이 13,000間이었다고 하는 것으로 보아 開京의 城이 鐵圓의 城의 12배가 넘는다. 또 이 시기의 羅州邑城은 주위가 3,126尺이었다고 한다(李貞信,「弓裔政權의 成立과 變遷」,『藍史鄭在覺博士古稀紀念 東洋學論叢』, 고려원, 56쪽). 그러나 궁예도성의 규모는 개성과 크게 차이가 있는 것 같지는 않다(이재,「궁예와 철원 일대의 성곽」,『궁예와 태봉의 역사적 재조명』, 철원군·철원문화원, 2003).

30) 隋의 煬帝와 같은 경우가 이에 해당한다.
31) 『高麗史』卷78, 食貨 序.

D-2. 太祖가 즉위한 지 34일만에 여러 신하들을 맞이하여 보고 슬퍼하면서 탄식하여 말하기를, "租稅를 마구 거두어들여 1頃의 租로서 거두어들임이 6石에 이르러 백성들은 즐겨 살 수 없게 되었다. 내가 이를 매우 불쌍히 여기느니 이제부터는 마땅히 什一稅法(10분의 1의 세를 받는 법)에 의거하여 田 1負에 租 3升를 내게 하라고 하였다.32)

D-3. 해당 관청에 일러 말하기를 "泰封의 主가 백성을 마음대로 하여 오직 취렴을 일삼고 옛 제도를 좇지 아니하여 1頃의 田에서 租稅가 6石이나 되었고 管驛의 戶에서 거두는 絲가 3石이나 되어서 백성들이 밭 갈고 길쌈하는 일을 그만 두고 서로 이어 유망하였다. 이제부터는 租稅와 賦役은 마땅히 옛 법을 써서 하라"고 하였다.33)

위의 자료들은 궁예 말기와 왕건 즉위 후의 田制의 경영과 租稅에 관한 내용들이다. 사료 D-1은 田制가 문란하였다는 일반적인 현상을 나타낸 것이며, 사료 D-2와 D-3은 궁예 말기의 조세액이 1頃에 6石이었던 것을 태조가 즉위하여 10분의 1세로 하여 田 1負에 租 3升으로 하였다는 내용이다. 왕건이 시행한 전 1부에 조 3승은 전 1경당 조 2석에 해당하는 양으로 조세의 양이 1/3로 줄어든 것이다. 그리고 이러한 감세조치는 1/10세법에 의거한 것이었는데, 이 점은 관련 농민들이 자영농이었음을 말하여 준다.34) 王建에 비해 궁예의 상대적인 자영농에 대한 수탈은 자료 C-1이 보여 주었던 弓裔의 초기

---

32) 『高麗史』 卷78, 食貨 田制 祿科田 禑王 14年 7月 趙浚上書.
33) 『高麗史』 卷78, 食貨 租稅 太祖元年 7月條.
34) 洪承基, 「後三國의 分裂과 王建에 의한 통일」, 『韓國史市民講座』 제5집, 1989, 78쪽.

행동과는 크게 차이가 나타나는 것이었다.

자영농으로부터도 무리한 징수를 할 수밖에 없었던 까닭은 궁예의 탐학성에서 기인하는 것이 아니라 신도건설 등 새로운 국가경영에 따른 재원의 요구에서 비롯된 것이었다. 궁예는 초기에 그의 집단에 대하여 공평한 경제적 조처를 취하려는 노력을 하였다. 그러나 도읍을 鐵圓으로 옮긴 후에 벌인 무리한 토목공사는 豪族들은 물론 자영농으로부터 무리한 재물과 과중한 징세를 수탈하는 결과를 낳게 되었다. 그리고 이러한 경제정책의 시행과정에서 누적된 豪族들과 농민들의 불만은 弓裔 멸망의 한 원인이 되었다.

3. 대외관계

궁예정권의 대외관계는 사료상에 나타나는 내용만으로는 그다지 활발했던 것 같지는 않다. 그리고 이러한 문헌상의 자료를 근거로 하여 궁예는 외교에 대하여 매우 소극적이었던 인물로 평가되기도 한다.[35] 그러나 摩震時代에 奉賓部를 설치한 사실과 '習諸譯語'[36]를 관장하는 史臺를 둔 점 등은 궁예정권이 대외관계에 전혀 무관심하지만은 않았다는 것을 반증하여 준다.

비록 자료의 부족으로 더 이상 자세한 내용을 알 수는 없지만, 궁예의 외교적 안목이 편협하였다고 볼 수만은 없다. 구체적으로 궁예정권 당시만 하더라도 전쟁기였고, 중국대륙에는 唐이 멸망한 후 분

---

35) 조인성, 「궁예정권의 대외관계」, 『강좌한국고대사』 4권, 가락국사적개발원, 2003 ; 신호철, 「태봉의 대외관계」, 『태봉국역사문화유적』, 한림대학교 산학협력단, 2006.
36) 『三國史記』 卷50, 弓裔傳.

열상태가 지속되던 때였으므로 궁예로서는 대륙과의 대외관계가 그리 절실하지 않은 때였다. 국내적으로는 패권쟁탈이 무엇보다도 선결하여야 할 과제였으므로 관심의 대상이 자연히 무력적 적대관계에 있었던 신라와 후백제로 귀결될 수밖에 없었을 것이다. 본 장에서는 궁예정권이 신라와 후백제 및 중국과 契丹 등에 대하여 취한 모든 관계를 대외관계로 보고 이에 대하여 정리해 보고자 한다.

1) 신라

궁예의 신라에 대한 인식이나 이에 관한 정책은 그의 사회적 위치와 무관하지 않다. 그러나 지금까지 그의 新羅에 대한 정책은 그가 신라의 왕실 출신인데도 불구하고 버림을 받은 데서 오는 복수심으로 적대적인 태도를 보인 것으로 인정되어 오고 있다.37) 그것은 『삼국사기』의 다음과 같은 기사로 말미암은 것이다. 그 내용을 보면 다음과 같다.

> E. 天復元年辛酉 善宗이 자칭 王이라 하고 사람들에게 말하기를 "이전에 新羅가 唐나라에 병사를 청하여 高句麗를 격파하였기 때문에 平壤 옛 서울이 묵어서 풀만 무성하니 내가 반드시 원수를 갚겠다."(吾必報其讎) 대개 자기가 태어났을 때에 버림을 받은 일이 원망스러웠기 때문에 이 말을 하였다.38)

---

37) 鄭淸柱,「弓裔와 豪族勢力」,『全北史學』10, 1986 ; 趙仁成,『泰封의 弓裔政權硏究』, 서강대학교 박사학위논문, 1990 등 최근의 연구자들도 모두 이러한 견해를 보이고 있다.
38)『三國史記』卷50, 弓裔傳.

위 사료를 보면 弓裔는 스스로 王을 칭한 뒤 高句麗의 복수를 다
짐했는데 그 원인은 신라왕실이 궁예가 태어났을 때 그를 버렸기 때
문이라고 하였다. 그리고 이 내용은 이후로 弓裔의 대신라관을 대변
하는 사료로 인정되어 오고 있다. 그러나 위 사료의 내용으로 볼 때
궁예가 고구려를 멸망시킨 데 대한 복수를 하겠다는 의지가 어떻게
신라 왕실에서 그를 버렸다는 사실과 연결되는지 선뜻 이해가 가지
않는다. 더욱이 이 내용을 같은 시기 後百濟를 내세운 견훤의 구호
와 비교하면 더욱 의구심이 커진다. 그 사료는 다음과 같다.

> F. 甄萱이 서쪽으로 돌아다니다가 完山州에 이르니 州內의 백성들
> 이 甄萱을 맞아 위로하였다. 甄萱이 인심을 얻은 것을 기뻐하며
> 좌우에 말하기를 "내가 삼국의 시초의 일을 생각해보니 馬韓이
> 먼저 일어났고 뒤에 赫居世가 일어났으므로 辰韓과 下韓이 따
> 라서 일어났다. 이때 百濟는 나라를 金馬山에서 開國하여 600여
> 년이 되었는데 摠章 연간에 唐나라의 高宗이 新羅의 청으로 將
> 軍 蘇定方을 보내어 水軍 13만을 거느리고 바다를 건너오고 新
> 羅의 金庾信이 권토하여 黃山을 지나 泗沘에 이르러 唐나라 군
> 사와 함께 공격하여 百濟를 멸망시켰으니 지금 내가 어찌 서울
> 을 完山에 정하여 義慈王의 오랜 분노를 설욕하지 않겠는가"(雪
> 義慈宿憤乎)라고 하고 드디어 後百濟王을 자칭하였으며……39)

위 사료는 甄萱이 後百濟를 세우게 된 내력과 목적을 말하고 있
다. 이 가운데 甄萱이 '雪義慈宿憤乎'라 한 것은 弓裔가 말한 '吾必
報其讎'와 같은 의미이다. 굳이 차이를 든다면 甄萱은 '雪辱'이고 弓
裔는 '復讎'라고 한 표현상의 차이밖에는 없다. 그럼에도 불구하고

---

39) 『三國史記』 卷50, 甄萱傳.

『三國史記』에서 구태여 궁예가 신라에 대한 복수의 명분을 신라왕실에서 버림받았기 때문이라고 설명한 이유는 어디에 있을까? 여러 가지 이유가 있겠으나『三國史記』가 高麗의 건국을 합리화하기 위해 편찬된 것을 감안할 때[40] 弓裔의 신라에 대한 적대를 新羅王室에 대한 개인적인 감정과 결부시키려 한 의도는 신라와 궁예, 궁예와 고려, 고려와『三國史記』의 관계에서 파악하지 않으면 안 될 것이다. 여기에서 추론할 수 있는 것은『三國史記』는 궁예의 고구려 유민의 복수를 대신하겠다는 명분을 단순히 신라왕실에 대한 개인적인 원한관계로 돌리려 한 것 같고, 그렇게 한 것은 왕건의 高麗가 궁예를 계승한 것이 아니라 새로운 창업이었다고 하기 위해서였다. 따라서『三國史記』에는 궁예가 왕을 칭했다는 기록만 보일 뿐, 국호를 高麗라고 한 기록이 보이지 않는 것이다.[41] 그 결과 궁예는 개인적인 원한관계로 신라를 적대시하였고, 왕건은 이러한 궁예를 타도하고 신라에게 나라를 넘겨받아 신라의 정통성을 이을 수 있었던 것이다.

그러나 궁예의 反新羅的 경향은 단순히 개인적인 원한관계에서 비롯된 것이 아니다. 그 근본적인 원인은 무엇일까? 궁예의 신라에 대한 태도에 관하여는 다음과 같은 사료가 있다.

> G-1. 어느 때 남쪽으로 돌아다니다가 興州 浮石寺에 이르러 벽화에 있는 新羅王의 화상을 보고 칼을 보고 이를 쳤는데 그 칼자국이 지금도 남아 있다.[42]

---

40) 金哲埈,「高麗 中期의 文化意識과 史學의 性格―三國史記의 性格에 對한 再認識―」,『韓國史研究』9, 1983.
41) 이 사실은『三國遺事』의 기록으로 보충된다. 즉,『三國遺事』王曆 後高麗 條에 '辛酉弓裔稱高麗'라고 하였다.

Ⅶ. 궁예정권의 시책 173

> G-2. 善宗이 강성함을 믿고 新羅를 병탄할 뜻을 가지고 나라사람들
> 에게 新羅를 멸도라고 부르게 하였으며 무릇 新羅로부터 오는
> 사람들을 모두 죽여버렸다.[43]

위의 사료들은 궁예의 신라에 대한 태도가 한결같이 적대적이었다는 사실을 밝히고 있다. 그리고 이러한 反新羅的 경향은 뒤로 내려올수록 강해지고 있음도 아울러 보여주고 있다. 사료 G-1의 내용은 892～894년 사이의 사실로 궁예가 梁吉 휘하에서 세력을 결집할 때의 일이며,[44] 사료 G-2는 905년의 사실로 궁예가 摩震으로 국호를 고치고 그의 새로운 국가경영의 이상을 펼칠 때의 상황들을 설명하고 있다. 이렇게 궁예의 反신라적 경향은 뒤로 내려올수록 더욱 강하게 나타나고 있는 것이다.

이러한 궁예의 일관된 반신라적 경향은 왕실에서 버림받았기 때문이라고 하는 『三國史記』의 이유보다는 그의 사회적 지위에서 비롯된 것으로 보여진다. 그것은 그가 世達寺의 隨院僧徒로서 당시의 하층민이 경험하던 사회적 모순을 겪었다는 점에서 이해하여야 할 것이다. 이 시기의 신라에서는 많은 불만농민들이 끊임없이 반란을 일으켰는데[45] 그 원인은 元宗・哀奴의 亂을 살펴봄으로써 알 수 있을 것이다.

> H. 나라 안의 여러 주・군에서 貢賦를 나르지 않으니 府庫가 비어

---

42) 『三國史記』 卷50, 弓裔傳.
43) 『三國史記』 卷50, 弓裔傳.
44) 李在範, 「弓裔政權의 政治的 性格」, 『溪村 閔丙河敎授停年紀念 史學論叢』, 138～139쪽.
45) 洪承基, 앞의 논문, 66～67쪽.

버리고 나라의 쓰임이 궁핍해졌다. 왕이 사신을 보내 독촉하였지만 이로 말미암아 처처에서 도적이 벌떼같이 일어났다. 이에 元宗·哀奴 등이 沙伐州(尙州)에 의거하여 반란을 일으키니 왕이 奈麻 令奇에게 명하여 잡게 하였다. 令奇가 적진을 쳐다보고서는 두려워하여 나아가지 못하였다.[46]

이 사료는 新羅下代 농민들의 가장 일반적인 모습을 살펴볼 수 있는 자료이다. 즉 농민들은 혹독한 租稅에 대하여 반란을 일으켰는데, 그 반란의 정도가 아주 거세어 관군이 감히 제어하지 못했던 것이다. 이들 불만 농민들의 난의 원인은 경제적인 것으로 볼 수 있다. 신라에 대한 불만 농민의 적대감은 극심한 상태였던 것이다.[47]

따라서 궁예가 浮石寺에 있는 신라왕의 화상을 칼로 쳤다[48]고 하는 사실이나 신라를 멸도라고 한 사실 등은 모두 당시 농민들을 비롯한 하층민의 심정을 대변하는 것이 된다. 결국 이러한 하층민들의 불만을 구체적으로 표현한 결과가 궁예의 摩震 또는 泰封이라는 국호와 水德萬歲라는 연호로 나타났다고 볼 수 있다.

그러나 궁예의 반신라적인 태도는 호족세력의 보수적 체질과 일치할 수만은 없었던 것으로 보여진다. 특히 왕건과는 대신라관에서 큰 차이를 보이고 있다. 그것은 왕건의 선대가 聖骨將軍[49]으로 표현

---

46) 『三國史記』 卷11, 新羅本紀 眞聖王 3年條.
47) 洪承基, 앞의 논문, 63~64쪽.
48) 趙仁成은 弓裔가 浮石寺에서 新羅王의 畵像에 칼질을 한 것을 弓裔가 華嚴宗과 新羅王室과의 단절을 꾀하기 위하여 취한 행동이라고 하였다 (앞의 논문, 95쪽).
49) 聖骨將軍의 聖骨은 新羅中代까지 왕위를 세습하던 신라의 최고 신분으로, 王建의 가문에서 그의 선대를 이렇게 표현했다는 사실을 王建과 그의 가문이 新羅의 전통을 답습하려 했다고 볼 수 있는 근거가 된다.

되고 있을 뿐 아니라 왕건이 궁예를 축출하고 즉위한 뒤 실시한 관제개혁의 敎書에서 신라제도를 수용한다고 한 것 등50)에서 볼 때 왕건은 신라에 대하여 포용적인 태도를 보이고 있는 점에서 그러하다. 이러한 양자간의 차이는 사회적 지위의 속성에서 비롯된 것으로 볼 수 있다. 궁예의 반신라적인 태도는 개인의 원한 때문이 아니라 신라에 대한 불만을 노출하고 있던 하층민의 심리를 대변하는 것이라 하겠다. 궁예와 왕건의 對新羅觀의 차이는 앞서 살펴 본 五行的 歷史觀의 차이에서도 뚜렷이 나타나고 있다. 궁예의 이러한 대신라관은 甄萱이 신라로부터 정통성을 찾으려 한 것이나, 왕건이 신라와 우호적인 관계를 설정한 것과는 좋은 대조가 된다.51)

2) 후백제

궁예정권과 後百濟와의 관계는 전투관계 기사만이 찾아진다. 궁예정권과 후백제와의 충돌은 903년 3월 궁예가 왕건을 시켜 나주 등 10여 군을 功陷함으로써 시작된다.52) 그 뒤 906년에는 尙州의 沙火鎭에서 전투를 하게 되는데, 사화진 전투는 나주지역 밖에서 벌어진 유일한 전투이다. 양국간의 이 전투 후에는 다시 나주에서 공방전을

---

50) 『高麗史』 卷77, 百官志 文散階條.
51) 궁예정권과 신라와의 관계를 우호적으로 본 경우도 있다. 황선영은 양자간에 사신의 교류도 있었고, 궁예가 신라를 적대시한 흔적은 찾아보기 힘들다는 견해를 보이고 있다. 마찬가지로 견훤과의 관계도 적대적이지만은 않았을 것이라고 한다(황선영,「후삼국의 외교관계」,『한국중세사회의 제문제』, 한국중세사학회, 2001).
52) 신성재는 궁예정권의 군사정책 차원에서 신라선점공략책과 후백제배후공략책으로 구분하여 설명하고 있다(신성재,『궁예정권의 군사정책과 후삼국전쟁의 전개』, 연세대학교 박사학위논문, 2006).

벌이게 되며, 이 해 6월에는 光州의 鹽海縣에서 견훤이 오월에 보내는 使船을 왕건이 나포하여 궁예에게 보내는 사건이 발생한다.53) 이것은 궁예정권이 나주를 통하여 중국과 교류를 하던 후백제를 배후에서 차단하고 이 일대의 해상권을 장악하기 위해서였다. 이 후로도 궁예정권은 전라도의 도서지역인 珍島郡과 皐夷島를 공격하고 德鎭浦와 壓海縣을 공격하기도 한다. 특히 910년에는 나주를 두고 쌍방간에 치열한 공방전을 벌였는데 결국 궁예정권의 수중에 나주가 들어오게 된다.

궁예정권과 후백제와의 치열한 전투는 주로 왕건에 의해 수행되었다. 물론 이 시기의 기록들이 왕건을 미화하고 있기는 하지만 궁예정권과 후백제의 전투가 치열하였던 점을 보면 왕건의 전공이 단순히 과장만은 아니라고 여겨진다. 궁예가 몰락한 뒤에는 왕건에 의해 후백제와의 관계가 和戰兩面策으로 전환되었다.54) 궁예 집권시 후백제와의 관계는 武力에 의한 전투로 일관되고 있었던 사실을 알 수 있다.55)

3) 중국·거란

궁예가 중국에 대하여 보인 관심은 그다지 뚜렷하게 나타나지는 않는다. 이렇게 궁예가 중국과의 외교관계를 그다지 긴밀하게 유지하려고 하지 않았다는 이유를 대체로 그의 외교 안목이 편협하였다는 데서 찾는 경향이 있다. 그 근거를 중국과 외교활동이 활발하였

---

53) 『三國史記』卷50, 弓裔傳.
54) 崔根泳, 『통일신라시대의 지방세력 연구』, 신서원, 1990, 167~168쪽.
55) 후백제와의 구체적인 전투에 관해서는 본서 Ⅲ. 궁예의 세력 확대와 영역 변화를 참조할 것.

던 甄萱이나 王建 그리고 王逢規 등과 비교하여 제시하고 있다.56) 그러나 甄萱, 王建, 지방호족인 王逢規 등이 중국과 활발한 외교를 벌인 목적은 중국으로부터 정통성에 대한 명분을 찾기 위한 데서 비롯되는 것이다.57) 이들은 대체로 중국과 사대라는 범주에서 제한적인 외교활동을 벌이고 있다. 이와는 대조적으로 궁예는 중국과 외교관계를 거의 맺지 않고 있다.

그러나 이러한 점만으로 궁예의 대외관계에 대한 안목이 편협했다는 일방적인 해석을 내릴 수는 없다고 본다. 궁예가 스스로를 왕이라고 칭하면서 내건 구호에서 궁예의 대외관계를 알 수 있다.

> I. 天復 元年 辛酉 善宗이 王을 자칭하고 사람들에게 말하기를 "옛날에 新羅가 唐나라에 兵師를 청하여 高句麗를 격파하였기 때문에 平壤 옛 서울이……58)

위 사료를 보면 궁예는 고구려의 멸망을 당과 연결된 신라에 의한 행위로 보고 있다. 이것을 보면 궁예는 외교전문가는 아니라 할지라도 어느 정도 중국세력에 대하여 의식하고 있었던 것을 알 수 있다.

---

56) 文秀鎭,「高麗太祖 王建의 外交에 對하여」,『溪村 閔丙河敎授停年紀念論叢』, 1988, 159쪽.

57) 中國으로부터 봉작을 받기 위한 노력이 행해졌는데 구체적 실례는 다음과 같다. 甄萱은 900년에 吳越로부터 檢校大保, 918년에 中大夫, 925년에 後唐의 藩臣이라 일컫고 檢校大尉兼侍中判百濟軍事를 제수받았으며, 전의 持節都督全武公等州軍事 行全州刺史海東四面都統指揮兵馬制置等事 百濟王食邑二千戶를 인정받았다. 王建은 933년 天授라는 자주적인 연호를 버리고 後唐, 後晋의 연호를 사용하고 있다(文秀鎭, 위의 논문, 155~162쪽).

58)『三國史記』卷50, 弓裔傳.

즉 고구려를 멸한 것은 신라지만 그 배후에 중국의 唐이라는 존재가 있었음을 의식하고 있었다.59) 관제에서 奉賓部를 두어 외국 사신의 접대를 꾀하려 한 점이나 역어를 담당한 史臺를 두었다는 점 등은 궁예가 외교를 무시한 것이 아님을 알 수 있다. 도리어 관제상 당당하게 기구를 두어 외교정책을 수행하려 했다고 볼 수 있는 것이다.

그러나 이러한 사실에도 불구하고 중국과 대외관계상의 자료가 전혀 나타나고 있지 않는데 이것은 어떠한 이유에서일까? 그것은 당시의 동아시아 사정의 변화와 궁예의 국가 설립 이상에서 찾아보아야 할 것이다. 당시의 동아시아 상황은 중국의 경우 唐이 무너진 후 소위 五代라 하여 각 국이 패권을 교대로 차지하던 시기였다.60) 따라서 중국의 사정은 동아시아를 지배할 만한 정치적인 실력도 없었을 뿐만 아니라 五代十國으로 분열된 각 국들이 모두 황제를 칭하고 年號를 사용하는 등 정통성에 따른 명분마저도 상실한 상태였다.61) 이 시기는 사실상 세계관의 큰 변혁이 진행되고 있었던 때이다. 또한 五代十國의 개창자들은 당말 절도사의 후예들로 874년 전 중국을 휩쓴 黃巢의 난으로 唐이 실질적인 지배력을 상실하자 각기 자립화의 길을 걸었다.62) 따라서 唐 중심의 동아시아 세계관의 붕괴와 함께 궁예 또한 독자적인 국가를 설립하고 그 포부를 펼쳐보려 했던 것으로 추측할 수 있다.63) 이러한 추측은 궁예가 국호를 '摩震',

---

59) 이러한 인식은 後百濟와 吳越과의 관계를 단절시키려 했던 데서도 알 수 있다. "開平三年 己巳……以舟師次光州鹽海縣 獲萱遣入吳越船而還 裔 喜其優加褒獎……"(『高麗史』 卷1, 太祖世家).
60) 文秀鎭, 앞의 논문, 154쪽의 <표 1> 참조.
61) "五代十國 稱帝改元者七"(『新五代史』 卷60, 職方考).
62) 申聖坤, 「唐宋變革期論」, 『講座中國史 Ⅱ』, 지식산업사, 1989, 30~36쪽.
63) 이와 관련하여 중국의 주변부에서 거란이 요를 성립한 것도 같은 경우로 볼 수 있다. 즉 "耶律阿保機가 916년 神冊이라는 연호를 세우고 遼라고

'泰封'이라 하고 독자적인 연호를 사용하고 있는 데서 짐작된다. 이미 살펴본 대로 摩震은 대동방국, 泰封은 화정의 뜻이다. 즉 궁예는 高麗, 新羅, 百濟와 같은, 中國의 변방국의 상징이라고 생각되는 국호를 버리고 새로운 의미와 명칭으로서 국호를 제정하였던 것이다. 그러므로 궁예에게는 구태여 중국으로부터의 어떤 권위를 빌릴 필요가 없었다. 914년에 궁예가 사용한 연호인 '水德萬歲'는 흡사 秦始皇이 그를 始皇이라고 하고 다음을 二世, 三世라 하여 萬世까지 누리겠다는 의도와 같다고 보여진다.64) 따라서 궁예는 자신의 정권과 중국과의 관계를 상호 대립하는 존재로 인식하여 활발한 외교활동을 전개하지 않은 듯하다.

『資治通鑑』에 소개된 다음의 기록들은 앞에서 말한 궁예와 왕건이 중국에 대하여 취한 행동이 서로 달랐다고 하는 사실을 단적으로 보여주고 있다.

> J-1. 徐兢의 『高麗圖經』에는 "高麗 王建의 선대는 高麗의 大族이다. 高氏의 정치가 쇠미해지자 나라 사람들이 王建을 세워 君長으로 삼았다. 後唐(長興) 2年에 스스로 權知高麗國事라 하고 明宗에게 請命하니 王建에게 大義軍使를 排除하고 高麗王에 封하였다"라고 하였다.65)

> J-2. 貞明五年……일찍이 唐나라가 高麗를 멸망시켰는데 天佑初에 高麗의 石窟寺에 눈이 하나 없는 중(眇僧) 窮乂가 무리를 모아

국호를 정할 때까지, 장성 이북에서 국가를 건설한 어떠한 유목민들도 중국식 연호와 국호를 정한 사례가 없었다."(金浩東, 「蒙古帝國의 形成과 展開」, 243쪽)라는 사실이 참고된다.
64) 최병헌, 「고려시대의 오행적 사관」, 『한국학보』 13, 1976, 주 14) 참조.
65) 『資治通鑑』 卷271, 後梁紀6 均王 龍德2年條.

開州에 웅거하면서 王이라 칭하고 泰封國이라고 하였는데 이
해에 이르러 佐良尉 金立奇를 보내어 吳나라에 朝貢하였다.66)

위의 두 기사는 궁예와 왕건의 對中國 태도를 보여준다. 자료 J-1
은 『高麗圖經』의 내용을 인용한 기록이다. 이에 따르면 고려는 왕건
이 즉위하고서야 비로소 請命을 하였다고 한다. 여기서의 왕건 이전
의 고씨는 弓裔이므로 궁예는 조공하지 않았다는 뜻이 된다. 자료
J-2의 내용은 궁예가 무리를 모았는데 貞明 5년(919)에 이르러 사신
을 보내어 조공을 바쳤다는 것이다. 그런데 919년은 왕건 즉위 이후
의 사실이므로 자료 J-2의 기록에 나타난 泰封國의 朝貢使 金立奇
는 왕건이 보낸 사신이 된다. 이 사료에서도 궁예는 사신을 보낸 적
이 없고 왕건은 중국과의 외교를 활발히 전개했다는 사실을 알 수
있다.

아울러 위의 사료는 궁예의 태봉이 당시 중국에도 널리 알려져 있
을 만큼 강대한 세력이었음을 확인시켜줌과 동시에 그가 중국에 조
공을 바치지 않고 동아시아 사회에서 독자적인 위치를 견지하였음
도 알려 주고 있다.

이와 같이 궁예의 對중국관계는 조공, 견사 등을 통한 중국 중심
의 동아시아 세계질서에 편입하려 한 것이 아니라 독자적인 위치를
구축하려는 의도에서 비롯된 것으로 中國의 五代十國과의 외교활동
이 사료에 나타나지 않는 까닭도 바로 이러한 데서 기인한 것으로
여겨진다.

한편 契丹과는 중국과 달리 적극적으로 외교관계를 유지하려 하
였던 것을 확인할 수 있다. 궁예정권은 중국의 五代十國과는 외교활

---

66) 『資治通鑑』 卷270, 後梁紀5 均王 貞明5年條.

동을 벌이지 않았으나 契丹과는 자못 활발한 외교관계를 유지하고 있었다. 이러한 내용은 『삼국사기』나 『고려사』와 같은 우리나라의 사서에는 나타나지 않으나 『遼史』에 보이고 있다. 관계사료는 다음과 같다.

> K-1. 太祖 9년(915) 겨울 10월 무신……新羅에서 사신을 보내어 方物을 바쳤으며, 高麗에서 사신을 보내어 寶劍을 올렸다.[67]
>
> K-2. 神冊 3년(918) 2월 계해 晋・吳越・渤海・高麗・回鶻・阻卜・黨項 및 幽州・鎭州・定州・魏州・潞州 등이 각기 사신을 보내어 와서 朝貢하였다.[68]
>
> K-3. 神冊 3년(918) 3월 高麗 및 西北諸蕃이 모두 사신을 보내어 와서 朝貢하였다.[69]

위의 사료들은 모두 契丹과 高麗와의 외교관계에 관한 내용들이다. 그러나 여기서의 고려가 왕건에 의해 세워진 고려가 아니라 궁예의 태봉이라는 사실은 이미 밝혀진 바와 같다.[70] 따라서 궁예정권은 왕건의 고려와는 달리 거란에 대하여 우호적인 태도를 견지하였음을 알 수 있다.

거란은 본디 遼河 상류의 시마무렌에서 유목생활을 하던 종족이었는데 唐末의 혼란기에 耶律阿保機가 거란부족의 세력 확대에 힘을 기울인 결과 916년에는 契丹國의 건국을 선언하기에 이르렀고,[71]

---

67) 『遼史』 卷1, 太祖本紀 上 太祖 9年 冬10月 戊申條.
68) 『遼史』 卷1, 太祖本紀 上 神冊 3年 2月 癸亥條.
69) 『遼史』 卷1, 太祖本紀 上 神冊 3年 3月條.
70) 韓圭哲, 「後三國時代 高麗와 契丹關係」, 『富山史叢』 第1輯, 5~7쪽.

또한 이 해에 神冊이라는 연호를 사용하기에 이르렀는가 하면, 그후 918년이 되어서는 臨潢을 皇都로 삼아 성을 쌓는 등 나라의 외형을 갖추고 있었다.72)

 이러한 시기에 궁예정권이 거란과 맺은 관계는 구체적으로 어떤 형태로 나타나게 되었는지를 위의 사료분석을 통하여 살펴보고자 한다. 사료 K-1에서는 궁예정권이 寶劍을 바쳤다고 하였으며, 사료 K-2와 사료 K-3에서는 모두 遣使朝貢한 사실을 기록하고 있다. 특히 주목할 사실은 사료 K-2에서 궁예정권은 渤海 다음의 서열에 위치하고 있으며, 사료 K-3에서는 궁예정권이 西北諸蕃이라고 표현된 다른 蕃國들과는 달리 독립된 國號인 高麗라고 기록되어 있다. 이때는 弓裔의 치세이며 서열도 蕃國의 앞에 있다. 이러한 사실은 궁예정권이 동아시아의 정치상황에서 강자의 위치를 점하고 있었다고 하는 것을 입증하는 것으로 보아도 무리가 없을 듯하다.

 이와 같이 궁예정권이 중국과의 대외관계를 소홀히 한 데 비해 契丹과는 친교를 유지하고 있었던 배경에 대하여 크게 두 가지 이유가 지적되고 있다. 첫째 後百濟 견제라는 측면과, 둘째 대내적으로 많은 정적들로부터 도전을 받고 있었던 궁예가 이것의 극복을 위해 거란과의 관계를 상호 중시했다고 보는 것이다. 이 경우 궁예정권과 거란이 상호 대등한 입장이었다고 사서에 기록되지는 않았다.『遼史』에 수록된 기사들은 遼 중심의 세계관에서 비롯된 서술로써 여기에는 자신들의 자주적인 입장이 강조될 수 있는 자료들만을 서술했을 가능성이 크기 때문이다.

 따라서 弓裔政權과 契丹과의 외교관계를 궁예정권의 입장에서 인

---

71) 李龍範,「10~12세기의 國際情勢」,『한국사』, 1974, 223~224쪽.
72) 韓圭哲, 앞의 논문, 15쪽.

근 국가들과의 관계와 비교하여 이해하기 위해 다음과 같은 점이 고려되어야 하리라고 본다. 첫째 궁예정권이 중국과의 외교를 활발히 하지 않으면서 거란과의 관계를 유지하려고 하였다는 점, 둘째 궁예정권과 거란의 국가성립의 시간적인 문제를 염두에 두어야 한다는 것이다. 첫 번째 고려 사항인 궁예정권이 중국과의 대외관계를 중요시하지 않았다던 반면 거란과의 관계를 중요시했다는 점은 五代十國이라고 하는 시대적 상황에서 중국 중심의 세계질서로부터 이탈하려고 하는 노력이었고, 한편으로는 중국과 대등한 입장에서 연호 및 국호의 설정 등으로 동아시아에서의 패자로 군림하려고 하였던 궁예의 의도에서 비롯된 것이다. 두 번째 고려사항인 궁예정권과 거란과의 국가성립의 시간적인 문제를 살펴보도록 한다.

契丹의 國號와 年號 제정은 916년, 도읍을 정한 때는 918년이었다.73) 즉 거란이 국가로서의 외형적인 면모를 갖춘 때는 918년 이후로 보아 크게 틀리지 않는다. 한편 궁예정권은 이미 901년에 高麗라고 국호를 제정하였으며, 904년에는 독자적인 연호와 국호를 설정하며 대규모의 관부를 정비하게 된다.74) 그 뒤 궁예정권은 연호를 바꾸게 되고, 국호도 914년에는 태봉으로 하여 다시 한번 자주성을 확인하게 된다. 궁예정권의 이러한 일련의 조치는 契丹이 독자적인 국호와 연호를 사용하는 시기보다 12년이 앞서는 것이다. 바꾸어 말하면 궁예정권의 동아시아에서의 패자 인식은 신흥국인 거란보다 12년이나 앞서서 진행되고 있었다는 사실이다.

궁예정권이 寶劍을 보냈다고 하는 915년은 契丹이 아직 국가로서의 면모를 갖추지 못하고 있던 때이며, 918년 또한 거란이 외정을 통

---

73) 『遼史』 卷1, 太祖本紀(上) 太祖元年・神冊元年・神冊 3年條 참조.
74) 『三國史記』 卷50, 弓裔傳.

한 활발한 정벌사업 보다는 내치에 주력하던 시기로 대외적인 영향력은 그다지 크지 않았던 때였다.75) 따라서 궁예정권이 거란에 보검을 보내고 사신을 보냈다고 하는 사실은 신흥국인 거란에게 당시의 패자적 위치를 확보하고자 했던 궁예가 자신의 위세를 과시하기 위하여 시사한 표현의 하나로 여겨진다.

---

75) 契丹의 세력은 926년 渤海를 멸망시키고 燕雲六州를 획득하게 되면서 점차 강성해 진다(李龍範, 앞의 논문, 224~225쪽).

Ⅷ. 궁예의 몰락과 그 후예

 弓裔政權은 918년 王建을 중심으로 한 高句麗系 호족들과의 정치적 갈등을 해소하지 못하고 몰락하고 만다. 몰락의 원인은 이미 앞 장들에서 부분적으로 언급하였으므로 이 장에서는 재론하지 않겠다. 그 몰락의 원인이 지금까지 통념으로 이해되어 오던 궁예 개인의 도덕성이나 탐학성 및 광신적인 행위의 결과가 아니라 궁예와 이에 대립되는 정치세력간의 충돌이라는 시각에서 보아야 한다는 점만을 지적하고 넘어가기로 한다.
 궁예의 몰락과 관련지어 염두에 두어야 할 내용은 그의 후예에 관한 부분이다. 그의 후예문제는 궁예의 몰락 후 그의 추종자들에 의한 일련의 움직임과 관련되는 부분이므로 소홀히 다룰 수 없는 문제이기도 하다. 궁예의 후예에 관해서는 이렇다 하게 알려진 바가 없다. 더욱이 궁예의 비참한 죽음이 그 후예들에 관한 관심마저도 사라지게 한 것 같다. 궁예의 가족관계나 후손에 관하여『三國史記』에 전하는 내용은 다음과 같다.[1]

 A-1. 貞明元年(915) 夫人 康氏가 王이 옳지 못한 일을 많이 한다고

---

[1] 『高麗史』에도『三國史記』와 같은 내용의 기록이 있다(『高麗史』卷1, 太祖世家 貞明元年 참조).

하여 정색을 하고 諫하였다. 王이 이를 싫어하여 "네가 다른 사람과 간통하다니 어찌된 일이냐?"라고 하였다. 康氏가 "어찌 이런 일이 있을 수 있겠습니까?"하니 왕이 "나는 神通力으로 이를 본다"라고 하면서 뜨거운 불에 달구어진 쇠공이로 음부를 쑤시어 죽이고 그의 소생인 두 아들까지도 죽였다.2)

A-2. 弓裔의 아랫사람들의 인심이 갑자기 변하여 太祖를 추대하니 궁예는 달아나다가 아랫사람들에게 살해되었다.3)

사료 A-1의 내용은 궁예가 그의 부인 강씨가 음행을 하였다고 하여 죽인 사실을, 사료 A-2는 궁예가 도망가다 죽임을 당했다는 사실을 전하고 있다. 특히 사료 A-1의 내용은 궁예가 부인 강씨만이 아니라 그의 소생인 두 아들까지도 죽인 사실을 기록하고 있어 후손이 없는 것으로 믿게 한다. 또한 사료 A-2.도 그가 축출됨과 동시에 아랫사람들에 의하여 죽었다고 함으로써 궁예에게 달리 후손이 있을 가능성이 없음을 암시한다. 따라서 이 사료들의 내용으로만 보면 궁예의 부인은 1명이고, 자손은 2명인데 이들은 모두 죽었으므로 후손은 절멸된 것이 된다. 그러나 앞의 사료들은 당시의 상황을 충분히 진실되게 전한다고 여겨지지는 않는다. 당시 궁예와 자웅을 겨루던 견훤이나 왕건의 경우와 대조해 보면 의구심은 더욱 커지게 된다.

먼저 王建의 경우를 보면 그는 29명의 부인을 두고 있다.4) 이 숫자는 『高麗史』 后妃列傳에 등재된 숫자이므로 실제로는 이보다 더 많은 부인이 있었을 가능성이 높다. 甄萱의 경우에 있어서도 대체로

---

2) 『三國史記』 卷50, 弓裔傳.
3) 『三國史記』 卷50, 弓裔傳.
4) 『高麗史』 卷88, 后妃列傳 太祖條.

마찬가지여서『三國史記』를 비롯한 사적에는 적지 않은 夫人의 존재가 확인될 뿐만 아니라 그 소생들 사이에 치열한 왕위쟁탈전을 전개했던 사실도 살펴볼 수 있다.5) 이렇게 왕건과 견훤의 부인의 수가 많았던 이유는 당시 실세로 존재하고 있었던 豪族들과의 연합을 능동적으로 꾀하고자 한 노력으로 이해되고 있다. 특히 왕건의 경우에는 婚姻政策을 그의 통일정책의 하나로 탁월한 영도력과 결부시켜 평가하기도 한다.6)

이와 같이 혼인을 통하여 정책적으로 유리한 고지를 점할 수 있는 당시의 정치적 상황에서 궁예와 같은 政略家가 이를 간과하였을까 하는 점은 크게 의문스럽다. 이러한 점으로 볼 때 현존 사료에 보이는 궁예의 혈연관계에 대해서는 의문을 갖지 않을 수 없다.『삼국사기』궁예전만 하더라도 궁예에 관한 列傳이라기보다 왕건을 보다 미화하기 위한 것으로 볼 수 있다. 열전에서 강조되는 사항은 모두 궁예를 부정적으로 표현하는 것으로 일관하고 있다. 따라서 궁예의 부인에 관해서도 일반적인 내용보다는 가장 부정적으로 표현된 부분에만 초점을 맞추고 있는 것에 불과하다. 그러므로 궁예에게 죽임을 당한 강씨부인과 그의 두 소생만이 기록에 남게 된 것이다.

현존 사료의 내용이 불충분하다는 점과 함께 더욱 의아한 점은 궁예의 후손들이 존재한다는 사실이다. 앞서 인용한 자료에 의하면 궁예의 후손은 자취를 찾아볼 수 없게 되었으나, 몇몇 씨족들은 그들의 선대와 궁예를 족보를 통하여 직접 연결시키고 있다. 물론 족보의 속성으로 미루어 볼 때 족보에 수록된 내용을 사실 그대로 받아

---

5) 申虎澈,『後百濟 甄萱研究』, 서강대학교 박사학위논문, 1989.
6) 이에 관해서는 河炫綱,「高麗前期의 王室婚姻에 對하여」,『梨大史苑』7, 1968 ; 江原正昭,「高麗王族의 成立-特히 太祖의 婚姻을 中心으로-」,『朝鮮史研究會論文集』2, 1966 참조.

들인다는 것은 무리한 일이다. 그러나 금과옥조처럼 여겨지고 있는 原典類의 내용과 족보 내용의 차이점을 어떻게 해석해야 하느냐 하는 점은 검토하고 넘어 가야할 필요가 있다고 본다.

궁예를 직계 조상으로 한 대표적인 성씨는 光山李氏와 順天金氏이다. 양 성씨의 족보를 통하여 궁예와의 관계를 살펴보도록 한다.

『光山李氏世譜』
二十二世 子憲安王 諱誼靖 在位五年 陵在孔雀址
二十三世 子泰封王 諱弓裔 唐昭宗天復元年 都送兵 國號後高句麗 從都鐵圓 國號泰封妃信州郡夫人康氏
二十四世 子宖 官角于
二十五世 子敏儉 官角于
二十六世 子敬蘘 高麗太祖二十三年庚子 以角于不服高麗 降于光山
二十七世 子李金宗 子球 配李氏庶女 事父母極孝有旌閭

『順天金氏世譜』
三十六世 神武王 諱祐徵 唐文宗開城四年己未 討閔哀王明而立 在位四朔薨 均貞之子 妃貞從王后朴氏
三十七世 文聖王 諱慶膺 唐大中十一年丁丑薨 在位十九年 陵慶州孔雀址 神武王之子 妃昭明王后魏氏
英元 神武王之第二子
興光 光山府院君 其後爲光州人 神武王之第三子
益光 太子詹事 其後爲永同人 神武王之第四子
弓裔 神武王之子 其後一爲順天金氏 一爲光山李氏

위의 두 족보는 궁예를 통하여 신라왕실과 관련을 맺고 있다는 공통적인 특징이 있다. 위의 내용에 신라의 관직으로 부원군이 나온다는 점 등 신빙성이 없는 부분도 많다. 흥미로운 점은 이 족보들이 궁예가 우리 역사에서의 평가가 지극히 부정적인데도 그의 후손임을 주장하고 있다는 사실이다. 이런 점으로 보아 혈연을 중심으로 한 의식의 유구성을 느낄 수도 있다. 그러나 중요한 점은 이러한 현상을 역사적 사실로 어떻게 규정짓느냐 하는 것이다. 다시 말하면 과거의 기록에서 사라진 내용이 현실적으로 남아있다고 할 때 이 두 가지 내용을 어떻게 해석하여 그 괴리를 메울 수 있느냐 하는 것이다. 예컨대 앞에서 지적한 바와 같이『삼국사기』에 수록되어 있지도 않고 기타 다른 자료로 보충이 되지도 않으면서 현상이 존재하는 경우에 현상을 무시하고『삼국사기』의 기록만을 따라야 하는 것일까, 그렇지 않으면 현상을 앞세워『삼국사기』에 불충분한 내용을 무조건 보충해도 가능한가. 전자의 경우는 문헌실증이라는 미명아래 현실을 무시하는 결과가 되며, 후자는 사건 발생 후 1,000년이 지난 후의 평가나 사실에 대한 첨삭이 행해진 내용일 수 있으므로 자칫 허구에 빠질 위험이 크다. 이러한 경우 현상에서 나타나는 상징성만을 취하여 사료를 재검토하는 방법을 통해 사료와 현상간의 괴리를 메워 보고자 한다. 즉 궁예의 후손이 존재한다는 사실은 인정하되 족보에 기록된 내용 그 자체를 모두 사료로 취급하지 않는다는 것이다. 한편『삼국사기』에 기록된 사실에 대해서는 그대로 인정하고『삼국사기』에 표현되지 않은 그의 후손들에 관한 내용은 당시 궁예와 비슷한 처지에 있었던 인물들의 일반적인 경우에 비추어 해석하고자 하는 것이다. 이러한 관점에서『삼국사기』의 기사와 궁예의 후손이 존재한다는 사실을 비교 검토해 보도록 하겠다.

　『三國史記』에 따르면 궁예에게는 후손이 없는 것으로 나타난다.

그러나 실제로는 그에게 후손이 있었다. 그렇다면 이 후손들은 어떤 경로를 통해 지금까지 이어오게 되었던 것일까. 이 점을 밝히는 데는 다음과 같은 가정에 의할 수밖에는 없을 것 같다. 첫째 光山李氏와 順天金氏의 선조들은 康氏夫人의 소생인가. 만약 그렇다면 神光菩薩·靑光菩薩과는 어떠한 관계이며 죽음을 면할 수 있었던 이유는 무엇이었을까? 둘째 신광보살·청광보살의 아들일 가능성은 없는가?[7] 셋째 강씨부인이 아닌 다른 부인이 궁예에게 있었으며 그의 소생은 아닐까.

이러한 세 가지 추론에서 앞의 두 추론은 그다지 가능성이 있어 보이지 않는다. 첫 번째의 경우는 궁예가 강씨부인을 죽이고 그 두 아들을 죽였다는 것으로 기록하고 있는데, 이 형태는 다분히 연좌적인 성격이 강했던 처사로 여겨지기 때문이다. 두 번째의 추론은 신광보살과 청광보살이 죽을 당시에 '兩兒'로 표현된 것을 볼 때 그들의 후손이 있었을 것으로 보이지 않기 때문이다. 마지막으로 궁예에게 또 다른 부인이 있었을 것이란 추론은 왕건이나 견훤의 예로 미루어 보더라도 충분한 설득력을 가질 수 있다. 즉 궁예의 부인 가운데 한 사람인 강씨와 그의 소생은 죽었다고 하더라도 그 이외 부인들의 소생은 그대로 남아 왕건에 의해 高麗가 성립된 이후에는 후손들에 의해 구전 또는 가승으로 전해 내려왔다고 볼 수 있기 때문이다.

그렇다면 유독 강씨부인의 일이 정사류에 등장하게 되는 까닭을 구명하여야 할 것이다. 이 점에 관해서는 궁예에게 무고하게 죽은 부인의 예를 들어 궁예가 덕을 잃은 군주라고 하는 점을 강조하기 위한 각색임이 틀림없다. 보다 더 중요한 것은 여러 부인 가운데 강

---

7) 『순천김씨세보』에는 궁예의 아들이 靑光·神光과 銅光이 있었다고 전한다.

씨만이 죽임을 당했는가 하는 점이다. 이 사실은 강씨가 어떤 인물이었는가를 밝힘으로써 분명해질 것으로 본다. 그러나 사료상으로는 강씨부인에 대한 언급은 더 이상 없다. 단지 강씨가 중부지역의 거대한 호족세력의 하나였던 것으로 추측되고 있을 따름이다. 또한 왕건의 선조인 康忠과 관련지어 해석하려는 노력도 보이고 있다.[8] 이러한 점은 모두 강씨부인의 배경이 막강하였다고 이해될 수 있는 근거가 된다. 그러나 결국 궁예에게 죽임을 당한 것은 왕권에 대한 도전과 같은 정치적 사건과 연루되었기 때문일 것으로 추정이 가능하다.

이러한 상황이 전개된 원인에 대해서는 구체적인 자료의 부족으로 그 실상을 파악할 수는 없으나 왕건 사후에 벌어졌던 호족들간의 왕위쟁탈전과 비슷한 양상으로 볼 수도 있을 것이다.[9] 이러한 추정이 가능하다면 궁예는 자신에게 대항하는 大豪族勢力인 信川康氏를 처단하였고 그 결과에 자극을 받은 여러 호족들에 의하여 거부당했으며, 결국 이러한 호족들의 대표적인 왕건에 의해 타도된 것으로 보여지는 것이다. 이상과 같이 궁예의 후손이 존재한다는 사실은 당시의 정치적 상황이 얼마나 긴박하게 변하고 있었는가 하는 점을 대표적으로 보여주는 한 예가 되며 궁예정권의 몰락이 호족과의 갈등에서 비롯되었다고 하는 사실을 확인하는 한 근거가 될 수 있으리라고 여겨진다.

---

[8] 李樹健,「後三國時代 支配勢力과 土姓」,『韓國 中世社會史 硏究』, 一潮閣, 1984, 171쪽.
[9] 河炫綱,「高麗 憲宗代의 政變」,『史學硏究』20, 1968.

IX. 결론 : 궁예정권의 성격

　궁예와 궁예정권은 우리나라 역사에서 과도기적 현상을 대표하는 시기에 존재하였다. 그리하여 그의 28년 집정기간은 신라말 고려초라는 시기의 부속사로서 인식되어 온 경향이 있다. 다시 말하면 자신의 왕국의 시대를 인정받지 못하고 있었던 것이다. 그 이면에는 천년사직 신라의 몰락이라는 애잔함과 또 다른 한편으로는 불세출의 어진 통일군주 王建의 등장을 예고하는 前시대에 불과하다는 의도가 깔려 있다. 그리하여 궁예만이 아니라 같은 시대에 쟁패를 겨뤘던 甄萱의 후백제사를 포함한 후삼국사가 그러한 취급을 받아왔다.[1]

　그러나 최근 후삼국시대에 대한 인식이 달라져 가면서 궁예와 궁예정권에 대한 인식도 달라져야 한다는 요구가 제기되고 있다. 더욱

---

[1] 신라의 몰락과 고려의 건국 사이에 낀 존재라는 의미에서의 후삼국사에 대한 경시는 이 시기를 다른 용어로 '羅末麗初'라고 명명한 데서도 알 수 있다. 이러한 경우 후삼국시대 궁예와 견훤에 의하여 설립된 국가는 국가로서 취급하지 않는다는 의미가 된다. 예컨대 국가 비슷한 형태일 뿐이라는 의미인 것이다. 그러나 궁예를 계승한 왕건의 고려도 초기에는 후백제보다 미약한 나라였다가 점차 안정되어 후삼국 통일을 달성하였다. 만약 후삼국시대 대신에 나말여초를 시대구분상의 용어로 사용한다면 성공한 국가만이 국가라는 의미가 되어 지나친 결과론·성패론적 해석이 되고 만다.

이 근래에는 TV드라마 「태조 왕건」의 방영으로 인해 궁예가 대중화된 인물로 떠오르게까지 되었다. 이에 따라 궁예를 대중화 또는 상업화하기까지 한 저작물들이 나오면서 궁예에 대한 관심은 더욱 고조되고 있는 실정이다.2)

이러한 상황은 자칫 학계의 통설조차 분명하지 않은 상황에서 대중들에게 올바른 역사인식을 보급할 겨를도 주지 않고 통속화된 시각을 제공한다는 점에서 우려의 목소리가 없는 바도 아니다. 그렇지만 일단은 궁예에 대하여 재검토를 할 수 있는 계기를 마련하였다는 점에서는 기여한 바가 전혀 없는 것만은 아닌 것 같다. 그리하여 이 분야에 대해 학계 일각에서도 다양한 역사 읽기의 시도라고 하는 등 긍정적인 반응이 나오기도 하였다.3)

이러한 긍정적 반응의 이면에는 궁예에 대한 지나친 역사왜곡이 이루어져 왔다는 점을 지적할 수 있다. 잘 아는 바와 같이 궁예는 왕건에 의해 몰락되었다. 그러나 더욱 비참한 것은 자신의 백성들에게 실덕한 군주로서 맞아 죽었다는데 있다. 여기에 더하여 궁예에 관한 기록은 왕건에 의해 왜곡되기까지 하였다. 그럼에도 불구하고 기존 사서의 내용은 종전까지 거의 의심없이 사료로서 인정되어 왔다. 그러나 요즈음에 이르러 사정은 많이 달라진 것 같다. 이제 종전의 기록을 따르려는 궁예연구가에 있어서도 재해석을 하려는 경향이 보

---

2) 궁예를 직접 주제로 한 대중적·상업적인 것으로는 태조 왕건 드라마 방영 이전 것으로는 신채호의 『일목대왕의 철퇴』와 유현종의 소설 『궁예』가 있었다. 그러나 방영을 결정한 전후 시기에 많은 저작물이 나오기 시작하였는데, 그 대표적인 것으로 『궁예·견훤·왕건과 열정의 시대』, 『태조 왕건』, 『슬픈 궁예』 등의 비소설류와 궁예·왕건 등의 소설류가 있다.
3) 제44회 전국역사학대회에서 김기봉은 「포스트모더니즘과 메타역사-후삼국시대의 역사를 중심으로-」라는 발표문에서 이를 다루었다.

IX. 결론 : 궁예정권의 성격 195

이고 있다.
 본서는 이러한 일련의 궁예 연구경향에 힘입어 작성된 것이다. 그 동안의 여러 연구결과를 정리하여 궁예가 과연 역사적으로 어떤 인물이었으며, 그를 어떻게 평가해야 하는지, 또 그가 이룩했던 세력의 성격을 어떻게 판단하며, 그의 몰락을 어떤 시각에서 보아야 하는지 등을 통하여 궁예정권의 역사적 성격을 나름대로 정리해 보고자 하는 것이다.

1. 궁예에 대한 인식의 변화

 궁예에 관한 연구가 활기를 띠고 진행된 시기는 대체로 1980년대였다. 1980년 이전 연구는 『삼국사기』, 『고려사』 등의 기존 사서를 비교적 충실히 따랐다. 그 선구적인 업적이 김철준 선생의 연구였는데, 김철준 선생은 후삼국시대의 지배세력의 성격을 크게 세 가지 유형으로 분류하고 궁예를 賊黨세력으로 분류하였다.[4] 이후 그것을 계승하여 보다 구체화한 연구들이 많이 나왔다.
 그리하여 궁예세력을 적당적 성격이라는 데서 크게 벗어나 이해하지 못하였기 때문에, 그를 긍정적인 입장에서 연구하려는 노력은 그다지 많지 않았다. 따라서 그 실상도 제대로 밝혀지지 않았다. 비록 일부에서의 노력이 전혀 없었던 것은 아니지만 그 실체 파악보다는 종전의 인식을 재확인하는데 그치는 것으로 만족하여야 했다.

---

 4) 김철준, 「후삼국시대의 지배세력의 성격」, 『이상백회갑기념논총』, 1964 ; 『한국고대사회연구』, 지식산업사, 1975. 이보다 시기적으로 앞선 박한설 (「궁예성명고-고구려계승표방과 관련하여-」, 『이선근기념사학논총』, 1974)의 연구가 있는데, 이는 궁예의 출자를 밝힌 것이다.

종전의 일반적 견해는 궁예가 출생과 동시에 왕실로부터 버림받아 자신의 한계를 극복하지 못하여 복수심 많은 왕이 되어 정상적인 군왕의 노릇을 하지 못하다가 마침내 어진 왕건에게 자리를 내주게 되었다는 것이었다.5)

　그러나 1980년대에 들어서면 궁예 연구는 자못 다른 양상을 띠게 된다. 연구의 양이 늘어나고 질적으로도 심화되면서 『삼국사기』나 『고려사』 기록대로의 해석을 지양하여 종전과는 달라진 해석을 내놓기 시작하였다.

　궁예의 재해석에 대하여 선구적인 역할을 한 것은 미국인 학자 카메룬 허스트 3세를 꼽을 수 있다.6) 그는 왕건, 궁예, 견훤 이 세 사람의 기록이 마치 각본에 의한 서술처럼 쓰여졌다고 하여 『삼국사기』와 『고려사』의 편찬태도를 비판하였다. 이러한 시사가 궁예를 다시 볼 수 있게 하는데 크게 기여하였다. 그러나 이 연구는 논리 전개상 구체적인 사례를 결여하고 있어, 본격적인 실증적 궁예 재해석의 시작은 우리 학자들에 의하여 시도되었다고 할 수 있을 것이다.

　국내 학자들에 의하여 가장 먼저 제기되었던 문제는 궁예세력의 성격에 대한 것이었다. 김철준이 제기하였던 궁예의 적당적 성격설은 이후 寺院勢力說,7) 豪族聯合說,8) 眞骨貴族說,9) 隨院僧徒說10)

---

5) 이러한 인식은 대체로 삼국사기의 다음 기록에 의거한 것으로 여겨진다. "천복원년 신유……대개 자기가 태어났을 때에 버림을 받은 일이 원망스러웠기 때문에 이 말을 하였다."(『三國史記』 卷50, 弓裔傳).

6) G. Cameroon Hurst Ⅲ, The Good, The Bad and The Ugly ; personalities in the founding of the Koryo Dynasty, Korean Studies Forum No.7. summer-fall, 1981 ; 이도학 역, 「왕건·궁예·견훤의 재평가」, 『우리문화』, 1989-3·4.

7) 신호철, 「궁예의 정치적 성격-특히 불교와의 관계를 중심으로-」, 『한국학보』 229, 1982.

8) 정청주, 「궁예와 호족세력」, 『전북사학』 10, 1986.

등 다양한 견해를 낳는 계기가 되었다. 이와 같은 문제제기를 통하여 궁예의 초기 세력 형성과정은 보다 명확하게 밝혀진 감이 있다. 그리하여 궁예정권에 대한 구체적인 실상들이 많이 밝혀지게 되었고 연구들의 성과도 많이 축적될 수 있었다.

2. 궁예정권의 시기구분

궁예정권을 시기구분하는 것은 궁예정권의 성격을 보다 구체적으로 알기 위한 작업이다. 궁예의 치세를 몇 개의 시기로 나누고 그 성격을 진단하는 것은 궁예의 세력이 어떻게 성장·몰락해 나갔는가 하는 내용을 보다 체계적으로 알게 하는데 도움을 줄 것이다. 궁예의 세력 형성에서부터 몰락까지를 다음과 같이 세 시기로 구분해 보고자 한다.[11]

제1기는 궁예가 태어나서 명주에서 자립하여 장군이 될 때까지이다. 제2기는 명주에서 장군이 된 다음 왕건가와 결합하여 중부를 통일하고 고려라는 국호를 내세웠다가 바로 마진으로 국호를 개명할 때까지이다. 그리고 제3기는 마진 이후 몰락시기까지이다. 제1기를 적당세력 형성기, 제2기를 호족연합기, 그리고 제3기를 전제왕권 확립기로 부르고자 한다.

제1기는 궁예가 신라의 왕가에서 태어났으나 불운하게도 왕가의

---

9) 조인성, 『태봉의 궁예정권연구』, 서강대학교 박사학위논문, 1991.
10) 이재범, 『후삼국시대 궁예정권의 연구』, 성균관대학교 박사학위논문, 1992.
11) 최규성에 의하여 호족연합(후고구려), 호족연합탈피(마진), 전제왕권(태봉)의 발전과정으로 이해되기도 하였다(최규성, 「궁예정권의 성격과 국호의 변경」, 『상명여대논문집』 19, 상명여대, 1987).

왕위쟁탈전에 희생되어 불우한 어린 생활을 보냈던 시절이다. 그러므로 궁예는 신라의 왕실과는 어떠한 인연도 없이 사회의 하층에서 불우한 생활을 하여야 했던 것이다. 그리하여 그는 사원과 호족들을 전전하여야 했다. 궁예가 처음 세달사에 투탁하였다가 다시 기훤, 양길 등의 호족들에게 의탁하게 된 연유는 그가 이렇다 할 토착적 기반이 없었기 때문이었던 것이다. 그러던 궁예가 비로소 어느 정도 실력을 갖출 수 있었던 것은 오로지 자신과 뜻을 함께 하는 동지들을 규합할 수 있었기에 가능한 처사였다. 그리고 이렇게 할 수 있었던 배경은 그의 지도력 때문이었던 듯하다. 궁예의 이러한 모습이 『삼국사기』에는 다음과 같이 서술되어 있다.

  A. 군사들과 더불어 고생과 즐거움을 함께하고 심지어 빼앗은 것도 공정하게 하며 사사로움이 없었으므로 많은 사람들이 마음 속으로 경외하며 좋아하여 장군으로 추대하였다.12)

당시에 이러한 궁예를 따르던 무리들은 최소한 600 이상 3,500 이하에까지 이르렀던 듯하다. 궁예로서는 대단한 성공이 아닐 수 없었다. 그리하여 명주를 공격하여 쉽게 점령하게 되는데, 이때의 과정을 『삼국사기』는 명주인들이 궁예를 영입하였다고 기록하고 있다.

  B. 건녕원년(894) 명주에 들어가서(入)……13)

위의 사료와 같이 궁예는 매우 특이한 형태로 명주와 같은 대도시

---

12) 『三國史記』 卷50, 弓裔傳.
13) 『三國史記』 卷50, 弓裔傳.

를 접수하게 된다. 이러한 일련의 성과를 거둘 수 있었던 배경은 궁예집단이 궁예의 탁월한 지도력으로 결집된 가족적 성격의 집단이었기에 가능하였던 것으로 보이는 것이다. 특히 궁예는 이들을 친구와 같은 관계, 즉 수평적 관계로 대우하였으므로 그 결집력은 다른 집단보다 뛰어날 수밖에 없었던 것이다.14)

　　C. 저족(인제)·생천·금성·철원 등의 성을 격파하여 군사의 사기가 매우 높았으며 패서의 적 가운데 항복해 오는 자가 매우 많았다.15)

　궁예는 탁월한 지도력으로 수월하게 당시의 소외계층을 규합하는데 성공하였던 듯하다. 그렇다면 이때 궁예에게 의탁하였던 많은 무리들은 누구였을까? 이 무렵 궁예와 함께 하였던 인물들로 이름이 알려진 사람들은 기훤 아래 함께 있었던 원회·신훤과 명주에서 장군이 된 뒤 부장으로 임명한 金大·黔毛·昕張·貴平·張一 등이었다. 이 가운데 원회·신훤은 친구가 되었고, 금대·검모·흔장·귀평·장일 등은 舍上이라고 하였다. 舍上은 家人의 뜻을 가진 단어16)라고 볼 때 궁예의 측근은 가족같은 관계로 연결된 집단이었다고 보아야 할 것이다. 이러한 가족적 관계를 기초로 한 군대는 전투력 또한 남달랐을 것으로 여겨지는 것이다.

---

14) 전투력을 평가할 때 병력과 화기 외에 사기, 전우애 등을 고려하는데 궁예의 부대는 이 점에서 남달랐다. 로마와 게르만의 전투, 유목민과 농경민의 훈련된 부대에서 게르만과 유목민이 승리할 수 있었던 이유를 여기에서 찾는 경우도 있다.
15) 『三國史記』卷50, 弓裔傳.
16) 김한규, 「남북조시대의 중국적 세계질서와 고대 한국의 막부제」, 『한국고대의 국가와 사회』, 일조각, 1985, 127쪽.

제2기의 궁예는 부대를 이끌고 서진을 하는데 그 과정에서 많은 호족들을 포섭하게 된다. 포섭의 방법은 여러 형태로 나타나는데 破・襲破・攻破・取・入 등이다.[17] 이 과정을 거쳐 궁예는 마침내 한반도의 동과 서를 관통하는 통일된 세력을 형성하게 된다. 그리고 이러한 세력을 배경으로 왕건가와 제휴를 하게 되었다. 더 나아가 당시 최대의 세력이라고 할 수 있었던 양길과의 전투를 승리로 이끌 수도 있게 되었다.

마침내 궁예는 國號를 고려라 하여 국가를 창건하게 된다. 그러나 이때의 국가 건립은 궁예에게 있어서는 하나의 시도에 불과하였던 것 같다. 궁예는 年號를 매우 중시하였는데, 高麗라는 국호를 사용하면서 연호 사용을 하고 있지 않기 때문이다. 궁예는 고구려계 호족들과의 연합을 꾀하기 위하여 국호를 고려로 하였으므로 고려 국가설립 자체에 큰 의미를 두지 않아도 좋을 것 같다. 그러므로 이때까지를 궁예가 정착하여 세력을 확고히 했던 시기라고 할 수 있을 것이다.

제3기는 궁예 스스로 계획했던 나라 摩震・泰封을 건설하기 위하여 노력을 하였던 시기부터 몰락할 때까지로 보아야 할 것이다. 이 시기에 궁예는 철원으로 천도한 뒤 대규모의 궁궐 조성을 계획했다. 그리고 연호를 제정하였는데, 연호는 황제국의 관행으로 궁예가 대내외적으로 자주성을 보였던 점을 반영한다. 그 과정에서 궁예는 고구려계 호족에 대한 우월성 확보를 위하여 청주 人戶 1천호를 철원에 끌어들여 자신의 측근세력들을 강화하였다.

이러한 여러 시책을 실현하기 위하여 궁예는 강력한 중앙집권화

---

17) 이재범, 『후삼국시대 궁예정권의 연구』, 성균관대학교 박사학위논문, 1992, 49쪽.

정책을 추진해 나가기도 하였다. 그리하여 많은 호족들로부터 반발을 사게 되었는데, 한때는 궁예에게 가장 큰 기반이었지만 이해관계가 달라진 후 가장 큰 위협세력이 될 수밖에 없었던 왕건을 위시한 고구려계 호족들과의 관계는 中央集權化 과정에서 상당한 마찰을 일으켰다. 예컨대 궁예가 자신의 부인과 두 아들을 죽이게 된 경우도 이러한 갈등의 결과였다. 궁예의 부인 강씨는 고구려계인 신천의 대호족가 사람이었기 때문이다. 마침내 고구려계 호족들은 궁예의 중앙집권적인 정책에 반기를 들고 대립하였고 궁예는 이 대립에서 패배하였다.

3. 궁예정권의 성격

궁예가 901년 고려를 국호로 하여 건국하고 918년 왕건에게 축출당할 때까지 18년간 궁예정권은 일정한 속성을 가진 국가로 존속하였다. 그 내용을 유형별로 분류하여 보면 다음과 같다.

1) 민중[18]적 성격

궁예정권의 속성 가운데 하나는 민중적이라고 할 수 있을 것이다. 이는 그가 초기 세력을 형성해 갈 때의 과정을 통해서 살펴볼 수 있다. 이미 앞에서 말한 바와 같이 궁예는 왕자의 신분임에도 불구하고 출생과 동시에 버림받아 하층민의 생활을 하였다. 그러므로 그는 당시 하층민의 곤궁한 상황을 실제로 경험하면서 이해하였을 것이

---

[18] 민중이라는 단어의 사용에는 신중을 요한다. 여기서는 하층민, 혹은 피지배계급, 지배권력으로부터의 소외계층을 의미하는 것으로 사용했다.

다. 따라서 궁예는 기존의 질서와 제도에 반발하는 성향을 띠게 된
다. 그가 세달사에서 취한 행동은 궁예의 이러한 성향을 어느 정도
짐작하게 하는 일면이 있다.

  D. (궁예는) 머리를 깎고 중이 되어 善宗이라고 자칭하였다. 장성하
  게 되어서는 승률에 구애를 받지않고 건들건들하여 담기가 있었
  다.19)

 승률에 구애를 받지 않았다는 궁예의 태도는 기존의 질서에 소극
적이나마 저항한다는 의미로 해석할 수 있을 것이다. 물론 이러한
반발이 민중들의 저항 그 자체를 의미한다고 할 수는 없다. 그러나
소극적이긴 하지만 반체제적 요소가 궁예의 속성 가운데 하나로 자
리잡게 된 것은 분명하다. 이를 소극적이나마 궁예정권의 민중적 속
성으로 간주해 두고자 한다.
 한편 궁예가 부석사에서 보인 행동은 보다 반체제적인 성향이 돋
보이며 질곡에 빠져 있던 하층민들에게 새로운 시대에 대한 기대를
갖게 하는 것으로 여겨진다. 더 나아가 궁예가 세력을 형성해 가면
서 맺은 여러 인물들과의 관계도 궁예정권의 속성을 민중적으로 판
단할 수 있게 하는 근거가 된다.

  E. 蘇判 宗侃은 어려서 중이 되어 간사한 짓을 행하였고, 內軍將軍
  은부는 어려서 머리를 깎이우고 목에 칼을 쓰고 있던 죄인이었
  는데 말을 잘하여 등용되어……20)

---

19) 『三國史記』 卷50, 弓裔傳.
20) 『高麗史』 卷1, 태조세가 태조원년 6월 임술조.

위의 사료에 나오는 두 인물인 종간과 은부는 모두 궁예와는 밀접한 관계이다. 그런데 이들의 출신은 공통적으로 최하층에 속하는 인물이었다. 종간은 중이었고, 은부는 죄인이었다. 이러한 인물들이 궁예정권에 등용되었다는 사실은 궁예정권의 비도덕성을 강조하려는 서술이지만, 한편으로는 하층민들이 지배층에도 포진할 수 있었던 민중적 속성을 갖는다고 할 수 있는 근거가 될 것이다.

2) 개혁적 성격

궁예정권의 두 번째 성격은 개혁적이라고 할 수 있을 것이다. 개혁에는 때로 무리한 마찰이 수반되는 경우가 적지 않다. 그러므로 보는 시각에 따라서 개혁은 하나의 무자비한 정쟁으로 간주될 수도 있다. 그리고 개혁의 정도가 강하면 강할수록 무자비함의 정도도 큰 것으로 기록되고 있다. 예컨대 고려 광종의 과거에 의한 관료선발제 개혁은 훗날 무자비한 처사로 평가되었다.[21]

마찬가지로 궁예정권의 개혁적 조치도 궁예를 무자비한 숙청을 단행한 인물로 여길 소지를 제공해 왔다. 실제 궁예의 시책을 보면 개혁적이라고 할 만한 내용이 적지 않다. 먼저 궁예가 904년에 제정한 관부명칭을 보면 종전 신라의 것과 다른 것들이 많이 나타난다. 용어의 변화만으로 개혁적이라고 할 수는 없지만, 단편적으로 전하는 내용만 보더라도 궁예의 개혁은 일정한 역사적 평가를 받을 만한 수준이다. 이는 특히 관리들의 상하체계를 정하는 官階를 볼 때 가장 잘 나타나 있다.

---

21) 崔承老는 자신의 상서문과 함께 올린 五祖治績評에서 광종의 과거제 실시를 부정적으로 보았다.

궁예정권에서는 관계를 한번 이상 바꾸었던 것 같다.22) 그런데 궁예관계의 각각의 명칭을 보면 골품제와의 그것과는 많이 다르다. 궁예정권의 관계에서 특징적인 것은 관계가 마치 관직의 이름처럼 보인다는 점이다. 그리하여 어떤 이는 관직체계를 관계로 잘못 기록했다고 하는 사람도 있다.

그러나 관계의 명칭이 관직과 비슷하다는 점은 궁예정권에서 실질적인 능력중심의 관료를 선발하고자 했던 의도로 간주할 수 있을 것이다. 그렇다면 관계 제정은 매우 개혁적 처사였을 것임이 분명하다. 만약 이러한 관료가 탄생된다면 기득권을 가졌던 많은 세력들은 저항하지 않을 수 없었을 것이기 때문이다. 그리고 새로운 관료체계에 대한 당시 기득권 세력의 저항은 만만치 않았을 것이다.

궁예정권의 관리들의 상하체계가 직능을 전제로 한 것은 전 시대인 신라와는 크게 변모된 모습을 보이게 되는 것이다. 신라의 관등체계는 골품제도를 기반으로 만들어졌다. 관등의 승진은 혈연에 의한 골품제에 의해 이루어졌다. 그러므로 능력이 아무리 뛰어나도 혈연에 의하여 한계가 정해졌던 것이다. 그러나 궁예는 혈연보다는 직능을 우선하는 관계를 제정하여 일단 신라의 骨品制를 부정하였다는 점에서 개혁적이라고 할 수 있다.

한편 관계를 9단계로 제정한 연유에 대해서는 구체적으로 확언하기 어려우나 중국 위나라의 9품중정법의 전례를 따랐던 것으로 생각해 보고 싶다. 그 설치 배경이 궁예관계와 상당한 유사성을 보이기 때문이다.23)

---

22) 궁예관계의 내용은 본서 Ⅵ의 3절 참조.
23) "9품관인법은 曹操가 魏를 세우기 직전에 실시한 제도로 소위 위한혁명에서 중요한 역할을 한 제도이다. 이 9품관인법이 최초로 나타난 때는 후한 말인데 후한 조정을 소멸시킨 후 후한 조정의 관리를 위로 흡수하기 위하

또 궁예정권의 개혁성은 對신라관에서 알 수 있다. 궁예는 신라를 滅都라고 부르며 신라적 전통을 단절시키려고 하였다. 이를 부정적인 측면에서만 보면 그가 신라왕실에서 내쫓긴 복수심에 의한 것이라고 추정할 것이다. 그러나 이미 당시의 사회정세는 신라의 모순이 노출될대로 노출된 상태였다. 사회적으로는 농민들의 반란이 일어났고, 사상적으로도 선종과 같은 새로운 유행이 나타났다. 종래 지향대로 움직이는 것은 거의 없었다. 그러므로 신라는 사실상 滅都였다. 신라는 무력으로 응징하건 포섭을 하건 스스로 그 종말을 드러내고 구원을 바라는 상황이었다. 궁예의 新羅滅都政策은 이러한 시대적 정서의 반영으로 구호에 그치지 않고 실천에 옮겼다고 하는 점에서 다른 집단들에 비하여 진일보하였다는 점을 살펴볼 수 있다.[24]

3) 불교적 성격

궁예의 불교는 일찍부터 이 분야 연구자들의 많은 관심을 끌었다. 그가 처음 투탁한 世達寺, 浮石寺에서 신라왕의 화상을 칼로 친 일, 불경을 저술하고 彌勒觀心法을 제정한 사실 등 관련사료가 상당하기 때문이다. 특히 궁예가 자신을 미륵, 두 아들을 신광보살과 청광보살에 비유한 것 등은 궁예의 불교에 대한 관심이 높다는 점을 대변하는 자료로 이해되기도 하였다.

궁예의 불교에 대한 이해를 돕기 위해서는 다음의 자료가 자주 이

여 설치되었던 것이다. 그후 위조정의 백관은 그 직무의 중요성에 따라 9품으로 나누어졌다."(宮崎市定,『九品官人法の硏究』, 同朋社, 1956).
24) 견훤, 왕건과 비교하여 보더라도 궁예의 신라멸도정책은 정서상 그다지 다른 것 같지 않다. 견훤은 신라의 경애왕을 살해하였고, 왕건은 비록 신라와 평화를 유지하였으나 신라의 존재를 인정하지 않았다.

용된다.

> F. 선종이 미륵불이라고 자칭하여 머리에 金幘을 쓰고 몸에 方袍를 입었으며 장자를 靑光菩薩이라 하고 계자를 神光菩薩이라 하였다. 밖에 나갈 때면 늘 흰 말을 타는데 비단으로 갈기와 꼬리를 장식하고 소년소녀들로 하여금 일산과 향과 꽃들을 받들고 앞에서 인도하게 하였다. 또 比丘 200여 인에게 명하여 梵唄를 부르면서 뒤따르게 하였다.[25]

이 내용은 지금까지 궁예의 불교가 괴이한 이단이라는 점을 강조하기 위한 자료로 사용되어 왔다. 그러나 위의 행렬의 형태만으로는 이단의 특징을 찾기 어렵다. 그런데 궁예는 스스로 경을 짓고 강설도 하였다고 한다.

> G. 스스로 경 20권을 저술하였는데 그 말이 요사하고 허망하여 모두 정당하지 못한 것들이었으며 때로는 단정하게 앉아서 이를 강론하기도 하였다. 승 釋摠이 말하기를 "모두 요사스러운 말과 괴이한 이야기로서 가르칠 만한 것이 아니다"라고 하였다. 선종이 이를 듣고 화를 내어 철퇴로 때려 죽였다.[26]

궁예가 경을 지었다는 내용은 궁예의 불교에 대한 식견이 상당한 수준이었을 것을 암시한다.[27] 그리고 궁예가 자신의 설과 다른 견해를 제시하는 경우에는 사상적 탄압을 심하게 했음을 보여주기도 한

---

25) 『三國史記』 卷50, 弓裔傳.
26) 『三國史記』 卷50, 弓裔傳.
27) 실제 대부분의 관련학자들이 이 내용에 동조하고 있다.

다.

　위 사료들은 궁예의 사상이 불교라는 커다란 테두리 안에 머물렀던 것만은 분명히 보여주고 있다. 그런데 궁예의 불교정책에 대해서는 기존의 종단 지도자들의 커다란 반발이 따랐다. 석총이 반대하다가 살해되었고, 그 뒤 형미도 처형되었다. 궁예 불교는 극단적인 독립노선을 취했던 것이다.

　그러나 궁예 불교의 어떤 점이 큰 차이를 보였는지에 대해서는 잘 알 수 없다. 단지 그가 이용하였다는 미륵관심법이 종교적 형태라기보다는 정치적 사찰일 것이라는 추정이 나오고 있는 정도이며, 사상적 추이에 대해서는 확언할 만한 주장이 없는 편이다. 그런 가운데서도 궁예의 불교가 미륵사상을 신봉하는 법상종 태현계의 한 갈래일 것이라는 연구는 궁예의 불교에 대해 별다른 고민을 하지 않고 요망괴설이라고 한 데서 탈피하여 그 계파를 밝히려는 노력의 성과다.[28] 더 나아가 궁예의 불교가 '王卽佛'의 전형적인 형태로 본 연구도 있다.[29]

　한편 궁예에 의하여 미륵신앙과 결합되면서 성격이 변화되었다고 하는 팔관회도 궁예 불교의 성격을 말하는 것으로 여겨진다. 그러나 이러한 궁예정권식의 팔관회를 왕건은 계승하고 있다.[30] 이 사실은 궁예정권의 불교의 괴이성이 조작된 것이며, 반면 궁예 불교의 특색이 무엇인가를 알게 해 주는 근거의 하나라고 할 수 있을 것이다.

---

[28] 김두진,「궁예의 미륵세계」,『한국사시민강좌』10, 1992.
[29] 남동신,「나말려초 국왕과 불교의 관계」,『역사와 현실』56, 2005.
[30] 『高麗史節要』卷1, 태조원년 11월 ; 채웅석,『고려시대의 국가와 지방사회』, 서울대학교 출판부, 2000, 191~196쪽.

4) 개방적 성격

　궁예정권의 국제관계에 대해서는 잘 알려진 바가 없다. 상대적으로 당시에 쟁패를 겨뤘던 견훤이 중국의 오월 등과 활발한 외교관계를 구사했던 것과 비교하여 외교적 안목이 없었다고 일컬어진다. 그러나 궁예의 외교관계는 구체적인 사실이 사료에 등장하지 않을 뿐, 그 외교적 안목이 좁았던 것은 아니다. 궁예정권에 있어서도 신라의 領客部, 고려의 禮賓寺와 같은 기능을 했던 봉빈부가 있었으므로 외국의 사신들을 접대하였을 것이다.

　궁예정권의 외교관계에 대하여 먼저 관심이 가는 부분은 관부상에 있는 史臺의 존재이다. 사대에 대해서는 『삼국사기』에 다음과 같이 서술되어 있다.

　　H. 史臺 掌習諸譯語[31]

　위의 기사는 비록 짧기는 하지만 궁예정권의 외교정책을 웅변해 준다고 하여도 과언이 아니다. 궁예는 사대라고 하는 여러 나라의 말을 번역하는 기구를 두었던 것이다. 다시 말하면 궁예는 전문 통역관을 양성하는 기구를 정부의 정규 관부들 중에 두고 있었다는 뜻이다. 이러한 전문적인 통역기구를 두었다는 사실은 신라나 고려초의 관부들과 비교해 볼 때 궁예의 외교적 식견이 어떠했는가를 알려주는 한 사례가 될 것이다.

　한편 궁예의 외교관계의 특징은 중국보다는 거란과의 관계를 중시한 것이었다. 남아 있는 자료 중 중국과의 관계자료는 없는 대신 거란과의 자료만이 있다.

---

31) 『三國史記』 卷50, 弓裔傳.

I-1. (遼)태조 9년(915) 겨울 10월 무신……신라에서 사신을 보내어 방물을 바쳤으며, 고려에서 사신을 보내어 보검을 올렸다.32)

I-2. 신책 3년(918) 2월 계해 진·오월·발해·고려·회골·저복·당항 및 유주·진주·정주·위주·노주 등이 각기 사신을 보내어 와서 조공하였다.33)

I-3. 신책 3년(918) 3월 고려 및 서북제번이 모두 사신을 보내어 와서 조공하였다.34)

위 내용을 보면 고려에서 遼에 보검을 올렸다고 한다. 이때는 915년이므로 고려가 아니라 태봉대의 사실을 의미하는 것이다. 그러나 이 점은 오히려 입장이 전도된 경우로 보아야 할 것 같다. 당시 거란은 아직 국가로서의 기틀을 잡아 나가는 중이었고 태봉은 당당한 국가로서의 면모를 갖춘 지가 벌써 20년에 가까워지는 시기였다. 따라서 보검은 진상의 의미보다는 하사의 의미가 훨씬 강했을 것으로 여겨진다. 더욱이 거란에 대해서는 이후로도 고려가 강경한 태도를 보였던 것을 보면 굴종적인 입장에서 외교관계를 형성하지는 않았던 것 같다.

5) 자주적 성격

궁예정권의 다섯 번째 특징은 자주적 성격이다. 그 예로 먼저 꼽을 수 있는 것이 연호의 사용이다. 궁예는 처음 고려에서 마진으로

---

32) 『遼史』 卷1, 태조본기 상 태조 9년 동10월 무신조.
33) 『遼史』, 신책 3년 2월 계해조.
34) 『遼史』, 신책 3년 3월조.

국호를 바꾸면서 무태라는 연호를 썼다가 이후 성책으로 바꾼 뒤 다시 태봉으로 국호를 바꾸면서 수덕만세, 그리고 정개라고 고쳐 네 개의 연호를 사용하였다.

연호는 황제의 나라에서만 사용할 수 있는 제도적 조치이다. 지금까지 우리나라에서는 연호를 사용한 여러 왕들이 있었다. 그 왕들의 공통점은 치세 중 대외정벌이 활발하고 국제적으로 위상을 높였다는 점이다.

대표적인 예가 고구려 광개토왕의 영락이다. 신라에도 법흥왕 때 建元이라는 연호를 사용하였고, 진흥왕 때 개국으로 개원하였다. 이처럼 연호는 황제국, 또는 그에 상응하는 자주적 표현으로 종종 사용하였다.

이런 측면에서 궁예가 연호를 사용한 점은 자주성의 강조로 볼 수 있다. 그러나 궁예를 비판적으로 보는 시각에서는 잦은 연호 변경을 정신분열증과 같은 병리적 현상으로 보고 몰락의 한 원인으로 보기도 한다.

그러나 궁예에게 있어서 연호의 잦은 개변은 자신의 이상사회 구현을 위한 하나의 표현으로 보아야 마땅할 것이다. 궁예가 연호를 자주 바꾸었다는 것은 오히려 궁예가 연호를 중요시했다는 표현일 것이며, 연호의 명칭에 어떤 의미를 내포하고 있다고 하여야 할 것이다. 특히 水德萬歲의 경우는 秦始皇의 예를 따른 것으로 보인다.

이에 비해 왕건은 연호 사용에 매우 신중하여 궁예를 축출한 뒤 天授라는 연호를 사용하나 그 뒤 이를 버리고 후당, 후진의 연호를 사용한다. 궁예의 연호 사용과 잦은 개변은 비록 불안정한 감은 있다고 하더라도 마땅히 탈중국화라는 관념의 소산으로 여겨야 할 것이다.

다음 고려되어야 할 것이 冊封 문제이다. 책봉은 중국의 인접국이 중국에 대하여 조공을 하는 대신 국가로 인정받는 국제관례였다. 이 시기에도 후백제는 중국의 책봉을 받기 위한 노력을 게을리 하지 않았다.35) 또 왕건도 고려를 개국한 뒤 중국으로부터 책봉 받기를 원하고 있다. 그러나 궁예에게 있어서는 그러한 사실이 보이지 않는다. 다음의 사료는 궁예와 왕건의 대중국관계를 비교해 주는 좋은 자료이다.

   J. 정명 5년(919)……일찍이 당나라가 고려를 멸망시켰는데 천우(904~906)초에 고려의 석굴사에 눈이 하나 없는 중 궁예가 무리를 모아 개주에 웅거하면서 왕이라 칭하고 태봉국이라고 하였는데, 이 해에 이르러 佐良位 金立奇를 보내어 오나라에 조공하였다.36)

위 기사에서 궁예와 왕건의 대중국관계가 뚜렷이 대비되고 있다. 위 기록에 따르면 태봉국이 오나라에 朝貢하였는데, 이때는 919년으로 왕건의 고려에서 사신을 보낸 것이다. 다시 말하면 궁예는 904년 마진을 건국한 이래 중국에 조공이 없다가 919년에 처음 조공하였다는 것인데, 이때 태봉국에서 보낸 조공사는 실은 고려의 사신이었던 것이다.

이와 같이 궁예의 대중국관계는 매우 독선적이라고 할만큼 자주적인 노선을 걷고 있었던 것 같다. 비록 이러한 독자적 외교노선이

---

35) 견훤은 900년에 오월로부터 檢校大保, 918년에 中大夫, 그 뒤 持節都督全武公等州軍事行全州刺史海東四面都統指揮兵馬制置等事百濟王食邑二千戶라는 작호를 받는다.
36) 『資治通鑑』 卷270, 후량기5 균왕 정명 5년조.

당시의 국제정세에서 고립무원의 처지를 자초했었는지는 알 수 없다. 그리고 그에 따른 실리적 외교에서는 실패했을 수도 있다. 그러나 그의 자주적 대중국 관계에 대한 인식은 재조명되어야 할 것이다.

6) 지역통합의 성격

궁예정권의 성격 가운데 짚고 넘어가야 할 것 중의 하나는 지역통합의 성격이다. 이 무렵, 즉 신라하대에 전국이 분열되어 혼란을 자초했던 것은 주지의 사실이다. 그리고 당시의 지배자들 또한 이러한 사태를 수습하기 위하여 많은 고민을 하며 시대를 이끌어 나갔다. 물론 그 가운데는 자신들 집단의 생존을 위하여 분투하여야 했을 사람들도 있었겠지만 상당수 호족들은 시대적 고민을 해결하기 위하여 노력하였다. 이 시대의 가장 큰 고민은 오랫동안 진행되었던 전란을 종식시키고, 새로운 통합을 하여야 한다는 것이었다.

궁예 또한 이러한 시대적 고민을 해결하기 위하여 노력하였다. 궁예가 이러한 통합을 위하여 노력하였다는 사실은 왕건의 아버지인 王隆과의 협상과정에서도 나타난다. 궁예는 왕륭의 건의를 받아 들였는데 이때 왕륭의 조건은 다음과 같았다.

> K. 대왕이 만일 조선·숙신·변한 지역에서 왕노릇을 하려면 먼저 송악에 성을 쌓고 나의 맏아들을 그 성주로 삼는 것이 가장 좋습니다.[37]

궁예는 삼한통일을 위하여 왕건을 포용하여 그에게 발어참성을

---

37) 『高麗史』卷1, 태조세가 건녕 3년조.

쌓게 하고 송악의 기득권을 인정하여 주었던 것이다. 이러한 삼한통합의 야심은 이 시기의 호족이라면 누구나 한번쯤은 가져 볼만한 꿈이었다. 왕건의 아버지 왕륭도 그랬다. 왕륭에 대하여『고려사』고려세계에서는 "체격이 크고 수염을 가졌으며 도량이 넓어서 삼한을 통일하려는 뜻을 가졌다"고 묘사하고 있다. 궁예는 이러한 시대적 정서를 실천으로 옮겨 삼한의 통합에 한걸음 더 다가가려고 노력한 인물이었던 것이다.

궁예의 삼한통일의 의지는 국호의 변화에서도 찾을 수 있다. 궁예는 국호를 고려에서 마진, 태봉으로 바꾸었다. 이러한 조치는 국호를 탈지역화 함으로써 삼한통합을 보다 구체적으로 구현하려고 노력한 것이다. 고려는 고구려의 계승의 의미이지만, 마진은 대동방국, 태봉은 화정의 뜻이다. 삼한의 통합을 이루는 것이 궁예의 국가 건설에 담긴 포부였던 것이다.[38] 궁예의 국호·연호가 내포하는 의미는 고구려, 백제, 신라 등 어떤 특정 국가 내지 지역의 복고적 회귀가 아니라 새로운 이상사회로의 진전을 의미하고 있다.

4. 궁예정권의 한계

지금까지 궁예정권의 성격을 살펴보았다. 이를 정리하면서 맺음말에 대신하고자 한다. 궁예정권은 하층민들에 의하여 이룩된 민중적 성격이 강한 정권이었다. 따라서 초기의 궁예정권은 적당으로 불릴 정도로 반항적인 집단이었다. 그러나 이러한 궁예집단은 점차 확대

---

38) 궁예의 잦은 국호·연호의 변경은 종래 그의 정신적 질환의 발현으로 이해되어 왔다.

되면서 당시의 시대적 고민을 해결할 의지를 가진 집단으로 성장하였다. 따라서 그가 국가를 건설하게 되자 정책과 제도적인 측면에서 개혁적인 시책을 시행하게 된 것은 당연한 처사였다. 이와 함께 궁예는 사상적 측면에서는 彌勒思想을 이용하여 민심을 하나로 통합하고자 하였다. 궁예는 경을 저술하여 자신의 생각을 널리 포교하였는데, 기존 종단의 설법과는 많은 차이가 있어 기존종단과 극단적인 대립을 보이기도 하였다.

한편 대외적으로 궁예는 매우 세련된 외교정책을 펼쳤다. 제도적으로는 외국사신 전담기구인 봉빈부와 통역전문의 사대라는 기관을 두었다. 그리고 외교정책에서 매우 자주적인 모습을 보이고 있다. 중국과의 관련기록이 없는 것으로 보아 궁예는 중국 중심의 책봉체제에서 이탈하여 자주적인 노선을 걸었던 것으로 이해된다. 천자국에서 칭하는 연호를 사용한 것은 이러한 배경에서 이해되어야 한다. 반면 거란에 대해서는 비교적 활발한 관계를 유지하고 있다. 당시 아직 독립국가로서 자리 잡지 못한 거란에 대한 상국으로서의 우월감을 갖고 보검을 하사하기도 하였다.

끝으로 궁예정권의 성격으로 지적하고 싶은 것은 통합된 이상사회를 이룩하려는 포부를 가졌다는 점이다. 비록 실패로 끝나고 말았지만, 대동방국(마진)이나 화정세계(태봉)의 구현은 궁예가 목표한 이상적인 국가의 모델이었다.

궁예는 이러한 이상을 구현하기 위하여 극복해야 할 과제를 해결하지 못하였다. 궁예가 극복해야 할 과제는 당시의 실세였던 토착호족들과의 대립을 극복하는 것이었다. 특히 왕건을 중심으로 한 고구려계 호족들의 생존을 위한 투쟁은 궁예가 넘어야 할 최대의 과제였다. 궁예는 이 마지막 관건을 해결하지 못하여 918년 6월 패자가 된 채 역사기록 속에 악인으로 남게 되었다. 궁예정권의 한계, 그것은 토착호족들과의 대립을 극복하지 못하였다는데서 찾아볼 수 있을 것이다.

弓裔年譜

연대	내 용
?	궁예, 5월 5일(重午日)에 외가에서 출생하였다.
873	신라에 기근과 질병이 크게 퍼졌다.
874	신라의 최치원이 당의 빈공과에 급제하였다.
875	신라의 경문왕이 죽고 헌강왕이 즉위하였다.
876	신라의 皇龍寺에서 百高座會를 개설하고 佛經을 강의하였다.
879	신라의 信弘이 모반을 일으켰으나 실패하여 처형을 당하였다.
877.1	왕건이 松岳郡에서 出生하였다.
881	견훤, 15세에 스스로 甄萱(甄氏)이라 함. 本姓은 李氏이다.
885	최치원이 唐에서 귀국하였다.
886	신라의 헌강왕이 죽고 정강왕이 즉위하였다.
887	신라의 정강왕이 죽고 眞聖女王(~897)이 즉위하였다.
885~888	견훤의 아버지 아자개가 沙弗城을 기반으로 將軍을 칭하였다.
889	신라에서 전국에 貢賦를 독촉하자 많은 사람들이 벌떼처럼 일어났다.
891	신라의 沙伐州에서 元宗・哀奴가 反亂을 일으켰다. 궁예가 竹州賊魁 箕萱에게 投身하였으나, 우대를 받지 못하였다.
892	궁예가 기훤의 부하인 元會・申暄과 함께 北原의 양길에게 投身하였다 궁예가 주천・영월・울진 등지를 점령하였다. 궁예가 부석사에서 신라 왕의 화상을 칼로 쳤다. 견훤이 武珍州를 점령하였다.
893. 10	궁예의 세력이 6백여 명으로 증가하여 명주를 공격하였다.
894	궁예가 溟州를 장악한 뒤 세력이 3천 5백여 명으로 확대되어 14대로 나누고, 金大・黔毛・昕張・貴平・張一 등을 舍上(部將)으로 삼았다. 궁예가 장군으로 추대되었다.

연대	내 용
895. 8	궁예가 猪足・牲川 2군을 공취하였다. 漢州管內의 夫若・鐵圓 등 10여 군현을 얻고 開國稱君할 만하다 하여 내외관직을 두었다. 궁예에게 패서호족이 귀부하였다.
896	궁예에게 송악의 호족 王隆이 귀부하였다. 궁예는 왕건에게 발어참성을 쌓게 하고 城主로 삼았다. 궁예가 僧嶺・臨江 二縣을 쳐서 취하였다.
897	孝恭王(~912)이 즉위하였다.
897	궁예에게 仁勿縣이 항복하였다. 궁예가 30여 성의 군사를 거느리고 습격한 북원의 양길을 非惱城에서 격퇴하였다.
898. 2	궁예가 松岳郡을 수리하고 王建을 精騎大監으로 삼았다. 궁예가 왕건으로 하여금 楊州・見州를 공격하게 하였다.
7	궁예가 浿西道・漢山州관내 30여 성을 얻고, 松岳郡에 都邑을 정하였다.
11	궁예가 八關會를 개설하였다.
899. 7	궁예가 國原 등 10여 城主와 궁예를 칠 것을 도모한 양길을 非惱城에서 격파하였다.
900. 10	궁예에게 國原・菁州・槐壤의 淸吉・莘萱이 항복하였다. 궁예가 왕건이 廣・忠・靑(淸) 三州와 唐城・槐壤을 평정하여 阿粲을 삼았다.
900	견훤이 完山에 都邑을 정하고, 스스로 백제왕이라 칭하면서 設官分職하였다.
901. 8	궁예가 국호를 고려라 하고 王을 칭하였다. 견훤이 大耶城을 쳤으나 실패하였다. 견훤이 錦城의 남쪽 연변 부락을 공격하였다.
903. 3	궁예가 왕건에게 水軍을 거느리고 光州界 錦城郡과 인근 10여 군을 공취하게 하였다. 궁예가 錦城을 고쳐 羅州라고 하였다.
903	궁예가 良州帥 金忍訓이 구원 요청을 하자 王建을 보내 구원하였다.
904	궁예가 百官을 설치하였다. 궁예가 國號를 摩震, 年號를 武泰라 하였다. 궁예에게 浿江道의 10여 주현이 항복을 하였다.
905. 7	궁예가 淸州人戶 1천을 철원으로 옮기고, 철원을 京으로 정하였다. 궁예가 尙州 등 30여 주현을 취하였다. 궁예에게 公州將軍 弘奇가 來降하였다.

연대	내 용
905. 8	궁예가 新羅 변방을 침공하여 竹嶺 東北쪽에 이르렀으나, 新羅는 城主에게 싸우지 말고 城을 지키라고 하였다. 궁예가 새로 정한 도읍 鐵圓京에 들어가 宮闕·누대를 화려하게 수리하였다. 궁예가 연호를 武泰에서 聖冊원년으로 바꾸었다. 궁예가 浿西 13鎭을 설치하였다. 궁예에게 平壤城主將軍 黔用, 甑城의 赤衣賊·黃衣賊 明貴가 귀부하였다.
906	궁예가 왕건·庚黔弼등에게 군사 3천을 거느리게 하여 尙州 沙火鎭에서 후백제군과 전투하였다. 궁예가 신라를 滅都라 하고 신라에서 來附한 자들을 모두 죽였다.
907	후백제가 一善郡 이남의 10여 城을 취하였다.
908	法鏡대사 慶猷(?~930)가 중국에서 歸國하였다.
909. 6	궁예 휘하의 韓粲海軍大將軍 왕건이 吳越로 가는 후백제의 배를 鹽海縣에서 나포하였다. 왕건은 진도군을 공취한 뒤 皐夷島에 이르렀다 궁예의 군사와 후백제군이 나주 포구에서 대치하였다. 왕건이 후백제군 5백여 명을 참획하는 전과를 올리고, 견훤은 도망하였다.
909	궁예가 왕건이 갈초도에서 생포한 압해현의 능창을 죽였다.
910	궁예가 羅州城에 수군을 보내어 견훤이 친히 이끌고 온 步騎 3천명의 10일간 포위 공격을 끝나게 하였다.
911. 1	궁예가 국호를 泰封, 年號를 水德萬歲로 바꾸었다. 궁예가 왕건에게 錦城을 치게 하고, 금성을 바꾸어 나주라고 하였다. 왕건이 大阿粲 將軍이 되었다.
912	궁예가 후백제와의 德鎭浦전투에서 왕건의 활약으로 승리하였다.
913. 3	궁예가 왕건을 波珍粲兼侍中에 임명하니 왕건이 百官의 우두머리가 되었다.
913	궁예정권의 내부에서 淸州人 阿志泰 사건이 일어났다. 궁예가 왕건을 侍中직에서 해임하고 羅州로 내려 보냈다.
914. 4	궁예가 연호를 水德萬歲에서 政開元年으로 바꾸었다. 궁예가 왕건에게 수군 2천명을 거느리게 하여 나주로 보냈다.
915	궁예가 부인 康氏와 두 아들을 죽였다. 궁예와 왕건이 대립하여 왕건이 羅州로 내려갔다.
916. 8	견훤이 大耶城을 쳤으나 이기지 못하였다.
917	궁예가 先覺 逈微를 죽였다.

연대	내 용
918. 6	궁예가 왕건을 추대한 홍유·신숭겸·복지겸·배현경 등의 반대 세력에게 패배하여 왕위에서 물러나고 태봉국은 멸망하였다. 왕건은 왕위에 올라 國號를 高麗로 바꾸고, 年號를 天授라 하였다.

참고문헌

1. 원전류

『고려사』
『고려사절요』
『삼국사기』
『삼국유사』
『신증동국여지승람』
『요사』
『자치통감』
『제왕운기』
『조선금석총람』
한국고대사회연구소,『역주 한국 고대금석문』Ⅲ, 가락국사적개발원, 1992.
한국역사연구회 중세1분과 나말여초연구반,『역주 나말여초금석문(상) - 원문교감 편-』서울 : 혜안, 1996.
한국역사연구회 중세1분과 나말여초연구반,『역주 나말여초금석문(하) - 역주 편-』서울 : 혜안, 1996.

2. 단행본 및 전집류

강은경,『고려시대 호장층연구』, 혜안, 2002.
곽승훈,『신라 하대의 불교와 정치변동』, 한림대 박사학위논문, 1998.
곽승훈,『통일신라시대의 정치변동과 불교』, 국학자료원, 2002.
국립문화재연구소,『군사보호구역 문화유적 지표조사 보고서 - 강원도편

―』, 2000.
국립문화재연구소,『군사보호구역 문화유적 지표조사 보고서-경기도편 ―』, 2000.
김갑동,『나말여초의 호족과 사회변동연구』서울 : 고려대 출판부, 1990.
김삼룡,『한국미륵신앙의 연구』서울 : 동화출판공사, 1983.
김창겸,『신라 하대 왕위계승 연구』, 경인문화사, 2003.
김흥삼,『나말려초 굴산문 연구』, 강원대 박사학위논문, 2002.
문경현,『고려태조의 후삼국통일연구』, 형설출판사, 1987.
문수진,『고려의 건국과 후삼국통일과정 연구』, 성균관대 박사학위논문, 1992.
신성재,『궁예정권의 군사정책과 후삼국전쟁의 전개』, 연세대 박사학위논문, 2006.
신호철,『후백제견훤정권연구』, 일조각, 1993.
신호철,『후삼국시대 호족연구』, 개신, 2002.
옥한석,『강원의 풍수와 인물』, 집문당, 2003.
육군사관학교 육군박물관,『강원도 철원군 군사유적 지표조사보고서』, 육군박물관 유적조사보고서 3, 1996.
음선혁,『고려태조왕건연구』, 전남대 박사학위논문, 1995.
이광식,『궁예평전』, 도서출판 eastward, 2006.
이기동,『신라골품제사회와 화랑도』, 한국연구원, 1984.
이도학,『궁예·진훤·왕건과 열정의 시대』, 김영사, 2000.
이순근,『신라말 지방세력의 구성에 관한 연구』, 서울대 박사학위논문, 1992.
이재범,『슬픈 궁예』, 서울 : 푸른역사, 2000.
이재범,『후삼국시대 궁예정권의 연구』, 성균관대 박사학위논문, 1992.
이정훈,『高麗前期 三省六部體制와 各司의 運營』, 연세대 박사학위논문, 2004.
전기웅,『나말여초의 정치사회와 문인지식층』, 혜안, 1996.
전북전통문화연구소,『후백제 견훤정권과 전주』, 주류성, 2001.
정청주,『신라말 고려초 호족연구』, 서울 : 일조각, 1996.
조인성,『태봉의 궁예정권 연구』, 서강대학교 박사학위논문, 1991.

채웅석,『고려시대의 국가와 지방사회』, 서울대학교 출판부, 2000년.
최규성,『고려태조왕건연구』, 주류성, 2005.
최근영,『통일신라시대의 지방세력연구-신라의 분열과 고려의 민족통일-』, 신서원, 1990.
추만호,『나말여초 선종사상사연구』, 서울 : 이론과 실천사, 1992.
한국고대사연구회 편,『신라말 고려초의 정치, 사회변동』, 서울 : 신서원, 1994.
한림대학교 산학협력단,『태봉국역사문화유적』, 2006.
홍승기 외,『고려태조의 국가경영』, 서울대출판부, 1996.
홍승기,『고려정치사연구』, 일조각, 2001.

3. 논문류

강문석,「철원환도 이전의 궁예정권의 성격」, 한양대 석사학위논문, 2004.
강문석,「철원환도 이전의 궁예정권 성격」,『역사와 현실』57, 2005.
강봉룡,「나말여초 왕건의 서남해지방 장악과 그 배경」,『도서문화』21, 2003.
강옥엽,「신라말초 패서지역에 대한 일고찰」,『이화사학연구』20·21합집, 1993.
국옥지,「후삼국의 상호항쟁에 관한 연구」, 단국대 석사학위논문, 1982.
권영국,「고려초 徇軍部의 설치와 기능의 변화」,『한국사연구』135, 2006,
김갑동,「고려건국기의 청주세력과 왕건」,『한국사연구』48, 1985.
김갑동,「고려초기 관계의 성립과 그 의의」,『역사학보』117, 1988.
김도용,「궁예 세력형성고」,『동의사학』2, 1985.
김두진,「고려초의 법상종과 그 사상」,『한우근박사 정년기념 사학논총』, 지식산업사, 1981.
김두진,「신라하대 굴산문의 형성과 그 사상」,『성곡논총』17, 성곡학술문화재단, 1986.
김두진,「궁예의 미륵세계」,『한국사 시민강좌』10, 1992.
김성준,「10세기 동북아시아의 국제정세와 한일 교섭문제」,『대동문화연구』23, 1989.

김성환, 「죽주의 호족과 봉업사」, 『문화사학』 11·12·13합집, 1999.
김송희, 「신라·태봉·고려의 고관 겸직제」, 『조선초기 당상관 겸직제 연구』, 한양대출판부, 1998.
김수태, 「신라말, 고려초기 청주김씨와 법상종」, 『중원문화논총』 1, 충북대 중원문화연구소, 1997.
김영미, 「궁예에 관한 일연구」, 한양대 석사학위논문, 1993.
김영미, 「나말여초 최언위의 현실인식」, 『사학연구』 50, 1995.
김용국, 「나말려초의 고구려고강 수복운동」, 『백산학보』 3, 1967.
김재만, 「오대와 후삼국·고려초기의 관계사」, 『대동문화연구』 17, 1983.
김정숙, 「김주원 세계의 성립과 그 변천」, 『백산학보』 28, 1984.
김주성, 「고려초 청주지방의 호족」, 『한국사연구』 61·62합집, 1988.
김철준, 「궁예와 견훤」, 『사학회지』 3, 연세대 사학연구회, 1963.
김철준, 「후삼국시대의 지배세력의 성격」, 『이상백박사 회갑기념논총』, 1964.
김철준, 「한국고대사회의 성격과 나말여초의 전환기에 대하여」, 『한국사시대구분론』, 한국경제사학회, 1970.
김택균, 「궁예와 세달사」, 『사학연구』 75, 2004.
김현미, 「궁예정권의 성격에 대하여」, 조선대 교육대학원 석사학위논문, 1998.
김혜완, 「신라하대의 미륵신앙」, 『사림』 8, 1992.
김홍삼, 「나말여초 굴산문 개창과 정치세력」, 『한국중세사연구』 15, 2003.
남동신, 「나말려초 국왕과 불교의 관계」, 『역사와 현실』 56호, 2005.
문경현, 「왕건태조의 민족재통일의 연구」, 『경북사학』 1, 1979
문경혜, 「궁예정권과 불교」, 동국대 석사학위논문, 2000.
문수진, 「고려태조의 후삼국 통합 과정에 대한 재인식」, 서울대 석사학위논문, 1977.
문수진, 「고려건국기의 나주세력」, 『성대사림』 4, 1987.
문수진, 「고려태조 왕건의 외교에 대하여」, 『계촌 민병하교수정년기념논총』, 1988.
박성순, 「신라말기의 청주지방 호족세력」, 청주대 석사학위논문, 1990.
박정주, 「신라말 고려초 사자산문과 정치세력」, 한림대 석사학위논문, 1993.

박한설, 「궁예성명고-고구려계승표방과 관련하여-」, 『이선근박사고희기념 한국학논총』, 1974.
박한설, 「궁예의 발해 수복의식」, 『고구려연구』 13, 2002.
박한설, 「후삼국성립과정-후백제·후고려 성립배경을 중심으로-」, 『연구논문집』 9, 강원대, 1975.
박한설, 「후삼국의 성립」, 『한국사』 3, 국사편찬위원회, 1976.
백남혁, 「궁예의 전제왕권 확립과 왕건의 후삼국통일」, 『동서사학』 6·7합집, 2000.
손영익, 「궁예의 불교사상 연구-특히 미륵사상을 중심해서-」, 동국대학교 석사학위논문, 1961.
송원재, 「역사교실 : 슬픈 궁예」, 『교육비평』 5, 2001.
신종원, 「치악산 석남사지의 추정과 현존민속」, 『정신문화연구』 54, 1994.
신호철, 「궁예의 정치적 성격-특히 불교와의 관계-」, 『한국학보』 29, 1982.
신호철, 「후삼국 건국세력과 청주지방세력」, 『호서문화연구』 11, 1993.
신호철, 「신라말 고려초 귀부호족의 정치적 성격,」. 『충북사학』 8, 1995.
신호. 「후삼국기 충북지방의 호족세력」, 『김현길교수정년기념 향토사학논총』 1997.
신호철, 「궁예와 왕건과 청주호족-고려 건국기 청주호족의 정치적 성격-」. 『중원문화논총』 2·3합집, 1999.
안영근, 「나말여초 청주세력의 동향」, 『박영석 한국사학논총』 상, 1992.
양경숙, 「궁예와 그의 미륵불 사상」, 『북악사론』 3, 1993.
오영숙, 「태봉국 형성과 궁예의 지지기반」, 숙명여대 석사학위논문, 1985.
왕광석, 「한국의 연호」, 『동국역사교육』 3, 1991.
유경아, 「왕건의 세력성장과 대궁예관계」, 『고고역사학지』 7, 1991.
유인순, 「궁예왕 전설과 역사소설」, 『강원문화연구』 21, 2002.
유인순, 「철원지방 인물전설연구-궁예 김시습 林巨正 金應河 洪·柳氏 高진해를 중심으로-」, 『강원문화연구』 8, 강원대 강원문화연구소, 1988.
음선혁, 「나말여초 지방호족에 대한 일고찰」, 전남대 석사학위논문, 1982.
이경복, 「궁예와 사굴산문」, 『백산학보』 66, 2003.

이기동, 「신라 하대의 패강진」, 『한국학보』 4, 1976.
이상선, 「고려시대의 수원승도에 대한 고찰」, 『숭실사학』 2, 1984.
이성학, 「한국 고대도읍의 역사지리성」, 『사회과학연구』 2, 1986.
이수자, 「안성의 설화」, 『구비문학연구』 14, 2002.
이순근, 「힘인가? 지략인가? 민심인가? - 궁예·견훤, 그리고 왕건」, 『역사의 길목에 선 31인의 선택』, 푸른역사, 1999.
이영자, 「나말 후삼국 미륵신앙의 성격」, 『한국미륵사상연구』, 1987.
이인재, 「나말여초 원주 불교계의 동향과 특징」, 『원주학연구』 2, 연세대 매 지학술연구소, 2001.
이인재, 「나말여초 북원경의 정치세력재편과 불교계의 동향」, 『한국고대사 연구』 31, 2003.
이 재, 「궁예와 철원 일대의 성곽」, 『궁예와 태봉의 역사적 재조명』, 철원 군·철원문화원, 2003.
이재범, 「궁예정권의 정치적 성격에 관한 고찰」, 『민병하교수 정년기념논 총』, 1988.
이재범, 「궁예정권의 국호와 연호에 관한 소고」, 『박성수교수 화갑기념논총 한국독립운동사의 인식』, 1991.
이재범, 「궁예정권의 성격」, 『홍경만교수정년기념논총』, 2002.
이정신, 「궁예정권의 성립과 변천」, 『남사정재각박사 고희기념동양학논총』, 1984.
이효종, 「왕건의 세력형성과 고려건국」, 『고려태조의 국가경영』, 서울대학 교 출판부, 1996.
장준식, 「세달사의 위치에 대한 고찰」, 『문화사학』 11·12·13합집, 1999.
전기웅, 「나말여초 지방출신 문사층과 그 역할」, 『부산사학』 18, 1990.
전기웅, 「나말여초 정치사회사의 이해」, 『고고역사학지』 7, 1991.
정경현, 「고려태조대의 순군부에 대하여」, 『한국학보』 48, 1987.
정선용, 「궁예의 세력형성과정과 도읍형성」, 『한국사연구』 97, 1997.
정영호, 「신라사자산 홍녕사지 연구」, 『백산학보』 7, 1969.
정청주, 「궁예와 호족세력」, 『전북사학』 10, 1986.
정청주, 「신라말.고려초 호족의 형성과 변화에 대한 일고찰 - 평산박씨의 일 가문의 실례 검토-」, 『역사학보』 118, 1988.

정청주, 「신라말·고려초의 나주호족」, 『전북사학』 14, 1991.
정청주, 「신라말, 고려초 지배세력의 사회적 성격-후삼국 건국자와 호족-」, 『전남사학』 9, 1995.
정청주, 「신라말 고려초 순천지역의 호족」, 『전남사학』 18, 2002.
조동걸, 「궁예」, 『태백의 인물』, 1973.
조인성, 「궁예정권의 중앙정치조직-이른바 광평성체제에 대하여-」, 『백산학보』 33, 1986.
조인성, 「궁예의 출생과 성장」, 『동아연구』 17. 서강대학교 동아연구소, 1989.
조인성, 「궁예의 세력형성과 건국」, 『진단학보』 75, 1993.
조인성, 「태봉」, 『한국사』 11, 국사편찬위원회, 1996.
조인성, 「궁예-미륵불을 자처한 전제군주-」, 『한국사 시민강좌』 21, 일조각, 2002.
조인성, 「궁예의 세력 형성과 미륵신앙」, 『한국사론』 36, 국사편찬위원회, 2002.
조인성, 「궁예정권의 대외관계」, 『강좌 한국고대사』, 가락국사적개발연구원, 2003.
조현설, 「궁예이야기의 전승양상과 의미」, 『구비문학연구』 2, 1995.
천관우, 「궁예」, 『인물로 본 한국고대사』, 정음문화사, 1982.
최규성, 「궁예정권의 지지세력」, 『동국사학』 19·20합집, 1986.
최규성, 「궁예정권의 성격과 국호의 변경」, 『상명여대 논문집』 19, 1987.
최규성, 「궁예정권하의 지식인의 동향」, 『국사관논총』 31, 1992.
최근영, 「후삼국 성립배경에 관한 연구」, 『국사관논총』 29, 1991.
최병헌, 「나말여초 선종의 사회적 성격」, 『사학연구』 25, 1975.
최병헌, 「고려시대의 오행적 역사관」, 『한국학보』 13, 1978.
최성은, 「명주지방의 고려석조보살상에 대한 연구」, 『불교미술』 5, 1980.
최성은, 「통일신라 불교조각 : 나말여초 불교조각의 대중관계에 대한 고찰」, 『불교미술』 11, 1992.
최성은, 「나말여초 중부지역 철불의 양식 계보」, 『강좌미술사』 8, 1996.
최성은, 「나말여초 포천출토 철불좌상연구」, 『미술자료』 61, 1998.
최성은, 「나말여초 중부지역 석불조각에 대한 고찰-궁예 태봉(901~918)지역 미술에 대한 시고-」,『역사와 현실』44, 2002.
최인표,「나말여초 사자산문의 동향」,『한국전통문화연구』11, 1996.
최인표,「나말여초 선종불교와 왕권」,『한국전통문화연구』13, 1999.
추만호,「'궁예전', 어떻게 읽을 것인가」,『역사와 역사교육』2, 웅진사학회, 1997.
하현강,「고려태조의 내외정책의 수립배경과 그 성격」,『동방학지』54·55·56합집, 1987.
한국역사연구회 나말여초연구반,「나말여초 호족의 연구동향-1920년대 연구를 중심으로-」,『역사와 현실』5, 1991.
한영철,「태봉말 고려초 순군부의 정치적 성격」, 서강대 석사학위논문, 1996.
홍석봉,「궁예와 호족」,『인물과 사상』60, 2003.
홍순창,「변동기의 정치와 종교-후삼국시대를 중심으로-」,『인문연구』2, 1982.
홍승기,「후삼국분열과 왕건에 의한 통일」,『한국사 시민강좌』5, 일조각, 1989.
홍승기,「궁예왕의 전제적 왕권의 추구」,『허선도선생 정년기념논총』, 1992.
홍윤식,「안성 쌍미륵사불적의 성격」,『소남남도영박사 고희기념역사학논총』, 1993.
황선영,「후삼국의 외교관계」,『김윤곤교수정년기념논총 한국중세사회의 제문제』, 한국중세사학회, 2001.
G. Cameroon Hurst Ⅲ,「The Good, The Bad and The Ugly」,『Korean Studies Forum』no.7. 1981.
Richard McBride,「Why did Kung-ye claim to be the Buddha Maittreya?」,『태봉과 철원정도 1100주년의 역사적 의미와 재평가』, 제4회 태봉국제학술대회, 2005.

찾아보기

ㄱ

康氏夫人　190, 191
開京　118
開州　118, 180
거란(契丹)　170, 180, 181, 182, 183, 208
建元　210
黔毛　199
黔用　73, 77
遣使朝貢　182
甄萱　40, 53, 78, 79, 80, 82, 102, 114, 171, 176, 177, 186, 193, 196, 208
景文王　27, 28, 29
景文王說　28
高麗　71, 88, 89, 90, 119, 172, 200, 209
『高麗圖經』　47, 48, 180
『高麗史』　15, 18, 81, 83, 109, 111, 112, 144, 147, 181, 195, 196
皐夷島　176
骨品制　53, 149, 151, 154, 204
骨品制度　151, 153
官階　149, 150, 203
官等制度　149, 151
觀音菩薩　160
光祿丞　152

光山李氏　29, 188, 190
『光山李氏世譜』　30
廣評省　128, 129, 139, 140, 141, 143, 146
九山禪門　55, 163
96角干의 亂　53
九品官人法　153
九品中正法　130, 153
群盜　37
軍部　144
堀山寺　55, 60
弓裔都城　25, 119, 123, 127
窮乂　179
貴平　199
金大　199
禁書省　129
箕萱　39, 43, 45, 50, 56, 85, 163, 198
金言　95
金立奇　180
金周元　55
金昕　55

ㄴ

羅州　72, 78, 79, 80, 148, 175, 176

羅州道大行臺　81
南下政策　71
廊官　144
內軍　144, 145, 146
內奉省　129, 144, 145, 146

_ㄷ_

唐　178
大龍部　129
「大安寺 廣慈大師碑」　82
大宰相　151
德鎭浦　176
德眞浦 戰鬪　79, 81, 82
東州　118
東州山城　123

_ㅁ_

摩震　52, 87, 91, 92, 93, 101, 126, 136, 141, 147, 173, 174, 178, 197, 200, 209, 211, 213
幕府制　64, 65, 66
貊國　84, 85
滅都　205
明貴　73
溟州　59, 61, 62, 63, 66, 88, 117, 136, 147, 197
「無爲寺 先覺大師遍光塔碑」　82, 85
武珍州　114
武泰　91, 101, 210
物藏省　129
彌勒　157, 160, 205
彌勒觀心法　24, 81, 157, 205, 207
彌勒佛　157, 159, 160, 162, 163
彌勒思想　214

『彌勒上往生經』　159
彌勒信仰　21, 22, 158, 160, 161
『彌勒下往生經』　159
彌陀佛　160

_ㅂ_

渤海　77, 84, 182
裵玄慶　100
梵日　60
法相宗　24, 157, 160, 161, 162, 207
兵部　129, 138, 145
輔佐相　152
卜智謙　100
奉賓部　169, 178, 208, 214
浮石寺　59, 172, 174, 202, 205
夫若　115
北方政策　85
非惱城 戰鬪　69, 70

_ㅅ_

史臺　169, 178, 214
沙彌比丘　49
沙伐州(尙州)　174
舍上　65, 66, 199
寺院勢力說　196
舍人　65
司正府　138, 139
舍知　65
沙火鎭　72
沙火鎭 戰鬪　175
『三國史記』　15, 18, 20, 27, 39, 65, 70, 75, 109, 111, 112, 120, 123, 127, 128, 132, 151, 152, 158, 170, 172, 173, 181, 185, 187, 189, 195, 196,

198
『三國遺事』 109, 110, 111, 117, 119, 127, 132
三韓統一 71, 212, 213
尙書都省 144
尙州 73
西京 104
徐兢 47, 48
石窟寺 179
石南寺 43, 58, 157
釋聰 24, 161, 162, 207
禪宗寺院 55
城主 54, 148
聖住寺 55
聖冊 101, 210
世達寺 15, 35, 36, 41, 43, 45, 46, 48, 56, 85, 157, 163, 173, 198, 205
松岳 67, 89, 90, 92, 107, 109, 111, 113, 114, 118, 120, 121, 123, 126, 136, 213
水德萬歲 101, 102, 174, 179, 210
隨院僧徒 46, 47, 48, 90, 105
隨院僧徒說 196
壽春部 129
徇軍部 145, 146
順天金氏 29, 188, 190
『順天金氏世譜』 30
殖貨部 128
新京 133
神光菩薩 157, 159, 190, 205
新羅滅都政策 205
神武王 30
申崇謙 76, 100
申采浩 158
神冊 182
信川康氏 191

申煊 50, 56, 199
什一稅法 168

─ㅇ─

衙官 144
阿志泰事件 95, 96, 110
安邊境之策 141
壓海縣 176
耶律阿保機 181
梁吉 39, 43, 56, 57, 58, 62, 68, 69, 70, 85, 87, 117, 118, 157, 173, 198, 200
年號 16, 87, 209
領客部 208
令奇 174
寧花夫人 28
禮賓寺 208
五代 178
五代十國 178, 180, 183
五德始終說 102
5小京 113
五行相勝說 102, 103
五行的 歷史觀 175
完山州 114
王建 14, 18, 52, 66, 72, 75, 78, 80, 83, 85, 90, 92, 93, 94, 96, 99, 100, 102, 104, 105, 112, 123, 130, 131, 153, 172, 174, 175, 176, 177, 180, 181, 185, 186, 187, 193, 196, 210, 212
王建家 67
王隆 67, 75, 212
王逢規 177
王郎佛 207
遼 182
『遼史』 181, 182
元宗・哀奴의 亂 54, 61, 173, 174

元會　50, 56, 199
魏·晉南北朝時代　152
六頭品　53
六部　146
尹瑄　84
狄狄　47, 49, 162, 164, 203
陰陽五行說　102
義刑臺　129, 138, 139, 141
移都　111
吏部　147
李齊賢　85
一目大王의 鐵槌　159

― ㅈ ―

『資治通鑑』　179
將軍　54, 62, 64, 65, 90, 116, 117, 197
障繕府　128, 164, 166
張一　199
在家和尚　47, 48, 49
宰相　151
赤袴賊　40
田莊　53
政開　101, 210
貞州柳氏　99, 100
朝貢　211
調位部　138
曹操　153
宗侃　49, 162, 164, 203
左·右理方部　138
注書令　152
竹州　39
重副　152
中央集權化　201
甑城　77
眞骨　28, 32, 53, 158

眞骨貴族說　196
珍島郡　176
眞表　160
執事部　139, 144
執事府體制　139

― ㅊ ―

冊封　211, 214
天授　102, 210
鐵圓　18, 91, 92, 93, 94, 107, 109, 110, 111, 112, 113, 115, 118, 120, 122, 123, 124, 126, 133, 136, 167, 169, 200
鐵圓 定都　120
靑光菩薩　157, 159, 190, 205
靑州　124, 132
崔凝　96

― ㅌ ―

泰封　52, 79, 82, 87, 91, 94, 101, 112, 174, 179, 183, 200, 209, 213
泰封國　180
台司訓　152
太守　148
土着豪族　215

― ㅍ ―

八關會　68, 207
浿江道　73
浿西道　83
風水地理說　104
楓川原　119, 123, 127

ㅎ

憲安王　27, 28, 30
憲安王說　28
逈微　24, 207
豪族　17, 54, 90, 117, 144, 163, 201
豪族聯合說　196
婚姻政策　187
弘奇　73
洪儒　100
和白會議　140
華嚴學　158
和戰兩面策　176
皇都　118
皇龍寺 九層塔　93
孝恭王　82
後百濟　170, 176, 182
昕張　199
興寧寺　54

저자 | 이재범(李在範)

1951년 전남 곡성 출생
중동고·성균관대학교 사학과 졸업
성균관대학교 석사·박사과정 졸업(문학박사, 한국사)
한국정신문화연구원 부편수원·국방군사연구소 연구위원 지냄
러시아 국립 극동대학교·한국학중앙연구원 교환교수 지냄
현 경기대학교 사학과 교수

주요 논저
『슬픈 궁예』, 『왜구토벌사』(공저)
『한반도의 외국군주둔사』(공저), 『왜곡과 콤플렉스의 역사』(공저)
「고려말 조선전기의 왜구와 사천」, 「궁예·왕건 정권의 역사적 연속성에 관한 고찰」
「궁예정권의 철원정도 시기와 전제적 국가경영」, 「나말려초 선사비문 연구현황」
「대몽항전의 성격에 대하여」, 「여원연합군의 일본정벌과 동방견문록」
「고려 태조의 대외정책」외 여러 편이 있음

後三國時代 弓裔政權 硏究

李 在 範

2007년 4월 25일 초판 1쇄 발행

펴낸이 · 오일주
펴낸곳 · 도서출판 혜안
등록번호 · 제22-471호
등록일자 · 1993년 7월 30일

㈜ 121-836 서울시 마포구 서교동 326-26번지 102호
전화 · 3141-3711~2 / 팩시밀리 · 3141-3710
E-Mail hyeanpub@hanmail.net

ISBN 978-89-8494-307-0 93910
값 20,000원